Nie wieder Apfelkorn

D1664105

Rich Schwab

NIE WIEDER APFELKORN

Der erste Büb-Klütsch-Roman

Alle in den Originalsprachen Kölsch und Englisch geschriebenen Zeilen sind im Glossar (ab Seite 185) auf Hochdeutsch zu finden.

Danken möchte ich, aus verschiedenen Gründen, meiner Gattin, Herrn Hundt, Herrn Gottwald, Herrn Drewitz, Herrn Wagner, Herrn Witsch, Herrn Boztepe, Frau Schneider, Herrn Kirchen, Frau Graeff und Frau Kutz. Und Jochem.
R.S.

Neuauflage 2001

Umschlaggestaltung: Marc Thoben, Köln
Umschlagfoto: Dave Krieger/Tony Stone
Druck und Bindearbeiten: GGP Media GmbH, Pößneck
ISBN 3-462-03517-7

Er glaubt nicht
Daß etwas mit ihm los ist
Weil ein Teil von dem
Was mit ihm los ist
Ist
Daß er nicht glaubt
Daß etwas mit ihm los ist.
Also müssen wir ihm helfen
Zu erkennen
Daß, daß er nicht glaubt
Daß etwas mit ihm los ist
Ein Teil von dem ist
Was mit ihm los ist.
RONALD LAING

Loss es, wat nit fess es.
OPA KLÜTSCH

1

Als die beiden reinkamen, wünschte ich, ich hätte gestern zwanzig Bier weniger getrunken. Oder heute zehn mehr. Oder wenigstens die Tür schon abgeschlossen – schließlich war es schon halb zwei durch. Dabei hatte ich, wie immer, pünktlich um eins die letzten Gäste rausgeschmissen, außer der Blauen Britta, die ich seitdem bei ein, zwei Feierabendbierchen am Anbaggern war, während ich die Theke sauber machte und die Stühle und Hocker hochstellte. Britta und ich hatten schon drei-, viermal das Vergnügen gehabt, und es war immer lustig, geil und unverbindlich nett gewesen. Außerdem stand ich auf oralen Schweinkram – dreizehn Jahre lang täglich literweise Kölsch in sich reinschütten beeinträchtigt im Laufe der Jahre das Stehvermögen; die Mädels, die auf drei Stunden Rammeln standen, fielen daher meistens nur einmal auf mich rein; und ich kannte kaum eine, die fürs Orale zuständiger war als die Blaue Britta – nicht nur, weil sie die beste Rocksängerin in der Stadt war oder weil sie saufen konnte wie ein Köbes.

Davon abgesehen hatte ich nicht die geringste Lust, in meine eigene Bude zu gehen und zwischen mehreren Zentnern Katzenscheiße zu pennen. Meine Wohngenossen Stevie und Helga hatten sich vorletzte Woche mal wieder heftigst gezofft, und Stevie hatte irgendwann entnervt die Wohnungstür hinter sich zugeknallt, um im *Kabäuschen* seinen Ärger zu ertränken. Auf dem Weg nach unten war sein Zorn aber fast schon wieder verraucht, und als er, vor der Haustür angekommen, einen Blick nach oben warf und Helga aus dem Küchenfenster gucken sah, rief er hoch, sie solle doch, verdammt nochmal, auch runterkommen. Sie schien ihn gründlich mißverstanden zu haben – für die Strecke vom fünften Stock bis runter zum Ubierring brauchte sie anderthalb Sekunden und zum Sterben dann noch drei Tage. Ich hatte sie immer schon für ziemlich gaga gehalten, aber Stevie hatte eben einen völlig anderen Geschmack als ich. Deswegen kamen wir uns auch nie ins Gehege.

Stevie war seitdem in der Stadt unterwegs, um sich die Augen aus dem Kopf zu heulen und sich das Hirn wegzuballern. Als ich vor ein paar Tagen von einer kleinen Deutschland-Tournee mit Penner's Radio zurückkam, hatten Helgas fünf verwaiste Katzen die Wohnung voll im Griff. Sie fühlten sich so wohl, daß eine von ihnen schon wieder schwanger war. Ich stellte ihnen für 'nen Fuffi Katzenfutter und H-Milch in die Küche und ergriff erstmal die Flucht vor dem Gestank. Irgendwo auf der Zülpicher fand ich dann Stevie, der mich erstaunlicherweise noch erkennen konnte und mir die ganze Geschichte erzählte, wozu er fast drei Stunden und anderthalb Flaschen Wodka brauchte. Aber dafür hatte ich sie dann auch sechsmal gehört.

2

Als guter alter Freund versackte ich dann zwei Tage und Nächte amtlich mit ihm, wovon ich mich dann bei Vera erstmal wieder zwei Tage erholen mußte. Vera ist 'ne ganz andere Geschichte, aber der einzige Mensch, zu dem ich, egal in welchem Zustand, zu jeder Tages- und Nachtzeit angekrochen kommen kann – manchmal glaube ich, sie hat ihr Gästezimmer nur für mich reserviert. Aber wozu ist man schließlich verheiratet? Na ja – und jetzt stand ich seit vorgestern wieder hinter der Theke von *Wolli's Schrebergarten*, um meine beiden anderen Leidenschaften – Schlagzeug spielen und Kölsch trinken – zu finanzieren. Ich hatte mich gerade wieder halbwegs eingelebt, da kommen diese beiden Gestalten in den Laden. Sie stinken Kilometer gegen den Wind nach Ärger, und ich hoffe, daß sie den feinen Schweißfilm auf meiner Stirn nicht sehen und die Angst nicht riechen, die sich in meiner Magengrube rührt wie ein Zwölf-Wochen-Embryo.

Das Rindfleisch sah auf den ersten Blick so aus, als könne er kein Wässerchen trüben – ein Metzgerssöhnchen, vollgestopft mit Eisbein, Cola und Kinderschokolade. Der zweite Blick offenbarte die Härte und Geschmeidigkeit hinter seiner Zwei-Meter-/Zwei-Zentner-Figur – und dieses angeborene, eingekerbte Lächeln, wie man es nur an echten Asis kennt. *Ich weiß Bescheid – das Leben ist nur 'ne andere, grausame Sportart, und nur der gewinnt, der die Spielregeln mitbestimmt, und zwar möglichst grausamer als alle anderen.* Das Lächeln, mit dem mein Mofa-Kumpel Steins Will früher lebende Goldhamster an Türen genagelt hatte; das Lächeln, mit dem Rita Schiefer noch früher die dreizackige Gartenharke meiner Oma in meinen kleinen Schädel gedengelt hatte – nur weil ich ihr zu lange auf meiner eigenen Schaukel saß...

Dem Kopp hinter dem Rindfleisch sah man den Spaß an Gemeinheiten schon auf den ersten Blick an. Ich habe nix gegen

Vorurteile, und ich habe auch nix gegen Rothaarige – einige meiner besten Freundinnen haben rote Haare – aber dieses Exemplar...! Er war ungefähr halb so hoch wie das Rindfleisch, aber genau so breit. Seine rotglänzende Margarinefrisur, auf Elvis getrimmt, begann direkt über den dickknochigen Augenbrauenwülsten, die bestimmt zwei Zentimeter vorsprangen – was weiter war, als seine Nase es brachte, die aussah, als hätte sie jemand mit einem Vorschlaghammer bearbeitet. Das heißt, wahrscheinlicher war in seinen Kreisen ein Wagenheber. Er hatte das Kinn von einem, der zum Frühstück Briketts kaut, und er schien mit seinem Frühstück noch nicht ganz fertig zu sein. Er hatte breite, fleischige Lippen und zog die linke Hälfte der Oberlippe bis zum linken Nasenloch – er schien seinen Elvis vor dem Spiegel zu üben, und ich hoffte, er würde nicht gleich *Cryin' In The Chapel* bringen. Andererseits – so wie die beiden aussahen, waren sie wahrscheinlich in der Lage, mir Schlimmeres zu bieten. Ich fluchte in mich hinein. Warum hatte ich diese Scheißtür nicht schon abgeschlossen?

3

Wolli's Schrebergarten war eine der herrlichsten Kneipen, die ich je kennengelernt habe – und ich habe einige kennengelernt zwischen Flensburg und Berchtesgaden, und in Köln so ziemlich alle. Es gab den Laden seit '72 – verraucht, verkommen, verrufen; die Möbel stammten noch vom gutbürgerlichen Vorbesitzer, der sie irgendwann in den fünfziger Jahren mal gekauft haben mußte; die Theke war im Eigenbau mit geklauten Backsteinen verlängert, in die »rustikalen« Lampen mit Holzrahmen und Stoffbespannung hatte Wolli einfach bunte Glühbirnen geschraubt. Einige davon brannten sogar noch.

An den schwarz gestrichenen Wänden klebten Plakate von Uni-Feten und Popkonzerten, vom SSK und vom KBW, von Indianerhäuptlingen, Sportstudios und Frauenbuchläden; es gab einen Billardtisch, dessen grüne Samtbespannung noch an zwei Banden zu erkennen war; die Musik kam – ziemlich laut – von dem Plattenspieler hinter der Theke – immer dieselben zwanzig abgenudelten Alben: Stones, Zappa, Captain Beefheart, Miles Davis, Jimi Hendrix und Dr. Hook, und wenn einer von denen, die immer was zu meckern haben, kam und fragte, wie man bloß so verkratzte Scheiben laufen lassen könne, kriegte er die Standardantwort: »Wieso? Wir ha'm uns doch nur die besten Stellen angekreuzt!«

An einem Abend, an dem ich gut drauf war, hatte ich mal 'ne Doldinger-Platte aufgelegt, die einen Sprung hatte. Der war witzigerweise an einer Stelle, wo er kaum auffiel, es ergab sich einfach nur eine Endlosschleife im Sieben-Achtel-Takt. Es dauerte über 'ne Stunde, bis es jemand merkte, und zwei Stunden, bis sie alle so sauer waren, daß mir nichts anderes übrigblieb, als was anderes aufzulegen – sie fingen schon an, mit Gläsern nach mir zu schmeißen, und davon hatten wir eh immer zu wenig.

Im *Schrebergarten* hing immer eine ganz eigene Duftmischung: der Geruch von Jahre alter Bierhefe, kaltem Rauch, Haschisch und Haarspray, Schweiß, Kotze und Pisse, selbstgepanschtem Apfelkorn (ein Drittel Korn, zwei Drittel Apfelsaft, ein kräftiger Schuß Rum, ein Schuß Cointreau, angerührt in Zehn-Liter-Plastikkanistern, abgefüllt in alte Weinflaschen, die Flasche fuffzehn Mark, für Freunde 'nen Zehner – und den tranken nur Freunde...), und nicht zuletzt der unverwechselbare Geruch von Selims Frikadellen; die briet der kleine Perser in der winzigen Küche neben der Theke – mehr Brötchen als Hackfleisch und mehr Knoblauch als Brötchen. Eigentlich war er hochdotierter Spezialist in einer Bonner Augenklinik – aber versuch mal, mit zwanzig Captagon und zwei Flaschen Fernet im Kopp 'ne Netzhaut zu flicken.

Nachmittags um fünf machte der Laden auf, und ab sechs war er voll: verfrorene Fixer vom Barbarossaplatz, die sich auf dem Klo gegenseitig übers Ohr hauten, damit auch jeder sein Schüßchen abkriegte; Stricher vom Zülpicher, die sich auf demselben Klo auch schon mal 'nen Zwanziger dazuverdienten (wenn sie nicht gerade an Herrn Belzinger gerieten); schmuddelige SSKler, die erstmal die Groschen für die erste Runde große Biere zusammenschnorrten, dann nach zwei Stunden Debatten über die Zukunft der Anarchie in Germoney die Tageseinnahmen des Vereins, mit Entrümpelungen und Möbeltransporten mühsam erarbeitet, in literweise Apfelkorn umsetzten, ehe sie sich ans Absingen ihrer Kampflieder machten; um den Billardtisch rum Asbach/Cola schlürfende Jungloddels und Nachwuchsschläger vom Rathenauplatz, die aus lauter Langeweile schon mal 'nen kleinen Fixer durchs Fenster warfen; manchmal hauten sie sich auch nur gegenseitig Billardkugeln um die Ohren. Es gab jede Menge Personal aus den umliegenden Studentenpinten; die brauchten hier alle kein Geld auszugeben, weil auch wir überall frei Saufen hatten; Studenten und Studentinnen, die auch mal am proletarischen Sumpf schnuppern wollten, was manchen von ihnen dank Papis monatlichem Scheck mehr als gründlich gelang; hier kamen die Schwulen hin, denen das *Shalömchen* zu tuntig war; krakeelige Omas und Opas aus dem Viertel, die sich hier jünger und ernster genommen fühlten als in den gutbürgerlichen Gaststätten; ein paar Schauspieler – einer von ihnen ist heute ein Star im deutschen Film- und Fernsehgeschäft, und ich weiß noch, wie er versuchte, mir im *Schrebergarten* einen Aschenbecher aufs Maul zu hauen, weil ich ihm keinen Deckel machen wollte; es blieb bei dem Versuch – leider brach er sich den Arm dabei, heute kennt er mich nicht mehr, wenn wir uns begegnen; und schließlich haufenweise Musikerkollegen, die der allgegenwärtige Cat Stevens aus allen anderen Kneipen vertrieben hatte – Jazzgitarristen und Straßenmusiker, Garagenrocker und Big-Band-Bläser, ewige Loser und Karrieremacher, ehemalige und zukünftige Lokalmatadoren, Alleinunterhalter, Sich-selbst-Unterhalter und Popstars. Schöne Kneipe. Gute Zeit, 1976.

4

Wolli selbst war 'n ziemlich guter Jazzpianist. Früher hatten wir mal zusammen in einer dieser unsäglichen Post-Mahavishnu-Jazzrock-Kapellen gespielt (alles unter Neun-Achtel-Takt ist profane Kacke, und je mehr zweiunddreißigstel Noten du in einen Takt packst, desto besser ist die Band). Später machte er Ernst und studierte weiter seine Millimeterpapier-Musik, während ich das Kiffen dran- und mich in die Niederungen des Rock'n'Roll zurückbegab. Dann wurde in seinen Proberaum in Zollstock eingebrochen. Mit den fünfundzwanzig Mille von der Versicherung machte er den *Schrebergarten* auf – in der Nacht vor dem Einbruch hatte ich ihm noch geholfen, das komplette Inventar des Proberaums, Flügel, Mischpult, Bandmaschine usw., in den Keller seiner Cousine in Aachen zu schaffen. Ein Jahr lang schmiß er den Laden selbst, dann wurde es ihm zu laut und zu hektisch. Schließlich hatte er auch noch ein Riesenschwein: Kompositionsauftrag für eine dreißigteilige französische Krimi-Serie – zwar 'n Haufen Arbeit, aber auch Unmengen Kohle. »Wat soll ich mich da noch hintern Tresen stellen un Besoffene angucken, die ich au' noch selber abgefüllt hab, wa, Büb?«

Ich hatte schon ein paarmal ausgeholfen, wenn ich pleite war, kannte den Laden und die Leute und genoß sein Vertrauen, also ernannte er mich kurzerhand zum Geschäftsführer. Ich kriegte nicht mehr zehn, sondern fünfzehn Mark die Stunde, mußte mich dafür aber eben um alles kümmern. Und Wolli setzte sich ab nach Ibiza, wohin ich dann jeden Monat einen Scheck wandern ließ. Na gut – fast jeden Monat. Es gab ja nicht immer Gewinn.

5

Aber deswegen würde er mir ganz sicher nicht zwei Figuren wie diese auf den Hals schicken. Außerdem würde er auch wissen, daß das wenig Sinn hätte – ich verstand mich mit einigen von den einschlägigen Gästen ganz gut, und es hatte schon öfter geheißen: »Wä däm Büb jet deit, dä weed en dä Stadt nit alt!« Also – was wollten die beiden Kanten hier?

»Jet spät draan«, sagte ich, nachdem ich mich beinahe an 'nem Apfelkorn verschluckt hätte. Ganz der lässig-freundliche Barmann, den meine Gäste kennen und schätzen. Elvis schickte mir nur einen kurzen Blick rüber und kaute dann weiter an seinem Brikett. Es war die Art von Blick, wie ihn gestandene Fernfahrer nach sechzehn Stunden Autobahn für den Käfer schräg links hinter ihrem Hänger übrig haben, bevor sie ihre siebzig Tonnen ein paar Zentimeter vor seiner Schnauze auf die Überholspur lenken.

Das Rindfleisch ignorierte mich gar nicht, sondern ging fett wie ein kastrierter Kater auf die hintere Ecke der Theke zu, wo Britta saß. Er trug ein mehr oder weniger weißes Unterhemd, das ihm seine Mutter wohl schon vor über zehn Jahren gekauft hatte. Bei den beiden Wäschen seitdem war es ziemlich eingelaufen, unten reichte es nicht über seine Speckhüften, und oben auf den Schultern waren die Nähte an mehreren Stellen aufgeplatzt. Seine Mutter hatte daraus gelernt und ihm bei Woolworth eine rote Trainingshose gekauft, in die er wohl erst noch reinwachsen sollte. Als er an mir vorbei kam, brachte er eine Wolke von Schweiß und Shit mit. Ich versuchte, nicht allzu tief einzuatmen.

»Treck ding Jack aan, mir fahre jetz jet spaziere«, begrüßte er die Blaue Britta galant.

»Moment ens –« versuchte ich, mich einzumischen. Elvis stand vor mir, einen Ellbogen auf die Theke gelehnt und schenkte mir einen etwas längeren Blick. Mir wurde klar, daß der Käfer schon eher *neben* dem Hänger fuhr, und jetzt sah ich auch die orangenen »Explosive Ladung!«-Aufkleber auf der Plane.

Aber ich arbeite schon zu lange in solchen Kaschemmen, um mich von jedem Arschloch sofort einschüchtern zu lassen. Auch wenn du Schiß hast bis zum Geht-nicht-mehr – das Schlimmste, was du tun kannst, ist, es diese Sorte merken zu lassen. Da sind sie wie diese degenerierten Zwingerhunde – die fallen über jeden her, an dem sie Angst riechen, ziehen aber oft schnell den Schwanz ein, wenn du sie mal ordentlich anschreist. Ich kannte die Sprache dieses Vereins und hatte auch den einen oder anderen Trick noch nicht vergessen, der mir in meiner eigenen Asi-Zeit das Überleben im Eigelstein-Viertel erleichtert hatte. War zwar auch schon über zehn Jahre her, aber bisher war ich auf die Art noch immer glimpflich weggekommen, selbst auf dem *Schrebergarten*-Prüfstand. Wer sich hier in seinem Job länger als zwei Jahre halten konnte, an dem mußte schon irgendwas dran sein. Oder...?

»Paßt ens op: Eetztens es he Fierovend, ihr sid also eijentlisch jaa nit he, sondern stoot drusse un sid an de Rollade am kloppe. Zweitens es dat Mädsche he kein vun üer Jymnasiums-Prömmsche, die ihr sönz he nommeddags affschlepp öm se aanzestesche, un drit–«

Ich hatte die Bewegung kaum richtig mitgekriegt, weil ich zwischen beiden hin- und hergeguckt hatte bei meiner kleinen Ansprache – es war einfach nur der Reflex von einem, dem schon öfter was über die Theke geflogen kam, deshalb streifte mich der Barhocker nur an der Schulter und landete im Regal mit den Fruchtsäften.

»Du spells he jaa nit met, kleine Mann«, bellte Elvis mit einer Stimme, wie man sie normalerweise nur kriegt, wenn man mindestens vierzig Jahre lang Karnevalslieder grölt – aber vielleicht klappt sowas ja auch mit Brikettfressen.

»Rühm ding Thek op un stühr uns nit bei d'r Arbeit. Dat nächste Dinge krisste en die Fress, es dat kla?«

Währenddessen hatte Rindfleisch, den die ganze Szene überhaupt nicht zu interessieren schien, Britta ihre Jacke in die Hand gedrückt, sie am Arm gepackt und war schon fast an der Tür mit ihr.

»Kumm, Fuss«, sagte er, woraufhin auch Elvis sich der Tür zuwandte. Er übernahm Britta und Jacke und ging mit ihnen hinaus.

»Am beste drinkste dir noch e Bier un verjiss, dat mir övverhaup he wore. Sönz kumm isch widder un tredde dir dä Kopp weg«, meinte Rindfleisch freundlich zu mir. Er tat einen halben Schritt von der Tür weg, und mit der Leichtigkeit einer Ballerina an der Trainingsstange, nur wesentlich schneller, kickte er die Lampe weg, die etwa in Höhe seines Mini-Pli anderthalb Meter vor ihm über der Theke hing. Ich machte die Bewegung, mit der Eiskunstlauf-Juroren ihre Bewertungs-Schilder ziehen, blickte nach rechts und links zu meinen Mitjuroren und verkündete mit Stadionsprecherstimme:

»Vierkommavier... dreikommaneun... zweikommaacht... das wird diesmal für die Meisterschaft kaum reichen, meine Damen und Herren. Wir geben zurück ins Studio.«

Das Rindfleisch betrachtete mich mit dem leicht verwunderten Blick eines jungen Hundes, der die Stimme seines Herrchens am Telefon hört. Vielleicht überlegte er auch, ob er seine Drohung wahr machen sollte, statt der Lampe mir den Kopf weg zu treten. Aber das war für sein Hirn doch etwas zuviel auf einmal – er kratzte sich nur kurz an den Eiern, rückte sein beim Kicken wohl verrutschtes Zipfelchen zurecht, drehte sich um und ging hinaus. Die Tür ließ er ganz dabei.

6

Ich kippte noch einen Apfelkorn, bis ich die Autotür klappen hörte, dann spurtete ich los, um einen Blick durch die Ritze in dem kaputten Holzrolladen zu werfen. Rindfleisch stieg gerade auf der Fahrerseite in einen kanariengelben Ford Capri mit schwarzem Kunststoffdach. Britta saß zusammengekauert auf dem Rücksitz und Elvis auf dem Beifahrersitz. Sie schienen es nicht eilig zu haben.

Ich spurtete zurück zum Telefon. Normalerweise traf man sich nach eins erst mal in der türkischen Pizzeria, hundertfünfzig Meter die Straße hoch.

»Den Zak, schnell!« Aber ich hatte ihn schon selbst am Apparat. Er steht meistens an dem Tisch neben dem Telefon und wartet auf 'ne Fuhre. Ich hatte eine für ihn.

»Da kommt jeden Moment ein gelber Primaner-Mustang mit schwarzem Dach an dir vorbei. K-UK 425. Häng dich dran und sag mir, wo sie die Blaue Britta abladen. Paß auf, das sind Schläger. Ich warte im *Nachtschalter* auf dich.« Ohne einen Ton hängte er ein. Ich konnte mich darauf verlassen, daß mein alter Schulfreund mit dem unaussprechlichen polnischen Namen Zakrzewski jetzt in sein Taxi jumpen und dem Capri auf den Fersen bleiben würde bis zum Affenfelsen von Gibraltar. Ich würde rausfinden, was das ganze Theater hier sollte.

Ich bin einer, der gerne seine Ruhe hat, und mische mich deswegen auch nie in anderer Leute Angelegenheiten. Aber ich lasse mich nicht von jedem in meinem eigenen Laden mit Hockern beschmeißen. Und ich muß es mir auch nicht bieten lassen, daß man mir die einzige Frau im Laden vor der Nase wegzerrt. Zumindest war ich es mir und Wolli schuldig, Elvis die Kohle für die fünfundvierzig Graninis abzuknöpfen, die er mir zerdeppert hatte.

7

Nachdem ich die Sauerei beseitigt und den Laden zugemacht hatte, ging ich zu Fuß die drei Ecken bis zum *Nachtschalter*. Was mir unterwegs nicht aus dem Kopf ging, war das Verhalten der Blauen Britta während der ganzen Geschichte. Sie war ganz schön blaß geworden, als Pat und Patachon reingekommen waren, hatte aber eigentlich kein bißchen überrascht gewirkt. Es war eher die Reaktion von jemandem, der schon länger mit Unheil rechnet und sich dann auch nicht mehr wundert, wenn es eintritt. Sie schien sofort gewußt zu haben, daß die beiden ihretwegen da waren. Und beim Rausgehen hatte sie auf mich gewirkt wie die Mörder in den Edgar-Wallace-Filmen, wenn sie nach dem brillanten Resümee von Blacky Fuchsberger zwischen zwei Bobbies abgeführt werden: Man weiß, daß alles gelaufen ist, die Frage ist nur noch: Strick oder Dartmoor? Und im Hintergrund darf Blacky schon Karin Dor küssen. Oder war es Baal?

Egal – ich hatte gerade keine Karin zum Küssen, sondern zerbrach mir den halbvollen Schädel darüber, was die Blaue Britta verbrochen haben mochte. Hatte sie was verbrochen? Was wußte ich überhaupt über sie, außer daß sie gut singen, saufen und blasen konnte?

Sie war dreiundzwanzig, irgendwo im Sauerland aufgewachsen und mit siebzehn nach Köln gekommen, weil sie als Sängerin schon alle Bands in ihrer Gegend durch hatte und einfach zu gut für sie alle war. Ein Naturtalent. Ein Talent, das auch noch ehrgeizig und fleißig war – in Köln fing sie dann an, Gesangs-, Klavier- und

Tanzstunden zu nehmen; sie wollte hoch hinaus. In der Band-Hierarchie der Stadt diente sie sich dann auch ziemlich schnell hoch – innerhalb von fünf Jahren hatte sie ihre eigene Band, für die sie auch ihr eigenes Material schrieb. Sie hatte jede Menge Studiojobs, Auftritte, Angebote von Plattenfirmen und einen Heiratsantrag von Werner Faus. Im letzten Jahr hatte sie dann bei einer Winz-Firma unterschrieben und eine wunderschöne LP rausgebracht, *Blue B. And The Purple Veil.* Eine Woche nach der erfolgreichen Präsentation im *Weißhaus* meldete der Besitzer der Firma Konkurs an und verschwand irgendwo auf den Seychellen. Es stellte sich heraus, daß er seine Kohle hauptsächlich mit dem Verschieben von geklauten Mercedessen gemacht, aber noch nicht eine der Rechnungen für die Produktionskosten der Platte bezahlt hatte.

Ein halbes Jahr hatten wir uns dann nicht gesehen. Britta tourte wie eine Geisteskranke Deutschland rauf und runter, um die Schulden zu bezahlen, und Penner's Radio war auch ziemlich viel unterwegs – wir spielten ja sowieso überall, wo 'ne Steckdose war. Doch – einmal trafen wir uns auf der Raststätte am Hockenheimring. Blue B. waren auf dem Weg von Osnabrück nach Würzburg und wir von Freiburg nach Bremen oder so ähnlich. Als wir vom Tanken kamen und uns in die Cafeteria schoben, kam sie gerade vom Kaffeetrinken raus.

»Du siehst müde aus«, sagte ich und hauchte ihr einen Kuß auf die weiche Stelle zwischen Kragen und Ohrläppchen.

»Guck dich mal an«, erwiderte sie mit einem schiefen Grinsen und einem sanften *(sehnsüchtigen?)* Leuchten ganz hinten in ihren blauen Augen und küßte die Ringe unter meinen. »Wie lange noch?«

»Noch acht Paar Stöcke. Und ihr?«

»Wenn du mich jetzt schwängern würdest, müßte ich die letzten beiden wohl absagen.«

»Wenn wir jetzt *damit* anfingen, würden wahrscheinlich heute abend schon zwei ausfallen«, erwiderte ich bedauernd, »schade, schade.«

»Ja«, sagte sie, »schön, dich gesehen zu haben.«

8

Verdrießlich starrte ich auf die Flasche Apfelkorn, die mir der Werner vom *Nachtschalter* automatisch vor die Nase gestellt hatte. Wenn ich mich jetzt mit *der* anfreundete, war ich womöglich später zu blau, um Prinz Eisenherz zu spielen – wahrscheinlich würd ich nicht mal auf 'n Pferd kommen. Also bestellte ich mir 'n paar Wasser und schmiß ein Zweimarkstück in den Flipper. Die beiden Studenten davor wollten erst protestieren, aber ich drückte ihnen den Apfelkorn in die Hand, setzte sie auf die Fensterbank und empfahl ihnen, erst mal ein Trinkpäuschen einzulegen.

Es kam mir vor, als hätte ich Hunderte von Freispielen geholt und gespielt, aber frag mich keiner nach irgendwelchen Spielergebnissen. Flippern ist *das* Spiel zum Meditieren. Besser als Patiencen, Schach oder aufm Nagelbrett liegen. Irgendwo zwischen dem bunten Geflacker und Geblitze siehst du verschwommen Die Magische Silberne Kugel herumflitzen und knallst die Mittelfinger auf die Knöpfe, um das Ding oben zu halten. Wie einer von den Glorreichen Sieben mit einem Schuß nach dem andern den Dollar in der flirrenden Luft von Texas tanzen läßt, ziehst du wieder und wieder ab, bis deine Trommel leergeschossen ist, und ganz entfernt hörst du das Klacken der Freispiele wie das beifällige Raunen der dummen Siedler vor dem Saloon. Fast so gut wie Schlagzeug spielen. Oder Vögeln.

»Probleme, Büb?« Werner stellte die unvermeidliche Flasche Apfelkorn und zwei Gläser auf die Glasplatte des Flippers und schenkte ein. Ich sah ihn an, als wäre ich gerade aus einem dieser klebrigen Mittagsschläfchen voller Ken-Russell-Träume erwacht. Sah ihn an, dann die Flasche, sah mich im Laden um. Alle Stühle standen schon auf den Tischen, und wir waren nur noch zu fünft – Werner, zwei seiner Thekenmädels und ich. Und Chet Baker, der gerade Heroin in Blues verwandelte.

»Wie spät isses denn?«

»Halb sieben«, unterdrückte Werner ein Gähnen, »wa's los?«

»Gehn die beiden mit?« fragte ich ihn mit einem Kopfnicken zur Theke hin. Er zuckte die knochigen Schultern: »Haste Lust?«

»Trinken wir erstmal einen.«

»Sowieso. Prost, Büb.« Wir tranken drei, vier Gläschen, und ich erzählte ihm, was am Abend im *Schrebergarten* gelaufen war.

»Nijinsky«, sagte Werner und schenkte nach, »und Brikett-Fuss. Haste schwer Schwein gehabt.«

»Hä?«

»Nijinsky, weil er so gut springen und die Füße hochkriegen kann, auch wenn man's bei seiner Figur kaum glaubt, und Brikett-Fuss, weil der sich seit Jahren Briketts auf die rote Tolle knallt, um seine Stirn abzuhärten. Geh nie näher als auf einen Meter an den ran. Der hat schon mehr Nasenbeine auf dem Gewissen als Joe Frazier und Müllers Aap zusammen. Und weißte, wo du jetzt mal anrufen solltest, wenn der Zak seit mehr als fünf Stunden an denen dranhängt?«

Na klar! Ich griff mir das Telefon. Es war die dritte Notaufnahme, die des Marien-Hospitals in Ehrenfeld. Ich bestellte mir ein Taxi, trank noch einen und umarmte die beiden an der Theke.

»Bestimmt ein andermal«, sagte ich. Sie nickten beide lächelnd und hielten Händchen.

»Ruf an«, sagte Werner, »wir warten.«

9

Den Werner kannte ich seit ungefähr drei Jahren, seit ich entdeckt hatte, daß man sich bei und mit ihm ganz wunderbar die Nacht um die Ohren schlagen konnte. Auch er mischte einen vorzüglichen Apfelkorn – kein Wunder, er trank kaum was anderes. Er war eins von diesen Handtüchern, wo man sich immer fragt: Wo tun die eigentlich all das hin, was sie saufen? Er war immer braungebrannt, weil er zwei-, dreimal im Jahr in Urlaub fuhr, und hatte tief eingegrabene Kerben um die Mundwinkel; vom Schnaps, vom Nachtleben, von zwölf Jahren Ehe, von den Problemen, die vier eheliche und mindestens neun uneheliche Kinder so mit sich bringen, von dem Zynismus, in den man sich dann gerne flüchtet. Und er hatte eine Macke: Ficken.

Wer den Spruch von der Nase des Mannes und seinem Johannes in die Welt gesetzt hat, war wahrscheinlich vorher mit Werner in der Sauna gewesen, denn der hatte einen wirklich riesigen, dicken Adlerzinken. Im *Nachtschalter* arbeiteten immer nur Blondinen, die alle paar Wochen bis Monate wechselten. Von fünfzehn bis fünfundzwanzig, von Einsfünfzig bis Zweimeter, von vierzig bis hundertvierzig Kilo, von Typ Wenn-ich-ein-Junge-wär bis Typ Rauschgoldengel – Hauptsache jung und blond. Und es arbeiteten immer so viele davon, daß es nicht geschäftsschädigend war, wenn eine mal 'ne Weile nicht da war. Alle zwei, drei Stunden kriegte Werner nämlich seinen Rappel, dann verschwand er mit einer von ihnen in der Wohnung ein Stockwerk drüber. Und dann wurde auf seinem Dreimal-drei-Meter-Bett erstmal ein Stündchen gerammelt – ein Nähmaschinchen war nix dagegen. Wir waren ein paarmal zu viert dort oben versackt, deswegen kannte ich das aus eigener Anschauung – die Mädels stöhnten und schrieen, und er machte ihnen ächzend den Rammler. Wenn ich heute 'ne Frau »Ich kann nich mehr!« sagen höre, assoziiere ich immer sofort dieses Schlafzimmer.

Ich hatte mal eine gefragt, wieso sie das eigentlich mitmache. »Ich steh auf den Werner«, war die verständnislose Antwort. Ich fragte nicht weiter nach. Ich hatte damals zwar schon 'ne Menge feministische Bücher gelesen, aber junge Frauen missionieren war deswegen noch lange nicht mein Bier. Außerdem war »Muß ja jeder selber wissen« schon lange einer meiner Leitsätze. Und ich hatte ja nix gegen den Werner. Ein paar Wochen, nachdem wir uns kennenlernten, hatte ich ihm verklickert, daß Sterilisation nicht im geringsten was zu tun hat mit Impotenz oder gar Kastration. Er hatte sich daraufhin erfolgreich einem Eingriff unterzogen und konnte jetzt nach Lust und Laune in der Gegend herumvögeln. Seitdem war ich sein Freund. Von AIDS hatte man damals noch nichts gehört.

10

Gegen halb acht traf ich im Marien-Hospital ein. In der Notaufnahme war nicht mehr viel zu tun. Oder noch nicht. Nur ein Typ in Motorradklamotten auf einer Bahre im Gang störte die Ruhe ein wenig. Er schrie wie am Spieß. Er hatte sich offensichtlich ohne Helm auf die Fresse gelegt und sah nicht sehr schön aus. Als er den blutdurchtränkten Klumpen Mull mal kurz von seinem Kopf wegnahm, sah ich, daß er sich das halbe Gesicht und das halbe linke Ohr weggescheuert hatte.

Ich fragte mich zu Zak durch und mußte erst mal tief durchatmen, als ich ihn fand. Von seinem Gesicht sah man nur die geschlossenen Augen, eins davon blutunterlaufen, seine Nasenspitze und einen schmalen Schlitz, wo sein Mund sein sollte. Er schlief und stöhnte leise im Schlaf. Ich suchte den Arzt, der ihn behandelt hatte, gab mich als sein Bruder aus und tat aufgeregt. Der Arzt war ein junger Schnösel mit teurer Brille und noch teurerer Armbanduhr. Ich war sicher, daß sein Alter auch Mediziner war, die Uhr konnte er sich so kurz nach seinem Studium sonst sicher nicht leisten. Er war entsprechend blasiert und kurz angebunden.

»Unterkieferfraktur«, verkündete er von oben herab und als sei das nichts Besonderes, »mehr kann ich Ihnen auch nicht sagen. Gehen Sie zur Polizei!«

»Aber da war ich doch schon; die wollen mir auch nix sagen!« greinte ich, »was soll ich denn jetzt machen?«

Er guckte mich zwar skeptisch an – sein Chef hätte mir das bestimmt nicht abgekauft –, aber er war wohl schon seit gestern abend im Dienst, und der Motorradfahrer wartete draußen hörbar auf ihn.

»Schaun Sie«, ließ er sich in seinem Villa-in-Hoffnungsthal-Tonfall herab, zu mir langhaarigem Proleten zu dozieren, »viel weiß ich auch nicht. Der Patient ist wohl Taxifahrer und hat sich letzte Nacht bei seiner Zentrale nicht abgemeldet. Daraufhin haben seine Kollegen nach ihm Ausschau gehalten und ihn bewußtlos in seinem Taxi auf der Oskar-Jäger-Straße gefunden, wo er einen parkenden Lastwagen gerammt hatte. Wie er sich dabei aber *so* den Kiefer gebrochen hat, ist mir allerdings auch ein Rätsel.«

»Was meinen Sie mit so den Kiefer geb–«, wollte ich nachhaken.

»Das kann ich Ihnen jetzt auch nicht detailliert erklären«, unterbrach er mich ungeduldig, »aber wenn er mit dem Kinn aufs Lenkrad geschlagen wäre, müßte der Bruch ganz anders aussehen. Mir scheint eher, daß es ihm den Unterkiefer von der Seite weggeschlagen hat. Aber Genaueres wissen wir erst morgen, wenn die Röntgenaufnahmen ausgewertet sind. Und jetzt entschuldigen Sie mich bitte.« Drehte sich auf einem Gummiabsatz rum und quietschte Richtung Straßenfeger.

Ich überlegte einen Augenblick lang, ob ich zurück zu Werner und den beiden Mädels fahren sollte. Nein – morgen würde es einiges zu tun geben, und es wäre bestimmt nicht schlecht, dafür halbwegs ausgeschlafen zu sein. Ich rief an, berichtete und wünschte ihnen viel Spaß. Im Hintergrund sang Jack Bruce *I'm So Glad*. Ich fuhr zu Vera. Sie war schon weg, und ihre Tochter war im Kindergarten. Ich ließ das Rollo in meinem Zimmer runter, um die Morgensonne auszusperren und legte mich ins Bett. Draußen rauschte der Alltag durch die Stadt, mit Gehupe, Geknatter, Geschnatter und Gebell. Es war ein schöner, milder September, und als letztes Bild vorm Einschlafen sah ich Nijinsky, der vor Zaks Taxi stand und sagte: »Verpiß disch, sonz tredde isch dir dä Kopp weg!«

II

Nachmittags weckte mich der Duft von frisch aufgebrühtem Vanilletee. Er kam aus einem großen blauen Becher mit gelben Punkten, den mir Anna, Veras fünfjährige Tochter, unter die Nase hielt.

»Komm, Schnarchsack, genug geschlafen«, kicherte sie.

»Wie spät isses denn?«

»Drei Uhr, glaub ich.«

»Und wieso bist du dann schon hier, du Kröte?«

»Ich bin keine Kröte, ich bin ein Seraphim. Und deswegen hab ich auch keine Lust mehr, im Kindergarten zu gehn.« Sie kletterte zu mir aufs Bett und fing an, meine Haare zu verknoten. Sie roch noch besser als der Tee. Wahrscheinlich hatte Vera mal wieder ein neues Duftwasser. Bedeutete normalerweise, daß es da irgendwo 'ne neue Freundin gab.

»*In den* Kindergarten«, verbesserte ich automatisch. »Und ich bin kein Schnarchsack. Ich übe im Traum neue Lieder, das mag sich nur von draußen 'n bißchen komisch anhören. Außerdem heißt es Seraph, ohne -im, wenn's nur einer ist. Und wenn er sechs Flügel hat. Wo sind denn deine?« Ich begann, sie auf der Suche nach ihren Flügeln im Rücken zu kitzeln, was in eine Riesenbalgerei ausartete. Kinder sind schon eine herzerwärmende Sache. Wenn man sie nicht dauernd am Hals hat, von der Verantwortung ganz abgesehen. Ich war froh, daß ich nicht Vater war, auch wenn man mit einer jauchzenden, blondgelockten Fünfjährigen mit vor Eifer geröteten Wangen schon mal auf ganz andere, wehmütige Gedanken kommt. *Trautes Heim.* Wenn das meine Fans in Ingolstadt wüßten...!

Ich machte uns ein paar Brote mit frischem Holländer, mildem Senf und Apfelscheiben, und wir setzten uns auf den Balkon voller duftender Tomatenpflanzen, Küchenkräuter und Blumen und hörten Louis Armstrong. Anna liebte ihn – die Scheibe mit den *Greatest Hits* hatte ich ihr schon zum zweiten Mal gekauft, weil sie die erste durchgenudelt hatte. Wir aßen unsere Brote und tranken den Tee. Er war viel zu dünn und noch mehr zu süß, aber ich sagte nichts dazu. Sie war offensichtlich sehr stolz, daß sie ihn ganz alleine aufgebrüht hatte.

»DIE FAHRT KOSTET DICH ABER 'N PAAR BIER!« stand auf
dem Blatt Papier, das Zak mir auf einem Klemmbrett entgegenhielt.
»Mindestens«, sagte ich. Und dann las ich, was er auf die Seite
darunter gekrakelt hatte. Er war dem gelben Capri die Aachener
Straße raus bis nach Junkersdorf gefolgt, eine der feineren Wohnge-
genden Kölns, wo der in einer Garageneinfahrt geparkt wurde. Die
beiden Figuren hatten Britta in einen Bungalow gebracht, dessen
Haustür von einer zierlichen Asiatin mit langen Haaren geöffnet
worden war. »Pechschwarze Haare bis zum Arsch«, hatte Zak ge-
schrieben, »irgendwo hab ich die schon mal gesehn – ich meine, im
Forum.« Leider war die Einfahrt direkt hinter einer Kurve gelegen,
und den Jungs mußte das Taxi doch noch aufgefallen sein. Als Zak
nämlich nach ein paar Minuten ausgestiegen war, um sich den
Bungalow etwas näher anzusehen, hatte sich einer der beiden schon
in seinen Rücken geschlichen. »Ich hör jemanden durch die Zähne
pfeifen, dreh mich um, seh den dicken Nijinsky, wie er mich an-
grinst und hab auch schon seinen Turnschuh in der Fresse. Bin froh,
daß der keine Fußballschuhe trägt. Dann weiß ich erstmal nix mehr,
bis ich merke, daß ich auf dem Beifahrersitz meiner Karre liege. Der
Nijinsky fährt und hält mich mit dem rechten Arm an die Lehne
gedrückt. Dann gibt's 'nen Knall, und ich bin wieder weg. Als ich
wach werde, stehn 'n Haufen Kollegen und die Bullen um mich
rum«, las ich, »der Nijinsky wird sich bald 'ne andere Stadt für seine
Streiche suchen müssen. Bis dahin wär's nett, wenn du mir 'nen
Kassettenrekorder und wat Musik besorgen könntest. Und wat
machs' du jetzt?«
»Ich besorg dir jetzt erst mal deine Musik. Dann such ich Twiggy
und guck mir das Häuschen in Junkersdorf mal an.« Zak hob den
rechten Daumen und schloß müde die Augen. Ich sah ihn mir noch
'n paar Sekunden an. Ja, er hatte bestimmt recht: Nijinsky würde in
Köln nicht mehr viel Spaß kriegen: 'nen kölschen Taxifahrer zusam-
mentreten...! Ich machte mich auf die Socken.

13

Die Stadt brachte sich zunehmend in Feierabendstimmung. Auf der
Goldenen Meile, den Ringen zwischen Friesen- und Barbarossaplatz, flogen mir ein paar schwarzbraun gefleckte Blattreste um die

Beine. Irgendwo mußte es hier doch noch den einen oder anderen Baum geben. Der Verkehr schob sich zäh in beide Richtungen. Hinter den Fenstern der Straßenbahnen klebten graue Gesichter ohne erkennbaren Ausdruck. Vielleicht waren sie tatsächlich nur aufgeklebt, aber ich fand nicht, daß sie eine gute Werbung für den Kaufhof-Schriftzug waren, der darunter prangte.

Ein Kind in einem Buggy, eingeklemmt zwischen prallen Einkaufstüten, schrie sich neben dem Zebrastreifen an der Richard-Wagner die Kehle wund. Eine höchstens neunzehnjährige Schwangere mit toupiertem Wasserstoff-Blond schrie ihrerseits genervt auf das Kind ein. Ich hörte mindestens sieben Wenn-du-jetz-nit-bald-still-bis!, ohne daß sie dem Kind einmal verraten hätte, was denn dann wäre. Der italienisch aussehende Typ daneben betrachtete beide angewidert und versuchte, dabei lässig und unbeteiligt auszusehen. *Tja, Giuseppe, solltest vielleicht mal überlegen, ob es was nützt, deine Jisela mal eine Stunde durch die Stadt zu schieben, den Kopp in Auspuffhöhe festgeklemmt!* Ich glaubte aber nicht, daß das viel nützen würde. Wahrscheinlicher war, daß sie einfach nur zu jung und überfordert war. Dabei war der Giuseppe soo nett gewesen, damals auf der Deutzer Kirmes, viel süßer als die Mülheimer Halbstarken, mit denen sie sich da sonst immer rumtrieb. Die versuchten ihr nur dauernd an ihre großen Brüste zu gehn, während der hübsche Italiener ihr auf der Bank unten am Rheinufer erzählt hatte: »Dein Auge sin schöne dann die von Sophia Loren!« Mittlerweile schien er die Augen auf einem Paar Würfel schöner zu finden. Oder die der italienischen Schlampe hinterm Tresen des *Club San Marco*, den er nur noch verließ, um sich bei ihr zu Hause frisch gebügelte Klamotten abzuholen. Oder sie zum zweiten Mal zu schwängern.

14

'nen Haufen Tresen und Schlampen würde ich heute abend wohl auch noch zu sehen kriegen. Twiggy hatte dienstags frei, und das hieß, er konnte in irgendeiner der achthundert Kneipen zwischen Rodenkirchen im Süden Kölns und Worringen im Norden, zwischen Rösrath im Osten und Bocklemünd im Westen hängen. Ich hatte ziemliches Glück. In Kneipe Nummer fünf, dem *Florchen* in der Friesenstraße, fand ich seine Spur in Form seiner verheult aussehenden Dauerverlobten Roswitha.

»Dä blöden amerikanischen Hungk! Dä soll mer bloß nimmieh unger die Aure kumme! Vun wäje: Dienstag frei, do maache mir uns ene schöne Oovend zesamme! Am suffe un am käue un am zocke es dä Drecksack ald widder!« Sie heulte sich vier Bacardi/Cola wässrig und erzählte mir zum zigsten Mal die Geschichte ihres Liebesleids mit »däm Mister Kritt-dä-Hals-nit-voll«.

Aber nach einer knappen Stunde hatte ich raus, mit wem er denn heute unterwegs war, und wo sie angefangen hatten. Danach war's einfach. Ich fand ihn im *Silberne Saddel* in Weidenpesch, nahe der Pferderennbahn. Hier verkehrten die Jockeys und die Wettgeschäftemacher, die Fans und die Zocker, Zuhälter aus der nördlichen Hemisphäre der Stadt und ihre Puppen, die aussahen wie die Frauen der ansässigen Geschäftsleute, die ihrerseits aussahen wie Zuhälter. Alle palaverten lautstark und wild durcheinander, das Kölsch floß in Strömen, hauptsächlich in die Mini-Gläser, die in Köln »Stößjen« heißen. Und Abba ließ die Musikbox klirren.

Twiggy stand mit bloßem Oberkörper mitten in einem Knäuel Loddel und hielt vornübergebeugt den Gürtel von Hämches Jupp zwischen den Zähnen. Jupps schlappe hundert Kilo schwebten einen halben Meter über dem fast schwarzen Parkettboden. Er machte einen Haufen Kies mit Imbißbuden, die für ihre gegrillten Hämchen berühmt waren. Das einzige, was er selber noch an Arbeit leistete, war zweimal die Woche morgens um fünf im *Schlachthof-Restaurant* mit ein paar Großhändlern Asbach/Cola zu saufen und dann eigenhändig ein paar Zentner Schweinshaxen in einen seiner Lieferwagen zu schmeißen – »domet die Arschlöcher nit meine, se künnten dä Jupp bedrieße!«

Einer der Umstehenden begann, von einer Rolex mit einem goldenen Armband so breit wie anderer Leute Manschetten, die letzten zehn Sekunden runterzuzählen. Twiggy ließ sich auf die Knie sinken und ließ seinen Gegner so sanft auf dem Boden ab, als sei er ein Tablett voll Jack Daniels. Er reichte Hämches Jupp seine rechte Schaufel und zog ihn spielerisch auf die Füße. Dann trank er drei Bier auf ex, machte die Runde und kassierte ab. Es kam ein ziemliches Bündel blauer Scheine zusammen. Nein – keine Zehner.

»Lokalrunde!« schrie er in seinem breiten amerikanischen Akzent und grinste sein Lausbubengrinsen. Die meisten applaudierten und hieben ihm anerkennend auf die verschwitzten nackten Schultern.

Ein paar – hauptsächlich die Loddel-Fraktion – guckten eher miß-mutig drein. Sie hätten »däm Ami« einen Dämpfer gegönnt – er war ihnen ein Dorn im Auge mit seiner unglaublichen Kraft, seinem Stehvermögen und seiner jungenhaft großen Schnauze. Und er machte keinen Hehl daraus, daß er keine Zuhälter mochte. Er prügelte sich bei jeder passenden Gelegenheit mit ihnen – und verlor nie.

15

Als er noch Sergeant beim Los Angeles Police Department gewesen war, hatten vier schwarze Pimps seine Frau in Streifen geschnitten, weil sie einem von ihnen bei einer erzwungenen Orgie den halben Schwanz abgebissen hatte. Twiggy hatte seine Magnum mit selbst angefertigten Dum-Dum-Geschossen geladen, sich ein paar Tage krank gemeldet und die Kerle der Reihe nach aufgespürt.

»Not much left of them motherfuckers, when I'm thru' with 'em, Boob. Blew one of 'em right thru' a fuckin' motel room wall.« *Land of the brave.*

Seine Kollegen hatten zwar durchweg viel Verständnis für ihn, aber durchgehen lassen konnten sie ihm das natürlich nicht. Nicht einmal in L.A. Sie erklärten ihn für unzurechnungsfähig aufgrund von Schockwirkung und dispensierten ihn. Er reiste 'ne Weile in der Welt herum und landete dann hier in Köln als Nahkampflehrer für den Polizei-Sport-Verein. Nebenbei arbeitete er als Türsteher im *Session* in der Ehrenstraße. Da saß er dann oben an der Tür, trank Jack Daniels auf Eis, kaute Haschischklumpen und grinste jeden freundlich an, der reinkam. Wenn's unten im Laden Ärger gab, und den gab's öfter, ertönte oben an seinem Platz ein Summer. Dann war er in zwei Sekunden unten, griff sich die Störenfriede, schlug sie mit den Köpfen aneinander, schleifte sie die Treppe hoch, manchmal an den Füßen, wobei ihre Köpfe bei jeder Stufe dieses häßliche Ge-räusch machten, und warf sie auf die Straße. Wenn sie sich bis oben immer noch nicht beruhigt hatten, warf er sie auch schon mal durch die Tür. Allerdings ging er nach dem ersten Mal, das ihn eine Stange gekostet hatte, immer hinterher und nahm ihnen ihr Geld ab.

»Ick kann doch nickt jedesmal die fuckin' Scheißdoor beßahlen, shit, man!« kauderwelschte er fröhlich, klatschte mit einer reinigen-den Geste in die Hände und ließ sich einen neuen Jackie bringen.

»Double, man, der Ahbeit macht Duahst!« Sie kriegten ihm nie beigebracht, Leute, die nach Ärger aussahen, gar nicht erst reinzulassen. »Dafür braukt Ihr doch good ole Twiggy nickt, das kann jede fuckin' Klofrau!« Einmal waren es sechs junge Türken, was morgens um halb sieben sogar für ihn zwei zuviel waren. Sie richteten ihn und seinen Arbeitsplatz ziemlich übel zu.

»Türken, ha?« meinte er nach zwei Tagen Erholungspause. Er fuhr in die Weidengasse, ging in die erste türkische Imbißbude und machte Kleinholz aus ihr. Dann ging er in die nächste. In der Weidengasse gibt es jede Menge davon – die Kölner nennen dieses Viertel Klein-Istanbul. In der vierten erwartete ihn der alte Metin und fragte ihn, was das sollte.

»You Turkish guys komm in mein Laden und mack trouble, Twiggy komm in dein Laden mack trouble, okay?« Metin telefonierte. Nach 'ner halben Stunde tauchten die drei der sechs Jungs auf, die nach ihrer Begegnung mit ihm noch laufen konnten, ließen eine Standpauke von Metin über sich ergehen und entschuldigten sich bei Twiggy. Dann tranken sie ein paar Flaschen Raki zusammen, hauten sich auf die Schultern und nannten sich gegenseitig *Arkadas*. Es gab nie mehr Ärger mit Türken im *Session*.

16

Wir waren Freunde geworden, weil ich einer der wenigen war, die seinen L.A.-Slang verstanden, weil er darauf stand, wie ich Schlagzeug spielte, und weil ich bei einer Session im gleichnamigen Laden einem Loddel, der vor der Bühne eine seiner Nutten verdrosch, eins meiner Becken auf den Schädel gedengelt hatte. Ich bin etwas altmodisch in manchen Dingen. Außerdem zog er gerne nach Feierabend mit mir durch die Kaschemmen, knobelnd und saufend, und wenn ein paar Loddels da waren, fing er an mir beizubringen, wie man mit einem Gegner fertig wird, der nicht allzuviel auf die goldenen Regeln der Fairneß gibt. Das war mir einerseits immer ein wenig peinlich – Twiggy zog sich Jacke und Hemd aus und zeigte mir an irgendeiner Theke unter den finsteren Blicken der Jungs ein paar Tricks. Andererseits hatten wir immer eine Menge Spaß dabei – meistens gipfelte die Vorstellung darin, daß er vor mir stand und schrie: »Hit me in the face as fast an' hard as you can! Come on, Boob!« Ich versuchte es immer wieder, aber trotz meiner Boxerfahrung traf ich ihn nie, sondern landete regelmäßig in irgendeiner Ecke. Tae Kwon Do oder so ähnlich. Woraufhin er sich zu den Jungs rumdrehte und einen von ihnen anbellte:

»Warum lachst du, dumbshit, du glaubs, du bist schneller? Hier – zweihundert Mark, wenn du der courage hast, hey!« Und schon war wieder 'ne lustige Keilerei im Gange. *Ach ja, goldene Jugendzeit...!*

17

Jetzt standen wir an der Theke im *Silberne Saddel* und tranken »Stößjen«, während Twiggy sich in Ruhe anhörte, was ich wußte, was ich wissen wollte und was ich vorhatte.

»Britta, hey? Fine lady. Wie spät is das?« Es war kurz vor zehn.

»Freie Abend for ol' Twiggy, hey? Shit.« Er dehnte das Wort so, daß es zwei Silben hatte.

»Auto?« Ich verneinte. Wir bestellten ein Taxi, er zog seinen schwarzen Lederblouson über sein Mothers-of-Invention-T-Shirt, und wir zogen los.

Der Wind hatte sich gelegt. Es war ein wirklich freundlicher Septemberabend, an dem die Singvögel in den Parks und Gärten von Junkersdorf noch einmal ihr Bestes gaben, bevor sich der Sommer endgültig aus diesem Jahr schleichen würde. Unterwegs waren wir uns einig geworden, daß es eigentlich nur eine gute Strategie gäbe. Wir würden klingeln, nach Britta fragen und dann weitersehn. Wyatt Earp und Doc Holiday. *Asterix und Obelix?*

18

Das mit dem Klingeln klappte noch ganz gut, aber es ließ sich niemand blicken, den wir irgendwas hätten fragen können. Das Haus blieb dunkel und mucksmäuschenstill. Bis auf das sanfte Dingdong irgendwo da drinnen, wenn ich den Klingelknopf drückte. *Shit.* Wir gingen um das Haus herum, an einer verschlossenen Doppelgarage vorbei, öffneten ein kleines schmiedeeisernes Törchen und fanden hinter dem Haus einen großen dunklen Wintergarten. Ich ging vier Stufen hoch und probierte die Klinke einer Glastür. Sie war nicht abgeschlossen, und ich öffnete sie vorsichtig. Dann lag ich auf dem Rücken am Fuße der vier Stufen und ließ mir von einem langhaarigen Schäferhund den vertrauten Duft von halbverfaultem Pansen ins Gesicht blasen. Das Mistvieh hing einfach über mir, vielleicht fünfzig, sechzig Kilo schwer, und grinste mich an. Er sah fast aus, als wolle er bloß ein bißchen spielen, wären da nicht die gekräuselten Lefzen gewesen und das leise Grollen tief in seiner Brust. Und er wußte nicht, daß mein Onkel Fred, bei dem ich mehr als die Hälfte meiner Kindheit verbracht hatte, Schäferhunde züchtete, solange ich zurückdenken konnte. Ich sammelte soviel Speichel ich konnte und spuckte ihm ins Maul. Er zuckte kurz zurück und riß das Maul auf. Ich rammte ihm die flache Hand hinein und preßte seine Zunge fest an seinen Unterkiefer. Gleichzeitig kniff ich mit der Linken hart in seine Nase. Er winselte und versuchte, mit ruckartigen Bewegungen seine Schnauze zu befreien. Ich drehte seinen Kopf, seinen Unterkiefer als Hebel benutzend, bis er nicht mehr auf mir hing. Ich drehte mich auf die Knie, wo ich noch mehr Kraft entwickeln konnte. Es knackte. Sein Geheul mußte ganz Junkersdorf aufwecken. Ich sprang auf, riß meine Hand aus seinem Maul und trat ihm gegen den Kiefer. Er überschlug sich und kroch winselnd und mit eingekniffener Rute in den dunklen Garten. Wenn er so gut dressiert war, wie es bei seinem lautlosen Angriff den Anschein gehabt hatte, würde er in ein paar Minuten wieder böse werden, aber er würde, was meine Person anging, etwas vorsichtiger sein. Schwer atmend drehte ich mich um.

»Dein freier Abend, wie?« knurrte ich Twiggy an, der im Türrahmen stand, Hände in den Jackentaschen. Kaugummikauend. Oder Haschisch?

»Nickt gänz, Tarzan«, brummte er vergnügt. Jetzt erst bemerkte ich, daß zu seinen Füßen ein Mensch hockte, sich den Magen hielt und würgte.

»Wen hammer denn da?« fragte ich.

»Modesty Blaise«, sagte Twiggy, packte die Gestalt am Kragen und hob sie hoch, so daß ich ihr ins Gesicht sehen konnte. Er hielt sie mühelos an seinem ausgestreckten Arm, wobei ihre Füße vierzig Zentimeter über dem Erdboden schwebten. Es war Zaks Asiatin, *Haare bis zum Arsch*. Gut ging's ihr nicht.

»Suzie Wong! Jetzt haust du auch schon kleine Mädchen?«

»Wenn dunkel, erst beruhigen, dann fragen«, sagte er, »alte Regel bei de cops.«

»Na dann fragen wir sie doch mal 'n bißchen was«, meinte ich. Er drehte sich um, mit dem Mädel an der ausgestreckten Faust, und ging durch den Wintergarten ins Haus. Wir betraten ein riesiges Wohnzimmer. Ich fand einen Lichtschalter. Ein paar Sessel, zwei Sofas, ein Glastisch, der so groß war, daß ich bereute, keine Schlittschuhe dabei zu haben. Die meisten Möbel waren mit weißen Laken zugedeckt. Urlaubsstimmung.

Twiggy setzte Suzie Wong in einen der Sessel und drückte sie kurz hinterm Ohr. Sie verdrehte die Augen und wurde ohnmächtig. »Erst de Haus«, meinte er. Auch nicht dumm. Also nahmen wir uns erst »de Haus« vor. Vom Keller bis zum Speicher. Fast überall das gleiche Bild – mit Laken verdeckte Möbel. Kein Mensch. In einem der Schlafzimmer im ersten Stock waren zwei getrennt stehende Betten benutzt worden. An deren Fußende stand eine Campingliege, an deren Gestell ein Paar Handschellen befestigt waren. In meinem Kopf ertönte das *Stahlnetz*-Thema. Aber es wollte dann doch nicht so recht zu der Fototapete am Kopfende der Betten passen – ich hatte das Foto schon mal in irgendeiner Zeitschrift gesehen, aber nicht im Format drei mal fünf Meter: ein afrikanischer Sandstrand, Palmen, Fischerboote. In den Booten standen hochgewachsene, naß glänzende schwarze Männer, die sich auf lange Stäbe stützten. Die meisten von ihnen hatten Pimmel, die ihnen fast bis zum Knie reichten. *Black Hammer.* Wir waren wohl im Mädchenzimmer gelandet.

Wir trabten wieder runter ins Wohnzimmer. Es war leer. »Verdammt zäh, diese Asiatinnen, wie?«

»Yeah«, knirschte Twiggy. Ich sah ihn an und ritt nicht weiter darauf herum. Nicht alles in Vietnam hatte ihm gefallen. »Warte hier. Und denk an den Hund«, schlug ich ihm vor, »ich guck mir nochmal das Büro an.« Er nickte bloß. *Das hat man nun davon, wenn man einem nicht allzu wehtun will!* konnte ich ihn förmlich denken hören.

19

In dem Arbeitszimmer im zweiten Stock, schräge Wände, eine Dachhälfte verglast, riß ich die Laken vom Schreibtisch und einem Wandschrank. Leer. Nichts. *Nada. Nix Urlaub – weg!* Ich warf noch mal einen Blick ins Bad und den einen oder anderen Schrank. *Absolutely nothing.* Nichts, was irgendeinen Rückschluß auf die Hausbesitzer oder Mieter zuließe. *Mieter?* Ich rannte die Treppe runter zum Vordereingang. Daneben hing, in die Wand eingelassen, der Briefkasten. *Werkzeug!*

»Twig?« Er kam in den Flur und begriff sofort. Er trat einmal kurz mitten auf das Briefkastentürchen. Es bog sich ein schönes Stück nach innen, und die Ränder klafften auf. Er bog den unteren nach oben. Man kann sich doch immer darauf verlassen, daß die Post irgendwas verschlampt. Ich holte zwei Briefumschläge aus dem Kasten. *An alle Haushalte.* Absender der Quelle-Versand. *Scheiße!* Aber der hier: *An Hrn. Dieter O. Meyer, Nachtigallenweg 4, 5000 Köln-Junkersdorf. Abs.: Der Polizeipräsident, Köln.* Die Mahnung für ein beschissenes Zwanzig-Marks-Knöllchen wegen Falschparkens am Wallraf-Richartz-Museum! *Bingo!*

»Besser als nix«, grinste Twiggy. »Time for a drink, hey?« In beiden Punkten konnte ich ihm nicht widersprechen. Wir verpißten uns.

20

»Jetz' tu' mir bloß dat Tier vom Hals!« schimpfte Ela, als wir in ihren Laden in der Bismarckstraße kamen, »dat jibt doch nur widder Ärjer!«

»Nä, nä, Ela«, beschwichtigte ich sie, »mir sin' dienstlich unterwegs. Mach' uns mal zwei Jedecke!«

»Dat ich nit lache – dienstlich! Dä Haschischfresser un' dä Appelkorn-Junkie! Dabei war dat so 'ne jemütliche Abend bis jetz'.« Aber dabei zapfte sie schon und stellte unsere Getränke vor uns hin. Zwei Bier, ein doppelter Jack Daniels, ein doppelter Apfelkorn. Dann kam sie um die Theke rum und kniff mich in mein Pittermännchen (Pittermännchen heißt in Köln ein Zehn-Liter-Fäßchen Kölsch. Manche – wie ich – tragen so'n Ding ständig mit sich rum. Unterm Hemd.)

»Weißte eijentlich, wie lang du dich nit has' sehn lassen, du treulose Tomat'?« Ich nahm sie in den Arm und streichelte ihren Rücken. Sie war mindestens zehn Jahre älter als ich, hatte aber die Figur einer Achtzehnjährigen. Ihr Alter sah man ihr nur an, wenn man auf die feinen Falten um ihre Augen und ihren Mund achtete. Es gab keinen Grund, darauf zu achten – sie war wunderschön.

»Du weiß' doch, daß ich auf Tour war. Ich –«

»Jaja, dat weiß ich. Ein' Ansichtskart' von der Raststätte Dammer Berge, ein' von der Raststätte Würzburg. Un' auf beiden steht hinten drauf bloß: Büb. Müßt ihr et immer eilig haben!«

»Jaa, die Menschen sin' schlecht, Ela, weißte doch. Un' –«

»– un' die, die nit schlecht sin', sin' doof«, ergänzte sie meine Lieblingsweisheit unisono, »laß dir mal wat Neues einfallen, Büb! Sonz guck' ich mich emal en bißchen unter dä andere Jungens um.«

»Guck' dich doch um«, sagte ich. *Positiv verstärken, Dr. Klütsch!* »Wer hätte denn 'ne Chance gegen mich?« Das brachte mir einen Tritt gegens Schienbein ein. *Scheißtyp!*

»Na ja – heut' abend seh' ich da auch eher schwarz. Aber sei dir nit so sicher!«

»Wat is' schon sicher? Sicher is', dat mir im Moment richtijen Ärjer am Hals haben. Un' damit mein' ich nit dat Roswitha.« Die war gerade zur Tür reingekommen und hatte Twiggy natürlich prompt entdeckt. Der konnte sich auch schlecht hinter irgend jemandem verstecken. Also Vorwärtsverteidigung.

»Darlin'!« ging er mit weit ausgebreiteten Armen auf sie los, begrub sie an seinem mächtigen Brustkorb, küßte ihr ganzes Gesicht und flüsterte ihr ins Ohr. Nach zwei Minuten hatte er gewonnen. Roswitha strahlte:

»Is' dat wahr, Büb – ihr sucht mich schon seit zwei Stund'?«

»Dä fing ald an, sickig ze weede, weil mir dich nit jefunge han«, versicherte ich ihr, »du muß och nit immer esu unjeduldig sin, Rösjen!« *Fragen Sie Frau Irene.*

»Wat denn für 'ne Ärjer?« fragte Ela, nachdem Roswitha sich wieder ihrem Verlobten zugewendet hatte. Ich erzählte ihr die ganze Story, während uns ihr Barmännchen weiter mit Stoff versorgte.

»Dat Blöde is', ich weiß janz jenau, dat mir dä Name Dieter O. Meyer schomma unterjekommen is'. Aber ich komm' zum Verrekken nit drauf!«

»Mensch, Büb, wie lang' machs' du schon Musik in dä Stadt, hä? Oder haste dir dat bißjen Jehirn schon janz wegjesoffen? Bei dem hat doch früher dat Kathrinchen jearbeit'.« *Shit!* Ich schlug mir mit dem Handballen gegen die Stirn.

31

21

Das hätte ich nicht tun sollen. Ich saß anscheinend doch nicht so stabil auf meinem Hocker, wie ich dachte, kippte mitsamt dem Scheißding nach hinten und donnerte gegen den Nebentisch, den ich gleich mit zu Boden riß. Einer von den Jungs an diesem Tisch wollte mich festhalten, flog aber gleich in eine andere Ecke, weil Twiggy nicht mitbekommen hatte, was passiert war, und ihn mir prophylaktisch mal vom Hals schaffen wollte. Schon machten drei Kollegen Front gegen Twig. Aber Ela schob sich schon dazwischen.

»Wehe euch!« klirrte sie. Da keiner so genau wußte, worum es eigentlich ging, fror die Szene erst mal ein, als warteten sie alle darauf, daß jetzt von der Regie die Zeitlupe eingespielt würde.

Ich rappelte mich hoch und trank erst mal mein Bier aus, das ich mit der Linken während der ganzen Nummer instinktiv so gehalten hatte, daß ihm nix passieren konnte. *Menschen, Tiere, Sensationen.*

»Alles okay!« grinste ich, »kein' Hektik! Minge Fähler – kutt, ich jevv 'n Rund us!«

»Dat is aber dann auch die letzte!« beschied Ela und nickte ihrer Theke ihr Einverständnis zu. »Du jehs' dann jlaub' ich besser in et Bett, Büb!«

Na ja, danach wollte ich jetzt auch nicht mehr mit ihr streiten, nahm mein Bier entgegen, prostete der Runde zu und setzte mich ruhig in eine Ecke.

22

D.O.M.! D.O.M.E.-Concerts! Da hatte wohl wirklich kurzzeitig das kranke Hirn ausgesetzt. Dieter Otto Meyer war seit drei, vier Jahren einer der erfolgreichsten Konzertveranstalter der Stadt. Ich war ihm persönlich erst einmal begegnet, als Kathrinchen mich mal auf ein Abba-Konzert in die Sporthalle geschleppt hatte. Da mußte man natürlich hin – vier Nummer Einsen in diesem Jahr, davon allein sieben Wochen *Fernando*, das konnte hierzulande natürlich nur die George Baker Selection von der Berufsholländer-Fraktion mit ihrer fröhlichen *Paloma Blanca* überbieten – fröhlich wie 'ne lauwarme Flasche Fanta...

Aber daß ich mir selbst und meiner Kapelle noch 'n Hit schuldig war, das wußte ich ja schon lange – dringender war ja wohl im Moment rauszufinden, wo die Blaue Britta war und was dieser

Porsche fahrende Schnösel damit zu schaffen hatte. Für die Asche, die der jede Woche in seinen super-säuberlich gestutzten Schnäuzer investierte, könnte ich mir wahrscheinlich gut 'n Paar neue Stiefel machen lassen. Kathrinchen hatte damals darauf bestanden uns vorzustellen, aber ich mochte ihn nicht – Augen so lebendig wie die einer Forelle blau und ein Händedruck wie vom selben Tier, als es noch lebte. Auf seine obercoole Art machte er Kathrinchen den Hof wie blöd und versuchte so zu tun, als sei ich gar nicht mehr da. Er war wohl von mir auch nicht so begeistert.

»Wo mein Bier is?« fragte ich sie, als ich das Spielchen leid war. Das brachte zumindest seinen Schnäuzer mal kurz zum Zucken. Als sie dann aber tatsächlich losstöckelte, um mir eins zu holen, ertappte ich ihn dabei, wie seine Wangenmuskeln wackelten. Ich drehte eine Zigarette, so dick und krumm ich konnte, und wollte sie ihm zum Trost anbieten, aber da hatte er plötzlich inmitten all der Catering-Geier *Hello! Agneta!* entdeckt, der er dringend den Rüschenkragen verkrumpeln mußte. Vielleicht mochte sie keinen Qualm.

Der schöne Abba-Abend hatte damit geendet, daß ich nachts um drei aus der Bar vom *Interconti* rausflog, weil ich dauernd zwei Flaschen Apfelsaft und eine Flasche Korn bestellte und diese dann in einem Cocktailshaker zusammenschüttete. Leider war der Shaker für diese Menge gar nicht groß genug.

»'n biß'n Valuss is' imma!« versuchte ich den Barkeeper ein paarmal zu belehren, aber der war einer von den beurkundeten Besserwissern und nach dem dritten Mal nicht mehr bereit dazuzulernen. Also Tschüs, *Interconti.* Und Tschüs, Kathrinchen, die nach ihrem achtzehnten Jägermeister mit Zosche unbedingt von einem Porsche nach Hause gebracht werden wollte. Ich hatte wieder mal keinen dabei.

23

»Hier, dann mach dä Rest au' noch weg!« stellte Ela mir 'ne Flasche vor die Nase. Daneben legte sie einen Schlüssel. »Un' dann jehste rauf un' legst dich scho'ma' in de Heia. Du siehs' ja aus, als würdste hier am Tisch schon wegknacken!« Ganz unrecht hatte sie wohl nicht. Ich trank den Schluck Apfelkorn gleich aus der Flasche. Als ich mich noch von Twiggy verabschieden wollte, stellte ich fest, daß der mit seiner Roswitha schon abgezogen war. An der Theke saß noch ein Fünfer-Clübchen und spielte Kampftrinken – ein Würfel, jeder einen Wurf; wer die niedrigste Augenzahl hat, gibt 'ne Runde Schnaps aus; wer 'ne Sechs wirft, bestellt Bier. Das konnte sich noch hinziehen. Ich war schon versucht, mich noch in die Runde einzuklinken, aber ein warnender Blick von Ela riet mir davon ab. *Dann eben Nacht zusammen.* Ich ging zur Hintertür raus und arbeitete mich hoch zum ersten Stock. Die vier Runden mit dem Türschloß gewann ich klar durch technischen k.o., und drinnen schaffte ich es sogar, mich alleine und komplett auszuziehen. Ich kriegte sogar das Radio noch an, wo Elmar Gunsch gerade Hot Chocolate ankündigte: »...mit ihrem Titel *Tears On The Telephone* – Tränen auf dem Telefon...« Der gute, alte Elmar. Die erste Strophe kriegte ich schon nicht mehr mit.

24

Wieso hab ich so'n kalten Rücken? Was machen diese kalten Spinnen auf meinem Bauch? Und wieso ist mein Hintern dann so warm? Ich wühlte mich hoch aus einem Traum, in dem gelbe Ford Capris, überladen mit rothaarigen Barhockern aus blutdurchtränktem Gips, gesteuert von Asiatinnen mit langen schwarzen Haaren, die alle das Gesicht von Britta hatten, über die Hohenzollernbrücke auf einen Strand zu segelten, an dem langschwänzige Neger mit Schäferhundschnauzen Apfelkorn aus Zehn-Liter-Kanistern tranken. Sie trugen rote Trainingshosen und graninifarbene Turnschuhe und grölten *Und du bist mein Sofa!* Ich versuchte verzweifelt, den Dreck unter meinen Walzen loszuwerden, aber auf meinem Rücken hing ein riesiges Hundevieh, das mir das Ohr leckte. *Ein geiles Gefühl.*

Und es war auch kein Hund, sondern Ela, die zu mir ins Bett gekrochen war. Vorher hatte sie sich noch ihren Kneipenmief weggeduscht, als letztes offenbar kalt, und sich nicht abgetrocknet. Sie hatte ihre Hände, ihre Füße, ihre Schenkel, ihre Zunge, ihre Zähne überall und gab leise, gurrende Töne von sich. Ihre Brustwarzen waren hart und so kalt, daß sich auf meinem Rücken eine Gänsehaut bildete, und ihr Unterleib so heiß an meinem Hintern, daß das Wasser schon verdampft sein mußte. Da soll ein Mensch bei schlafen können. Aber besser als dieser blöde Traum war es allemal. Eine Stunde später waren wir beide klatschnaß. Und viel lauter.

Als ich wieder einschlief, von ihren Armen und Beinen umschlungen, ein paar Zentimeter von mir immer noch in ihr, fühlte ich mich wohl wie ein gerade gestillter Säugling und so gut wie lange nicht mehr. Wenn sie einen Reißverschluß gehabt hätte, wäre ich ganz in sie reingekrochen.

25

»Bin zur Metro, einkaufen. Vorsicht! In dem Apfelsaft ist kein Korn drin!« stand auf dem Zettel, der zwischen den beiden Eierbechern auf dem Küchentisch steckte. Ein Schinkenbrot, Kräuterquark, eine Tomate – alles da, was man für 'nen anständigen Tagesauftakt braucht. Dazu volle Möhre Little Feat's *Last Record Album,* was will man mehr? Aber schon als ich das zweite Ei aufschlug, fiel mir Zaks einbandagierter Schädel wieder ein. Und Britta. Und die dreckige Fresse vom Brikett-Fuss. *Ende der Idylle.* Passend bei Lowell George's *I See No End To The Dead End* war ich mit meinem Frühstück fertig und machte mich auf den Weg zum Marien-Hospital. Unterwegs besorgte ich noch zwei neue Kassetten, damit der arme Zak sich nicht zu Tode langweilen mußte. Es ging ihm weder besser noch schlechter als am Tag vorher. An seinem Bett saßen drei seiner Taxikollegen und spielten Schieberramsch. Dabei erzählten sie, wo sie Nijinsky und Fuss schon überall vermutet, aber noch nicht aufgestöbert hatten, und was den beiden blühen würde, wenn. Einer der Jungs, der Ex-Legionär Algerien-Fred, zeigte mir »ming Lalla«. Ich kenn mich mit Waffen nicht so aus, aber das Ding sah ganz so aus, als könne man mit einer Magazinladung den Gürzenich in Schutt und Asche legen. Wie die drei redeten, klang es ganz so, als wüßte schon die ganze Stadt, daß Kölns Taxifahrer auf dem Kriegspfad seien. Wenn die beiden Schläger nicht ganz so blöd waren, wie sie aussahen, saßen sie jetzt irgendwo in Düsseldorf und mucksten sich nicht. Ich wünschte Waidmanns Heil und zog los, um Kathrinchen zu treffen, die auf der Hohe Straße in einer dieser poppigen neuen Filialen einer großen Kette von Plattenläden als Geschäftsführerin arbeitete.

26

Auf dem Weg dorthin stieg ich am Friesenplatz aus, um kurz nach Twiggy zu sehen. Er wohnte am Kaiser-Wilhelm-Ring, sechs Stockwerke über Dr. Müllers Sex-Shop, in einem Raum, der wohl früher mal der Trockenspeicher gewesen war. Das Ding war ungefähr so groß wie das Foyer vom Agrippa-Bad und, von den schrägen Dachwänden abgesehen, ähnlich gemütlich. Twig hatte, um Bad, Kochnische und Schlafecke ein wenig abzuteilen, ein paar mannshohe, rot-weiße »Wände« aus leeren Beck's-Bier-Büchsen gestapelt. Neben der Kochnische stand eine runde, gläserne Duschkabine, die bis obenhin mit vollen Büchsen zugebaut war. Aus der Dusche lief Tag und Nacht kaltes Wasser darüber. Ich holte mir zwei raus und ging dem Gesang nach – bzw. dem, was Twiggy dafür hielt. Ray Charles war wahrscheinlich erblindet, als er diese Version von *Take These Chains From My Heart* mal gehört hatte.

Der Interpret lag in der Badewanne und badete Jackie O., die ihren drei Meter langen, armdicken, gold-braun-schwarz gefleckten Leib genüßlich um seine Beine gleiten ließ. Ihr Gesicht schien wohlig zu grinsen – aber so sah sie auch aus, wenn sie die lebendigen Karnickel verschlang, die ihr Herrchen ihr in dem Grüngürtel aus Parks und Schrebergärten, der sich um Köln herumzog, mit einer Art Luftpistole mit kleinen Betäubungspfeilen jagte. Die Tigerpython fraß auch die Reste der Calamares, die Twiggy bei *Stephanidis* pfundweise zu verdrücken pflegte. Und sie liebte Beck's Bier. Nach zwei Büchsen davon rollte sie sich auf dem Bett zusammen und schlief vier bis fünf Tage lang ihren Rausch aus. Und wehe, es war kein Karnickel da, wenn sie wieder wach wurde – dann war Twiggy der einzige, der sie davon abhalten konnte, ein paar Rippen zu knacken.

»Hi, Jackie«, begrüßte ich sie höflich und reichte Twig eine der Büchsen. Sie gab keine Antwort. Sie mochte mich nicht besonders, seit ich eines Nachts mal besoffen in ihr Terrarium gekotzt hatte. Das Steak, das ich ihr am nächsten Tag als Versöhnungsgabe mitgebracht hatte, blieb zwei Wochen unbeachtet liegen, bis sie sich herabließ, den stinkenden Brocken zu verschlingen.

»Any news, Boob?« Ich erzählte ihm, was ich bisher wußte. Was schnell passiert war – es war ja nicht viel.

»So what's next?«

»Jetzt geh ich erst mal Kathrinchen interviewen, und danach werd ich wohl mal das D.O.M.E.-Büro beehren. Vielleicht gibt es da ja irgendwen, der mich was schlauer machen kann.«

»Want me to come?«

»Nö, ich denke doch, daß mir in dem Büro nix passieren wird. Oder?« Ein Schulterzucken. »Zur Not schmeiß ich 'n paar Schreibtische ausm Fenster. Morgen und übermorgen bin ich übrigens mit Penner's Radio on the road.«

»Da's good – ick wollt' an Wockenend' kleine trip nach Belfast mäcken. Have a little fun.« *Ach du Scheiße!* »A little fun in Belfast« hieß bei Twiggy, mit einer geliehenen Cessna selbst hinfliegen, mit seinen Kumpels von der I.R.A. tagsüber in den finstersten Untergrund-Kaschemmen ein paar Flaschen Whiskey leermachen, die abends mit Benzin füllen, mit 'nem Lappen verschließen und nachts als Molotow-Cocktails auf die »fuckin' British Army« schmeißen. Jackie O. kriegte dann freitags ihr Bier und pennte bis mindestens Dienstag.

»Ich hoffe, du lebst noch, wenn ich Montag wiederkomme. Und ich hoffe, die Britta auch.« Noch 'n Schulterzucken und ein beruhigendes Kopfschütteln.

»They wanna snuff her, they done it right away at the Schreber joint. Shouldn't worry 'bout that. Yet.« *Wie tröstlich.* Ich trank mein Bier aus, plazierte die Büchse vorsichtig auf eine der Blechwände und ließ die beiden weiterplanschen.

27

»*Fly Like An Eagle!*« säuselte mir Steve Miller mit neunzig Phon entgegen, als ich auf der Hohe Straße in den ersten Stock kletterte. Ein paar Schüler in grünen Parkas wühlten in den Plattenregalen und versuchten, mit ihren langen Haaren und ihren Kaugummis cool genug auszusehen, um Kathrinchen zu beeindrucken. Woher sollten sie auch wissen, daß man die mit gar nichts mehr beeindrukken konnte?

Sie thronte hinter der Kasse neben dem Ausgang und war allerdings für jedes männliche Wesen jeden Alters den Versuch wert. Sie trug goldlackierte Stiefel mit hohen Pfennigabsätzen, in denen eine hautenge Samthose steckte, die dasselbe Kupferrot hatte wie ihre streichholzkurz geschnittenen Haare. Von ihren Ohrläppchen herab baumelte ein Pfund goldener Kugeln, mit denen eine Familie in Ostheim ihren ganzen Weihnachtsbaum hätte schmücken können. Und einen Pullover. Ein flauschiges knallrosa Etwas, das ihren schönen, weißen Rücken fast ganz frei ließ und dessen V-Ausschnitt ihre mächtigen Alabasterbrüste gerade soweit bedeckte, daß man die Lucky-Luke-Tätowierung zwei Fingerbreit über ihrer linken Brustwarze noch sehen konnte. *Technicolor.* Sie mochte ihren Busen nicht sonderlich, genoß aber seine Wirkung auf Männer, die sie sehr wohl zu nutzen wußte. Und sie liebte es, hart angefaßt, bis an die Schmerzgrenze geknetet und gebissen zu werden. (»Geht nix über 'nen anständigen Tittenfick, Büb. Und schwanger wirste davon auch nich'.«) Der Anblick und die damit verbundenen Erinnerungen und Fantasien ließen meine Nacht mit Ela wochenlang her erscheinen. *Wenn sie so'n Dekolletee tragen kann, also keine blauen und roten Flecken verstecken muß, hat sie vielleicht gerade keinen Lover...?*

»Mittagspause! Zeit fürn Bier!« schrie ich gegen Steve Miller an. Ein paar Köpfe ruckten erschrocken zu mir rum. Kathrinchen lächelte ihr süffisant-arrogantes Lächeln, was sie konnte, ohne eine Miene zu verziehen – es wirkte einfach von innen heraus so. Sie drückte auf den Knopf, der ihren Lehrling aus dem Lager nach vorne summte, nahm einen Fuffi aus der Kasse und zog sich eine kurze schwarze Lederjacke über. Dann rief sie den Kassenstand ab und warf mir ein goldenes Handtäschchen von der Größe zweier Zigarettenschachteln zu.

»Trägst du meine Tasche, Ivanhoe?«

»Bis nach Batavia, Herzchen. Du hast ja eh genug zu schleppen.«

»Arschloch!« zischte sie und rammte mir im Vorbeigehn ihr Knie zwischen die Beine. Ich machte eine entsprechend artige Verbeugung und mußte mir Mühe geben, nicht auf die Knie zu fallen. Mit zusammengebissenen Zähnen folgte ich den Sternchen, die um ihren wiegenden Hintern kreisten. *Wie kriegt sie bloß immer diese Hosen an, ohne sie zu zerreißen?*

28

Kathrinchens Erscheinen im *Früh am Dom* zauberte fast so etwas wie ein Leuchten auf das Gesicht des notorisch miesepetrigen Köbes in unserer Stammecke. Mit fröhlichem Schwung knallte er zwei Kölsch auf unsere Deckel, sagte tatsächlich: »Tach zesamme!« und leerte sogar den Aschenbecher. Und ihr Mettbrötchen brauchte sie bloß ein einziges Mal zu bestellen.

»Es dat Jary Cooper?« fragte er scheinheilig mit einem Nicken auf Lucky Luke.

»Du Jeck, wat soll ich dann met enem Schwule op d'r Memm?« fragte Kathrinchen zurück, was ihn so begeisterte, daß er gleich noch drei Gläser brachte. Ohne zu fragen schrieb er sie auf meinen Dekkel, hob prostend seins und schüttete es sich auf einen Zug und ohne zu schlucken in den Hals. Dann wackelte er rüber, um seinen Kollegen diesen köstlichen Witz brühwarm zu erzählen. Kathrinchen lächelte ihr Lächeln und schob unter dem Tisch einen Fuß zwischen meine Beine.

»Tut's noch weh?«

»Wenn du so weitermachs', is' mir dat och ejal«, warnte ich sie und versuchte, für meine Zigarette weniger als ein halbes Päckchen Tabak zu verbraten.

»Wie geht's Vera?« fragte sie mit einem gleichzeitig boshaften und lüsternen Funkeln in ihren großen, fast violetten Augen.

»Das müßtest du doch ei'ntlich besser wissen als ich. Oder trefft ihr euch nich' mehr?«

»Nich' mehr so oft. Leider. Die ist doch jetzt schon seit Wochen mit der Iris zugange. Aber die is' ja au' nich' schlecht. Frißt nur zuviel Cappies un' vergißt dann immer, wat für lange Fingernägel se hat. Aber vielleicht sollten wir zwei mal wieder mit Vera...« sie fuhr sich kurz mit der Zungenspitze über ihre pulloverrosa geschminkten Lippen, »– einen trinken gehn.« Ich trank schnell noch 'nen Schluck Bier und versuchte, das Kribbeln am Ende meiner Wirbelsäule zu ignorieren. Das letzte Mal, als wir zusammen »einen trinken« waren, hatte ich morgens um sieben 'nen Kreislaufkollaps gekriegt. Es war aber nicht ganz klar, ob wegen der Mischung aus Sekt, Schnaps, Thai-Gras und Koks oder wegen dem, was die beiden die ganze Nacht mit mir angestellt hatten. Würde mich die Gute Fee mal vor die Wahl stellen zwischen einem Gig im Madison Square Garden und solch einer Nacht, wüßte ich nicht, ob ich ruhmsüchtig genug wäre, mich für New York zu entscheiden.

»Apropos Schweinkram«, lenkte ich ab, »wat macht der Stoff?«

»Alles im Griff, du kenns' mich doch«, strahlte sie mich an. Allerdings fiel ihr dabei ein, daß sie nach dem halben Mettbrötchen – ihr Mittagessen und wahrscheinlich überhaupt das erste, was sie heute an fester Nahrung zu sich genommen hatte – und den zwei

Bierchen gut einen Jägermeister vertragen könnte. Unsere dritte Runde kam schneller als die erste der drei Japaner am Nebentisch, die schon eine Weile da saßen.

Ja, ich kannte sie. Ich hatte schon mit vielen Fixern zu tun gehabt (wieso sich eigentlich dauernd Fixerinnen in mich verknallten, würde mir auch ewig ein Rätsel bleiben), aber Kathrinchen war wirklich ein Phänomen gegen all die doch ziemlich kaputten Leidensgenossen. Sie machte seit Jahren straighte Jobs, und das so gut und souverän, daß sie kontinuierlich die Karriereleiter hochkletterte – immerhin hatte sie es mit ihren vierundzwanzig Jahren zur Filialleiterin gebracht, mit einem Nettogehalt, für das ich mindestens sieben Wochen die Republik rauf und runter trommeln müßte. Ohne Renten- und Krankenversicherung und was es da noch alles so gab. Alle zwei, drei oder auch mal vier Tage setzte sie sich nach der Arbeit einen Schuß (»Damit ich nich' so mitkriege, was das Leben hier für'n Quatsch is'...«) und war gut drauf. An ihr hatte ich auch noch nie so was wie Entzugserscheinungen erlebt, selbst wenn sie mal über 'ne Woche nix in den Venen hatte. Ich hatte sie auch noch nie einen Schuß setzen sehen; das passierte alles völlig unauffällig, während die meisten anderen eher 'ne Art Kulthandlung daraus machten. Von denen abgesehen, die so fertig waren, daß ihnen eh alles egal war. Aber Kathrinchen schien immer mit Heroin vom Feinsten versorgt zu sein, obwohl sie nie in irgendeiner der Fixerszenen rumhing oder engeren Kontakt zu den einschlägigen Dealern pflegte, wenngleich sie sie alle zu kennen schien und umgekehrt. Und wenn man sie so sah, wäre niemand je auf die Idee gekommen, daß sie irgendwas mit Drogen zu tun hätte – doch nicht diese auffällig, aber geschmackvoll und teuer gekleidete erfolgreiche junge Geschäftsfrau! Ich hatte es auch erst nach Wochen gemerkt, als sie einmal mit auffallend kleinen Pupillen und einem etwas trüben, abwesenden Blick aus dem Badezimmer kam. Aber es hatte nie auch nur im Geringsten unsere Beziehung beeinflußt.

»Wenn du weißt, womit du dich da abgibst, und weißt, was du dir zutrauen kannst, ist das nicht riskanter als dein Bier«, hatte sie mir verklickert, »du mußt eben nur dich selbst gut kennen und das Zeug, das du nimmst – alles kein Problem für mich.«

Und hier saß sie mir als Beweis gegenüber – das blühende Leben. Eine gesund aussehende Haut, strahlende Augen, hellwach und sehr abgeklärt. Und ich sah schon vor mir, wie sie nach einer Stunde Mittagspause, sprich zwölf Bier und sechs Jägermeister, aufrecht und fit in ihren Laden zurückstöckeln würde, während ich neben ihr versuchte, mir den Pudding in meinen Knien nicht anmerken zu lassen. Sie würde souverän wie immer den Rest ihrer Schicht abreißen und nach Ladenschluß, einen großen Cognac neben sich, noch den Kassenabschluß, die Warenbestandsaufnahme und die Bestellungen erledigen. Dann würde sie eine Bombe mit zigtausend Mark in den Nachttresor der Deutschen Bank schmeißen, ein Taxi nach Hause nehmen und sich für einen lustigen oder auch wilden Abend in der City parat machen. Und am nächsten Morgen würde sie nach knapp vier Stunden Schlaf wieder so fit sein wie ich nach einer Woche Sprudelwasser.

29

»Aber jetzt sag ma', wieso du hier bist, Büb – biste pleite oder brauchste mal wieder 'ne Abwechslung in deinem langweiligen Sexualleben?« *Wie fang ich's am klügsten an? Is' aber eigentlich egal, die wird dich sowieso gleich durchschauen. Also, klug wie immer: Klartext.*

»Pleite bin ich doch immer, dat weißte doch, un' über die Abwechslung könn' wir gleich gerne ma' reden. Aber worum et mir jetz' ers' ma' jeht, is': Du hast doch 'ne ganze Zeit für den Bilderbuch-Schnäuzer gearbeitet? Und kennst den auch so ganz gut, wenn ich die eine oder andere Porschefahrt richtig deute?« Alles in einer einzigen kurzen Bewegung: Nicken für *ja, hab ich*, gleichgültiges Schulterzucken für *richtig gedeutet, na und?* und eine Augenbraue hochziehen für *erzähl weiter, aber langweil mich nicht!*

»Warum sollte der die Blaue Britta kidnappen wollen?« Sie starrte mich ein paar Sekunden völlig verblüfft an, dann kriegte sie einen Lachanfall. Ich nickte dem Köbes zu – *zwei Kölsch, eine Kräuterbrühe.* Als die Runde vor uns stand, hatte sie sich wieder beruhigt.

»Der Meyer? Kidnapping?! Haste 'n Rad ab? Der ist zwar der cleverste Schleimer von Agent, der hier rumläuft, un' is' in seinem Busineß dat Schweinchen Schlau – aber ansonsten is' der doch doof wie 'n Stuhl! Der un' so 'ne Nummer? Wie kommste da drauf?«

Ich erzählte ihr die ganze Story. Kathrinchen hörte mir aufmerksam zu und unterbrach mich nicht ein Mal. Dabei vergaßen wir aber nicht, den Köbes zu beschäftigen. Was dem gar nicht zu mißfallen schien. So wie er mein Gegenüber jedesmal beäugte, mochte ich wetten, daß seine Frau heute abend Grund haben würde, sich zu wundern. *Hennes! Dat is' ja schon dat dritte Mal dies' Woch'!* Aber er würde sie gar nicht hören. In seinem Kopf lief ein anderer Film. Der weibliche Star seines Films kaute nachdenklich an seiner eigenen rosa Unterlippe.

»Daß die zwei Asis gelegentlich 'n bißchen Drecksarbeit für den Meyer machen, is' nix Neues. Aber die Britta abschleppen? Wofür? Die bringt doch nich' mal 'n Hunni Lösegeld. Un' den würd'st du dir dann wahrscheinlich noch bei mir pumpen kommen – wer sollte sonst für die zahlen? Der Meyer is' zwar 'n Sklaventreiber, aber Mädchenhandel...? Nö. Un' mit dem Strich hat der auch nix am Hut. Der hat zwar seine Finger in allen möglichen Drecksdeals, aber dafür is' der zu weich. Un' wenn der was für die Kiste haben will, braucht der in seinem Büro doch bloß mit den Fingern zu schnipsen. Un' seine Helma hat er au' noch. Die is' au' nich zu verachten. Aber der steht ja sowieso mehr aufs Zugucken. Da zahlt der ja sogar für.«

»Was für Drecksdeals?« hakte ich ein. *Scharfsinnig, Marlowe!*

»Dat Übliche. Wat brauchste – 'nen Mercedes? 'n Porsche? 'nen neuen Führerschein? Reisepaß? 'n Tütchen Koks? 'ne Nachtkonzession für deine Kneipe? Zehn Tribünenkarten für dat ausverkaufte Spiel vom KEC? 'ne Knarre? 'n Schlägertrüppchen? Un' wat glaubste, wo ich immer mein Stöffchen her kriege? Alles im Angebot. Meinste, mit seinen Konzerten alleine wär' der so stinkreich un' in der Stadt so wichtig geworden? Der geht doch mit dem OB zum Frühschoppen un' mit dem Intendant vom WDR in die Sauna. Der Nijinsky arbeitet auch für andere, ich glaub, hier biste falsch.«

»Un' die Hütte in Junkersdorf?« gab ich zu bedenken.

»Haste 'ne Ahnung, wieviel Häuser un' Wohnungen der Meyer in Köln un' drumherum hat? Dat heißt noch gar nix. Der hat doch soviel schmutziges Geld im Sack, daß er froh is' über jede Gelegenheit, dat sauber zu waschen. Un' wenn du dem 'ne anständige Miete zahlst, fragt der garantiert nich' groß nach, wofür.«

»Meinste vielleicht, ich setz' mich jetz' hin un' dreh Däumchen un' warte, dat die Britta vielleicht irgendwann mal wieder auftaucht? Oder dat die zwei Köpp wieder aus ihrem Loch gekrochen kommen?«

»Was willste denn machen? Clint Eastwood spielen?« fragte sie mich mit einem ironisch-mitleidigen Unterton. Lucky Luke grinste dazu an seiner Kippe vorbei. In meinen Lenden summte es.

»Ich geh einfach erst mal davon aus, daß der Meyer seinen Schnäuzer da drin hat – schon allein, weil ich den nich' leiden kann. Ich geh nachher mal in sein Büro un' sag ihm dat.«

»Och, Büb! Willste neben dem Zak landen? Da kommste ohne deinen Ami-Bullen doch gar nich' heil wieder raus! Weißte wat? Ich bin morgen abend auf 'ner Fete beim Schmecker – da is' die ganze Meyer-Mischpoke garantiert auch. Da nehm' ich mir mal den Assmann zur Brust un' horch den mal 'n bißchen aus. Der is' eh schon länger scharf auf mich. Un' du gehs' in deinen *Schrebergarten*, zapfst Bier un' hältst dich erst mal wat zurück.«

30

»Assmann? Die Ratte? Da mußte ja anschließend drei Stunden in Kernseife und Essigessenz baden!« Allein bei der Vorstellung, wie dieses schleimige Ekelpaket zwischen Kathrinchens Titten herumsabberte, schüttelte es mich. *Köbes!* Assmann war Meyers Spannmann, Mädchen für alles, Bote, Prügelknabe, Chauffeur, Aufreißer, Wichtigtuer – man konnte nie so genau sagen, wer von beiden Jekyll und wer Hyde war. Assmanns Hobby war der CB-Funk. Die halbe Nacht, oft genug auch die ganze, kreuzte er in einem aufgemotzten alten Opel Kapitän durch die Stadt und mischte sich in anderleuts Funkgespräche ein. Er hörte Polizei-, Taxifunk und Telefone ab, und es gab jede Menge Figuren, die ihm so manchen Gefallen nicht abschlagen konnten, weil sie Schiß hatten, er könnte aus'm Nähkästchen plaudern. Außerdem hielt er sich für *die* Rock'n'Roll-Koryphäe und laberte mir, wenn wir uns über den Weg liefen, was viel zu oft der Fall war, ständig die Ohren voll, was Penner's und ich alles für Fehler machten, und wie weit wir es bringen würden, wenn er unser Management in die Hand nähme. Er hatte auch nur noch eine, die rechte. Die linke war aus Leder – ein gekrümmtes, schwarzbraunes Teil, mit dem er gerne unter Röcke faßte, weil ihm das Kreischen so gefiel. Es hielt sich hartnäckig das Gerücht, ein jugoslawischer Dealer hätte ihm die Hand abgehackt, weil ein Köfferchen mit fünf Kilo Haschisch unauffindbar verschwunden war. Er dementierte dieses Gerücht nie, aber als ich ihn kennenlernte, war er vielleicht dreizehn, vierzehn gewesen und hatte dieses Ding schon getragen. In dem Alter gibt man den Jugos alles, was sie von einem haben wollen. Und Assmann war selbst heute, ein Dutzend Jahre später, weit davon entfernt, den Helden zu spielen. Aber in einem hatte Kathrinchen recht – er würde mit Sicherheit wissen, ob der Meyer die Finger in meinem Fall hatte. *Mein Fall – mein Gott, Marlowe!*

»So, ich muß wieder«, kippte sie ihr letztes Glas runter und winkte dem Köbes mit ihrem Fuffi, »wo bist du denn morgen abend, Büb?«

»In Braunschweig. Und Sonntag in Billerbeck. Krach machen.«

»Wow!« tat sie begeistert, »wieder eine dieser großen Tourneen, wa'? Die Stones und wir!« Das war mir keine Antwort wert, zur Strafe bedankte ich mich aber auch nicht dafür, daß sie (mal wieder) einen ausgegeben hatte. *Immer im Kampf für Gerechtigkeit. Büb Bronson.*

Ich brachte sie noch rüber in ihren Laden. Das verbesserte meine Laune wieder, denn ich erntete jede Menge neidischer Männerblikke. So'n Teilchen hatte lange nicht jeder am Arm. Oben im Lagerraum kriegte ich dann noch einen sehr langen Jägermeisterkuß. Dann trug ich meine Erektion in Richtung *Schrebergarten. Auch blöd – vierzehn Bier im Bauch und nicht mal pissen können...!*

31

Oder sollte ich doch mal in Meyers Büro? Natürlich würde mir da kein Schwein erzählen, was ich wissen wollte, aber vielleicht würde mein Instinkt – ? Das Büro war in einer Jugendstilvilla am Sachsenring, einem der letzten Stückchen der Kölner Ringe, das noch halbwegs so aussah, wie es sich der Stadtbaumeister Josef Stübben 1880 ausgedacht hatte. Dessen Ringe waren einmal ein Prachtboulevard nach Pariser Vorbild und die größte Grünfläche der Kölner Neustadt gewesen. Aber Spekulantenklüngel im Verein mit dem Bombenteppich des Zweiten Weltkrieges hatten dafür gesorgt, daß von dem löblichen Vorbild nur noch der eine oder andere gebrauchte Pariser übrig blieb. Moderne Zeiten. Die hatten allerdings auch die Frittenbude zwei Ecken weiter mitgebracht, in der ich erst mal meinen Hunger stillen, pinkeln und das Bier neutralisieren wollte.

Mein Instinkt! – An einem der Stehtische stand Bernd Assmann und tunkte eine Frikadelle abwechselnd in Currysauce, Senf und Mayo.

»Der Kanaldeckel's Büb!« schrie er, wie immer drei Nummern zu laut, und hieb mir sein Lederpfötchen ins Kreuz, als sei er wunders wie begeistert, mich zu sehen. Kanaldeckel nennen sie mich, weil ich an meinem Schlagzeug die dicksten Becken hängen habe, die ich überhaupt auftreiben kann – zwei bestehen aus Autofelgen. Die feinen, dünnen, schön klingenden türkischen halten bei mir nie sehr lange, und ich muß schon ständig genug Kohle ausgeben für die Knüppel und die Felle, die auf der Strecke bleiben. *Rock'n'Roll.* Ich kniff ihn freundschaftlich in die Backe, daß die Frikadelle in seine Pampe fiel und ihm das Wasser in die Augen trat.

»Ah, du Wichser! A's kla?« begrüßte ich ihn. Manche Leute stehn drauf, wenn ein Künstler wie ich so mit ihnen redet. Das ergänzt sich aber ganz gut – mir macht es nichts aus, so mit denen zu reden. Im Gegenteil. Aber angesichts dieser Fresse war mit Bier neutralisieren auch nix mehr. Ich holte mir 'ne Flasche und bestellte mir 'ne Bratwurst mit Fritten und Tomatensalat. Tomaten sind gut für'n Kreislauf. Dann ging ich wieder an seinen Tisch und hörte mir an, mit was für wichtigen Leuten er heute schon telefonisch verhandelt hatte, wen er alles für das *absolute Bombenkonzert* in die Stadt geholt hatte und noch holen würde, welche Frauen er diese Woche schon gevögelt hatte, welche nächste Woche dran kämen und was der neue Kurzwellenapparat kostete, mit dem er mit CB-Funkern in Australien dirty jokes austauschen konnte. Mein Essen war fertig. Ich holte es mir ab, zusammen mit einem weiteren Fläschchen. Ich bot Assmann, der derweil natürlich nicht aufgehört hatte zu labern, eine Fritte an und fragte ihn mitten im Satz:

»Haste 'ne Ahnung, wo die Blaue Britta steckt?« So wie seine blaßblauen, leicht vorstehenden Augen mit einem Mal stumpf wurden und sein Gesicht den Ausdruck von jemandem bekam, der beim Kartenspielen mogelt, hätte ich schwören können, er hatte. Er ignorierte die Fritte.

»Wat, Büb – auf die biste immer noch scharf?« Ganz schnell hatte sich sein Gesicht wieder zu seinem gewohnten lüsternen Grinsen verwandelt. Das hatte er auch besser drauf als 'n Pokerface. »Da würd' ich doch nich' mal mehr drauf pissen! He, ich hab' letztens im

Santa Cruz eine kennengelernt, das wär' was für dich. Die –« Mir war schwer danach, ihm meine Pulle in die Schnauze zu hauen. Aber sie war noch halb voll. Er hatte es auch so mitgekriegt. »Nä, wo die Britta rumhängt, weiß ich auch nich'. Ich hab gehört, sie hätte Ärger mit irgendwelchen Jungs –«

»*Irgendwelche* Jungs?« unterbrach ich ihn wieder.

»Ja, Genaueres weiß ich auch nich'. Aber wenn es dich so interessiert, kann ich ja mal 'n bißchen rumhören. Du weißt doch: Der Assmann erfährt alles hier. Aber jetzt muß ich erstmal wieder los, ins Büro. Der Meyer is' nich' da und ich muß den Laden alleine schmeißen.« Er kramte einen Zehner aus seiner Hemdtasche und warf ihn mit großer Geste auf den Tisch, »ich ruf dich an, Büb.«

»Assmann...!« rief ich sanft, als er die Tür erreicht hatte. Er drehte sich um. Für eine kurze Sekunde sprühten seine Augen Gift und Galle, »ich bin *sehr* interessiert.«

»Alles klar, Büb«, er hob nach Rennfahrerart seinen rechten Daumen, »du hörst von mir.« Ich beendete mein Mittagessen. Es schmeckte nicht besonders.

32

Im *Schrebergarten* ließ ich das abgestandene Bier aus der Leitung laufen, zapfte mir ein frisches, suchte mir das Putzzeug zusammen und fing an, den Laden zu putzen. Heute ging's einigermaßen. Nur einer hatte neben die Kloschüssel gekotzt, und im Damenklo fehlten nur zwei Glühbirnen. Dafür kehrte ich unter einem der Tische einen verkrumpelten Zwanziger zutage. *My lucky day.*

Fast. Mit einem Stereoknall flogen die beiden Schwingtüren auf, und mein Lieblingspärchen kam reingewackelt. Brikett-Fuss gekleidet wie letztes Mal, Nijinsky mit dem gleichen Unterhemd, aber 'ner anderen Hose. Es war ein riesiges, blankgescheuertes Stresemann-Modell mit breiten, passend grau-weiß gestreiften Hosenträgern. *Der Eiserne Gustav.* Ich war gerade im hinteren Raum dabei, die Stühle wieder auf ihre Plätze zu stellen, die ich zum Putzen auf die Tische gekippt hatte. Ich behielt mal einen in der Hand.

»Vierunfuffzichfuffzich«, sagte ich zum Fuss, »ohne Trinkgeld.« Er sagte nichts, nahm mir den Stuhl ab, warf ihn mit einer Hand beiseite und zog mich mit der anderen am Aufschlag meiner Jeansweste zu sich heran, um mir seine Tolle ins Nasenbein zu drücken.

Damit hatte ich mittlerweile aber schon gerechnet. Ich machte einen Diener, und seine Stirn knallte auf meine. *Einszunull.* Ich zog mein Knie hoch. Aber da, wo eben noch seine Eier hingen, war jetzt sein Knie. *Langsam is der auch nicht. Unentschieden.* Meine Kniescheibe knallte gegen sein Schienbein. Mir wurde schlecht. *Einszuzwei.* Ich drehte mich von ihm weg, um mal kurz durchzuatmen. Das brachte mir einen Faustschlag in die Nieren ein. *Einszudrei.* Mir wurde noch schlechter, und ich begriff langsam, daß das jetzt ernst war. Ich ließ Durchatmen Durchatmen sein, vollendete meine Drehung etwas flotter als geplant und schaffte es, ihm meinen Ellbogen auf die Augenbraue zu pflanzen. *Aufgeholt.* Und zu früh gefreut. Ihm war völlig klar, was als nächstes kommen würde, und mein Absatz, der seine Kniescheibe treffen sollte, verpuffte irgendwo an der Kante vom Billardtisch. Ersatzweise trat er mich in die Kniekehle. Ich knickte kurz nach hinten über, was ihm reichte, mir seinen Unterarm um die Gurgel zu biegen. Ich bog mich ein bißchen mehr mit, als ihm nötig war, packte seine Elvis-Tolle mit beiden Händen, ging noch ein Stückchen weiter in die Knie, machte einen Buckel und versuchte, ihn über mich zu werfen. Ich landete auf allen Vieren, ein Büschel roter Haare in der Hand.

Hinter mir ertönte ein Schrei, eine Mischung aus Schmerz und Wut. *Gar nix mehr mit Punktezählen. Jetzt Leben oder Tod.* Ich wischte um ihn rum, bekam die weiße Kugel zu packen – und hätte sie ihm auf den Hinterkopf gedengelt, wenn ich nicht den Queue aufs Handgelenk gekriegt hätte, den Nijinsky sich derweil in Ruhe ausgeguckt hatte. Der Queue kam auch gleich nochmal und traf mich im Nacken. Die weiße Kugel glitt mir aus der Hand wie ein nasses Stück Seife, ich küßte die Bande und hatte gerade noch Zeit genug herauszufinden, wie 'ne Billardtischbespannung riecht. Dann rissen mich die Fäuste vom Fuss wieder ans andere Ende des Tisches. *Weg hier! Nur weg!* Ich schlug blindlings mit beiden Fäusten über meinen Kopf nach hinten. Ich spürte, daß ich ein paar Zähne traf und wie meine Knöchel aufgerissen wurden. Die Fäuste ließen einen Moment locker. *Jetzt!* Nö. Das stumpfe Ende von Nijinskys Knüppel traf mich genau auf den Solar Plexus. Mir blieben die Luft, der Mut, die Wut und alle Lebensgeister auf einmal weg. Das letzte, was ich sah, war das grinsende Gesicht hinter dem Billardstock, der nochmal auf mich zu sauste.

Wieder wach wurde ich von dem dumpfen Rhythmus, der meinem Magen empfahl, sich doch endlich auszukotzen. Es waren die Cowboystiefel vom Fuss, der mich überall dahin trat, wo ich meine schützenden Unterarme gerade nicht hatte. Rhythmisch begleitet von seinen heiseren Flüchen und Drohungen:

»Du. Küss. Mir. Nimmieh. In. Die. Quer! Du. Mischs'. Dich. Nirjendwo. Mieh. En! Du. Häls'. Ding. Dreckelije. Fress. En Zukumpf. Us Allem. Rus! Dich. Mach. Ich. Dermaßen. Platt...!« Ich fühlte mich, als wäre eine Kolonne Kieslaster über mich hinweggerollt. Das, was jetzt kam, war nur noch der Bollerwagen von Opa Krumm. Ich mochte Opa Krumm nicht – er machte immer den Nikolaus in unserer Siedlung und drohte mir dreijährigem Daumenlutscher, mir mit seiner riesigen Schneiderschere den Daumen abzuschneiden. Selbst unter der Küchenbank war ich nie sicher vor ihm – da zogen sie mich schon raus. Mutti, Vati, Oma, Onkel Ernst. *Die liebe Verwandtschaft. Wir wollen doch nur dein Bestes!*

Ich griff zum billigsten Trick und krallte meine Faust um Opa Krumms Eier, so hart ich konnte. Dann hängte ich mich mit all meinem Gewicht daran. Fuss gab ein seltsames Jauchzen von sich und kam mir entgegen. *Nein, ich laß nicht los!* Das Jauchzen verwandelte sich in ein Kreischen, und Nijinskys Grinsen fror ein. Fror ein zu einer eisigen Temperatur, die mir von einer Stelle unterhalb des Nabels hochkroch bis zum Hinterkopf. *Ach, Vera! Tschüs, Kathrin.* Die Tür schwang auf, und Twiggy sagte: »Hi, folks!«

33

Aus derselben Bewegung, mit der er mir den Schädel eintreten wollte, drehte Nijinsky sich um seine eigene Achse, brachte die drei Meter zwischen sich und Twiggy hinter sich und schwang sein rechtes Bein in Richtung dessen Kinn. Twiggy knickte leicht in der Hüfte ein, hatte plötzlich Nijinskys Fuß mit beiden Händen gepackt und ließ sich wie ein einjähriges Baby nach dem ersten Gehversuch auf den Arsch plumpsen. Der Fuß sah auf einmal aus wie falsch angenäht, Nijinsky quiekte, versuchte, sich in der Luft noch zu fangen, konnte sich aber zwischen Schmerz und Wehtun nicht entscheiden und knallte mit dem Kopf gegen den Türpfosten. Was ihn nicht hinderte, sich gleich wieder rumzudrehen und eine Karatekralle Richtung Twiggy zu schicken. Der war aber schon ein Stück weiter ins Hinterzimmer vorgedrungen, wurde allerdings sofort wieder gebremst – der Fuss hatte von irgendwoher ein Stilett hervorgezaubert und hielt es mir an die Halsschlagader.

»Jangk noch eine Schritt, un' du häss 'ne Fründ jehatt, Ami!«

»Sure, Baby«, knurrte Twiggy, tat einen langen, fließenden Schritt zurück, legte seine Arme um Nijinskys Hals und machte eine ruckartige Bewegung. Es knackte laut, und Nijinsky kippte mit weißem Gesicht zu Boden. Fensterscheiben und Gläser klirrten. Twiggy verschränkte die Arme vor der Brust und stellte sich in den Durchgang. Kauend. Kein Ausdruck in seinem Gesicht.

»Your turn, Ruby.« Was er kaute, schien ihm zu schmecken. Er schien sich überhaupt ziemlich wohl zu fühlen. Meine Arme und meine Rippen und meine Kehle und mein Schädel schmerzten. Aber das Stilett war weg. Ich rollte mich mühsam herum, weg vom Fuss, der halb gebeugt dastand, beide Arme an den Seiten herabhängend, und völlig fassungslos abwechselnd auf das leblose Bündel Nijinsky und auf Twiggy starrte.

Seine Erstarrung löste sich in einem rasselnden Fauchen. Er schleuderte das Stilett in Richtung Twiggy, der sich seitwärts wegduckte und mit zwei langen Sätzen, sich um sich selbst drehend, ins Hinterzimmer flog. Sein Fuß traf den Fuss kurz unter dem Herzen. Als dessen Kinn den Fußboden traf, zitterte sein Stilett immer noch in der Tür. Dann war es sehr still im Raum. Nur die Thekenkühlung summte, wie immer.

»Wollte nock ein letz' Bier mit dir trinke', before I take off, Boob.«

»Konnt'ste nich' kommen, bevor ich mit Putzen fertig war? Jetzt muß ich nochmal anfangen!« keuchte ich und rappelte mich hoch. *Schwer genug, überhaupt hochzukommen.* »Biste böse, wenn's zu dem Bier noch 'n Cognac gibt?«

»Mmh mmh. Make it double.« Machte ich. Dann rief ich Stevie an und bat ihn, mich für heute zu vertreten. Zum Glück hatte er nichts Besseres vor. Besaufen konnte er sich ja auch hier.

34

Ich stand gerade hinten in der Küche und ließ Twiggy checken, ob ich irgendwas gebrochen hatte, als wir die Eingangstür klappern hörten. Er wischte raus in den Laden und auf die Straße, aber er

konnte nur noch den gelben Capri mit qualmenden Reifen los-
preschen sehen. Dann kam er zurück. Ich hatte nichts gebrochen.
»Wie haste das mit dem Nijinsky denn hingekriegt?« Er kicherte
in sich hinein.

»Good trick, ey? Is einfack – look!« Er nahm einen der Apfel-
kornkanister, schlang seine mächtigen Arme darum wie um ein
menschliches Genick, preßte die linke Hand zwischen seinen rechten Bizeps und seinen Brustkorb und ließ gleichzeitig laut all ihre
Fingergelenke knacken. Absolut glaubwürdig. Man lernt doch nie
aus.

Als Stevie eintraf, bestellten wir uns ein Taxi und ließen uns zu
Veras Wohnung fahren. Ich quälte mich raus, und Twiggy fuhr
weiter zu seiner Cessna.

»Have a nice weekend!« wünschte er mir noch mit einem mitfüh-
lenden Grinsen, »next Wocke wir gehn mal bißchen mack Ordnung
in de Scheisenest, ey, Boob?« Ich brachte nur ein mühsames Grunzen zustande. Nächste Woche war so weit weg wie meine Silberne
Hochzeit.

35

»Ich wette, du hast in den letzten zehn Minuten mehr gestöhnt und
gejammert als während der ganzen Schlägerei«, sagte Vera und
machte eine Pause, um sich eine Zigarette anzuzünden. Ich hatte
eine halbe Stunde geduscht, heiß, kalt, heiß, kalt, lag jetzt auf dem
Bett in ihrem Gästezimmer und schwitzte. Seit zehn Minuten massierte sie mich mit einer Mischung aus Massageöl und flüssig ge-
machter Beinwellsalbe, sanft, wo sich überall schon blaue Flecken
und Blutergüsse abzeichneten, fester, wo meine Muskeln verkrampft
und hart wie Knorpel waren. Also hauptsächlich sanft. Mein Körper
brannte, als hätte ich schon den ganzen Tag nichts getan als raus aus
der Sauna, rein in den Schnee und raus aus dem Schnee und rein in
die Sauna. Der Grog, den sie mir gemacht hatte, tat ein Übriges. Ich
nahm noch einen Schluck und sah sie an.

Ihr sanftes, blasses, mütterliches Gesicht glühte, von der Anstren-
gung, von dem Grog und vor Ärger und Empörung. Ihr dünnes,
hellblondes Haar klebte ihr an Schläfen und Wangen. Sie trug eins
von meinen verwaschenen, eingelaufenen Penner's-Radio-T-Shirts –
man konnte so gerade noch die zufrieden grinsende, bierbäuchige

Ratte mit der Sprechblase *Kölsch bringt's!* erkennen – und einen dunkelblauen Slip, zu dessen Farbe die blonden Schamhaare, die sich rechts und links davon hervorkringelten, ausgezeichnet paßten. Ihre schweißfeuchten Schultern, ihre Arme und Schenkel glänzten, wie sie da rittlings auf meinen Oberschenkeln hockte. Ich trank schnell noch einen Schluck. Mein Mund war so trocken.

»Guck mich ja nicht so an!« ermahnte sie mich und klemmte hart meine Beine ein, daß ich laut aufstöhnte. Aber ein Blick an mir herab ließ erkennen, daß das schon keine Sache von Kopfentscheidung mehr war.

»Du bist unmöglich!« mußte sie wider Willen lachen, »halbtot geprügelt und schon wieder nix als Sauereien im Kopp!« Sie drückte ihre Zigarette aus und machte weiter mit ihrer Massage, die aber immer mehr ihren medizinischen Charakter verlor. Heilsam erschien sie mir trotzdem. Die heilenden Hände konzentrierten ihre Kreise immer mehr dorthin, wo es einem am wohlsten tut. Vera zog sich ihr T-Shirt über den Kopf und legte sich auf mich. Wir küßten uns zärtlich, träge und feucht. Für einen Augenblick spürte ich wieder mal den alten, leisen Stich der Eifersucht. *Warum bin ausgerechnet ich mit 'ner Frau verheiratet, die mehr auf Frauen steht? Andererseits – was kann mir bei meinem Lebenswandel besseres passieren? Sie ist immer noch die beste Ehefrau, die ich je hatte. Und die beste Freundin.* Außerdem ändert Eifersucht auch nix. Tut sie nie. Und die heilenden Hände, die mich so gut und schon so lange kannten wie keine anderen, machten weiter. Meine blöden Gedanken verwandelten sich in Geigenmelodien, pumpende Bassriffs und Schlagzeugsoli. Ein wildes Zittern überkam mich, mit dem ich jede Anspannung in meinem Körper von mir schüttelte. Vera verrieb die milchig gewordene Spannung zwischen unseren dampfenden Körpern. Dann rollte sie von mir herunter und zog sanft meinen Kopf zwischen ihre Beine. Ich revanchierte mich.

36

Um mein fest einbandagiertes rechtes Handgelenk trug ich eine rotbraune Ledermanschette. Sie paßte gut zu den dunkelrotbraunen Lederklamotten, die ich auf Tour meistens trug – in Fachkreisen auch mein Lederschlafanzug genannt. Genauso fest einbandagiert war mein Brustkorb. Die Korsage quetschte mein Tönnchen ein, meine Beine waren aus diesem lustigen grünen Zeug aus Amerika – oder Taiwan? –, das die Kinder jetzt alle hatten und »Slime« nannten, meine Arme fühlten sich an, als hätte ich gestern mit Bierfässern Volleyball gespielt, und in meinem Nacken klopfte mir eine blaurote Schwellung fortwährend ans Hirn. Und keiner rief: Herein! Beim Versuch, meine schulterlangen Haare zu bürsten, wäre ich am Morgen beinahe die Wand hochgegangen. Ich fühlte mich, als ob ich nicht *in* unserm alten Opel Blitz, sondern er über mich weg fahren würde. Und das seit dreihundert Kilometern. Das waren mit diesem Gefährt bei ebener Strecke viereinhalb Stunden. Aber wo gibt's auf einer Penner's Radio-Tour schon ebene Strecken?

Der Bus hatte vorne neben dem Fahrer noch zwei Sitzplätze, und dahinter hatten wir ein altes Sofa reingeklemmt (außer bei TÜV-Terminen, natürlich), das Platz bot für drei Passagiere und eine Kühltasche. Dahinter war eine Holzwand, hinter der wiederum unsere Anlage rappelte. Die Kühltasche wurde an jeder zweiten bis dritten Raststätte mit Büchsenbier aufgefüllt, von dem ich mir immer wieder eins in den Nacken hielt, bis die kühlende und lindernde Wirkung nachließ und es Zeit wurde, die Büchse auszutrinken. Ich mag kein warmes Bier.

Die Frotzeleien über mein Aussehen und meinen Zustand hatten inzwischen aufgehört – sensibel, wie Musiker nun mal sind, hatten sie schon kurz vor dem Kamener Kreuz gemerkt, daß es mir wirklich nicht so doll ging, und das Thema gewechselt. Mittlerweile waren sie bei dem bevorstehenden Boxkampf zwischen Ali und Ken Norton. Da konnte ich dann wenigstens fachmännisch zu schweigen. Ich war sicher, daß ich meinen Zwanziger richtig plaziert hatte.

Daß ich eventuell gar nicht spielen könnte, kam keinem der Kollegen in den Sinn. Eiermann, unser Bassist, hatte schon mit eingegipster linker Hand gespielt – nicht daß das bei ihm einen großen Unterschied machte. Seine Devise war: »Dä Baß muß brumme, un' zwar en de Eier, Mann!« So spielte er auch, und so war er an seinen Namen gekommen. Die halbe Zeit schlug er sowieso nur mit der rechten Hand die Leersaiten an – »E – A – D – wir gehen auf Tournee!« war eins unserer kompositorischen Credos. Eiermann ist übrigens mein Lieblingsbassist. Dessen rechte Hand ist mindestens so gut wie meine. Normalerweise.

Auch unsere beiden singenden Gitarristen hatten sich schon mit Vierzig Fieber oder einer Darmgrippe oder einem Gipsbein oder einer Gehirnerschütterung ihre Zugabe erarbeitet. Die Regel hieß: »Solange man noch 'n Bier trinken und es bei sich behalten kann, wird kein Gig abgesagt!« Da hielten wir uns dann auch dran. Nur das mit dem Bier wurde nicht so eng gesehen – wir hatten auch schon mit einer Gesamtleistung von cirka vierzehn Promille auf der Bühne gestanden und unseren Spaß gehabt. Was ein Rudel Düsseldorfer Studenten allerdings relativ ratlos zurückgelassen hatte – aber na ja, *Düsseldorf*...

Zitat *SOUNDS*, Juni '76: *Wenn Penner's Radio ihr Business ernsthafter betreiben und nicht so viel saufen würden, wären sie die deutschen Stones und eine ernste Konkurrenz für Udo Lindenberg.* Ein Tusch für den deutschen Musikjournalismus! Ich habe noch nie in einer amerikanischen Zeitschrift gelesen: *Wenn Tina Turner nicht so viel kiffte, wäre sie die amerikanische Lulu und eine ernste Konkurrenz für Neil Diamond!* oder ähnlichen Schwachsinn. Oder wie wär's mit der englischen Variante: *Eric Clapton ohne Drogen könnte der englische Johnny Winter und eine ernste Konkurrenz für Gary Glitter...?*

Egal. Für unsere beiden Gitarristen, Veedelvüür und Veedelnoh, gehörte ein Kasten Bier ebenso zum Auftritt wie der Strom für ihre *Marshal*-Verstärker. Sie spielten seit mindestens zehn Jahren zusammen und hatten seitdem auch immer die gleiche Position auf der Bühne. Der eine von mir aus gesehen halblinks, also im Uhrzeigersinn Viertel vor, der andere halbrechts, also für mich Viertel nach. Der zweite Grund für ihre Spitznamen lag in ihrer Spielanlage. Veedelvüür prügelte mit seinen scharfen *riffs* und *fills* permanent den *beat* vor sich her, während Veedelnoh, ein Meister der offen gestimmten *slide-guitar*, seine fetten Linien behäbig hinten auf den *beat* draufsetzte. Ein weniger sturer Schlagzeuger als ich hätte bei dem einen die Band ein Stück doppelt so schnell enden lassen, wie sie es angefangen hatte, bzw. bei dem anderen genau umgekehrt, aber wenn Eiermann und ich einmal die »Pump aan« hatten, spielten wir jedem Drum-Computer die Krätze an den Hals. Und genau diese kontrastreiche Rhythmusarbeit machte den *drive* aus, den die Leute anscheinend mochten – zwei Jahre nach unserm Debütauftritt auf einem Festival im Rheinpark, wo uns gleich mal sechstausend gefeiert hatten, kriegten wir immer noch Auftrittsangebote. Und unsere Fangemeinde wuchs – so sehr, daß wir ernsthaft überlegten, vielleicht doch mal 'ne Platte zu machen.

Kathrinchen, die da in jedem Falle weiß, wovon sie redet, hatte sich uns mal nach einem besonders guten Joint reingezogen.

»Issen guter Lover, die Band«, sagte sie später. Ich mußte nachfragen. »Ja, weiß'te, Büb, wenn du mit 'nem guten Kerl vögelst, dann hat der erst mal 'n guten Rhythmus. Die Spannung macht der nicht, indem er immer schneller losrammelt, sondern mit den unterschiedlichen Betonungen. Wie eure Rhythmusgruppe. Un' die eine Hand, die spielt *hier* dagegen, un' die andere Hand *da*, daß du gar nicht weißt, worauf du dich konzentrieren sollst, aber alles zusammen bringt dich richtig gut in Fahrt. Das sind deine Gitarristen. Un' wenn die zwei dann auch noch anfangen zu singen – dann hast'e sojar noch wat für't Herz. Wat will mer mehr? Macht ruhig so weiter!«

37

Fehlte zur kompletten Besetzung nur noch unser Emerson, der außer Autos, Motorrädern, Verstärkern und Mikrophonen nur noch Fernseher, Telefone, Hotelaufzüge und Licht- und Klimaanlagen reparieren konnte. Seinen Namen hatte er aber seiner Art zu verdanken, mit der er seine uralte, winzige Farfisa-Orgel mit knapp zwei Oktaven bediente. Das nur vierstimmige Ding kippte und schob er kreuz und quer über die Bühne, traktierte es mit Hämmern, Schraubenziehern, Bierflaschen oder was er sonst gerade in die Finger kriegte, und dann streute er Akkorde in unsere Stücke ein, mit denen Miles Davis erst Jahre später seine Fans in Erstaunen versetzen würde. Und Little Joe, so genannt, weil er aussah wie der Sieger des *Hoss Cartwright Lookalike Contest*. Aber er haßte es, Hoss genannt zu werden, und das brauchte er auch jedem, der es tat, nur einmal zu sagen. Er hatte eine Figur, als bräuchte er für unsern Opel Blitz, den zu fahren und zu beladen sein Job war, keinen Wagenheber, wenn wir mal 'nen Platten haben sollten. Er nahm seine Verantwortung als Fahrer so ernst, daß er der einzige von uns war, der auf Tour nichts trank, was allerdings auch bei so mancher brenzligen Gelegenheit unser Glück gewesen war. Ohne ihn wären wir des öfteren nicht in unserm Hotel oder unserer Gastgeber-WG angekommen. Dafür stellte er sich dann nach jeder Tour, wenn der Blitz ausgeladen, entrümpelt und sauber war, erst mal bei *Tante Hilde* in Kölns ländlichem Vorort Flittard an die Theke und brauchte höchstens zwei Stunden für ungefähr siebzig Kölsch. Dann legte er sich auf unser Tour-Sofa, schob eine der Kassetten ein, die er bei unseren Gigs immer aufnahm, und pennte selig. *Isch hann keine Beruf – isch ben dä Dreiwer vun dä Penner! Dat wor isch vun Aanfang aan, un' dat blieve isch bes zom Schluß! Un' eines Dags fah isch die eimol quer un' eimol längs durch janz Amerika!* Eine Seele von Mensch.

38

»Paß auf, Hans-Werner: Wenn du uns noch einmal mit deinem *Wahnsinn* kommst, schmeiß ich deine Klampfe hier mitten auf die LKW-Spur! Ich kann et nimmieh hüüre! Verstehste?!« Veedelvüür war leicht rot angelaufen und brauchte dringend ein Beruhigungsbier – er nannte Veedelnoh beim Vornamen und sprach hochdeutsch! Emerson machte ihm schnell eins auf.

»Ävver dat es doch en Riesen-Hammer-Idee! Paß op!« Und Veedelnoh, wie immer nicht aus der Ruhe zu bringen, schlug kraftvoll die Intro-Akkorde von *Wild Thing* an und sang dazu: »Wahnsinn! Do jommer och hin! Dat darf nit wohr sin...« Das versuchte er uns jetzt schon seit ein paar Monaten als potentiellen Hit anzudrehen, aber niemand in der Band konnte und wollte darauf abfahren.

»Kumm, 'Noh, loss stecke!« »Es nix em Radio, Joe?« »Lääch doch ens en Kassett op!« kamen von allen Seiten konstruktive Vorschläge. Er hatte keine Chance. Schmollend nahm er sich ein Bier und benutzte nach einem langen Schluck die Büchse als *slide-ring*. Da waren dann alle wieder dabei und sangen gemeinsam den Penner's Blues:

»Dä Kanzler es e' Aaschloch
Dä Paaps, dä es en Funz
Wat wör die Welt e Drecksloch
Jööv et he nit uns...«

Und dann überlegten wir zur Abwechslung mal wieder, wie wir es hinkriegen würden, heute abend in Braunschweig ordentlich was in Magen und Leber zu kriegen, morgen ein kräftiges Frühstück aufzutreiben und dann noch genug Kohle zu haben, um den Blitz und uns mit genügend Sprit bis nach Billerbeck bei Münster zu versorgen. Heute der Gig war nämlich mal wieder eins von unseren sechsunddreißig Benefiz-Konzerten im Jahr, in diesem Fall für das *Autonome Jugendzentrum »Heißer Hund«.*

»Bin jespannt, wat dat widder für'n Loch is'«, überlegte Veedelnoh, »wahrscheinlich besteht dat Catering widder us 'ner Schüssel Müsli, zo däm die Milch suur oder all jewoode es, 'ner Kann Jasmintee un' 'nem Teller Schmalzbruut –«

»– un' wenn de noh Bier frögs, luuren se eetz all blöd un' kromen dann irjenzwo 'ne lauwärme Kaste Feldschlößjen-Pils erus!« ergänzte Veedelvüür, »manchmol frore ich mich, wovun die janze Autonome övverhaup verexistiere, ohne uns. Ich jläuv, esu vell Benefiz wie mir määt keiner he.«

»Doch – Schroeder Roadshow!« warf Emerson ein.

»Jo klar! Wenn *ich* en Weetschaff en d'r Eifel hätt...!«

»Stemmp! Do künnte mir och ens widder hinfahre!« leckte sich Veedelnoh genüßlich die Lippen.

»Hör bloß auf!« winkte Emerson entsetzt ab, »beim letzten Mal war ich drei Tage todkrank, so haben die mich vollgeschüttet!«

»Wat reparierste dänne dann och dat komplette P.A., du Lötkolbenfreier? Beste doch selver schuld!« Veedelnoh war das dann schon wieder genug Diskutiererei, und die nächste Büchse entlockte seiner Gitarre das Intro von Schroeders *Anarchie In Germoney,* das wir auch manchmal in unserm Programm hatten. Würde heute abend in Braunschweig wahrscheinlich wieder gut kommen. Und schon sangen sie wieder alle:

»Ich spiele Euer Spiel nicht mit
Ich scheiß auf Eure Welt
Ich rauche lieber Shit
Und versauf mein Geld...«

Wieder unterwegs! Ich pennte die letzten paar Kilometer, begleitet vom Brummen des alten Blitz, den schrabbelnden Gitarren und dem harmonisch-bissigen Gesang meiner Freunde und träumte, ich wäre mit der Blauen Britta unterwegs auf der *Route 66* von Chicago nach Amarillo. Vor uns fuhr ein völlig verbeulter kanariengelber Ford Capri und versuchte uns dauernd auszubremsen. Dabei geriet er immer wieder aus der Spur, überschlug sich mehrmals, knallte ein paarmal gegen unsere Kühlerhaube, landete aber stets wieder auf seinen vier Rädern. Britta schrie vor Angst, und ich streckte beruhigend meine Hand nach ihr aus. Sie warf sich schluchzend an meinen

Hals. Das schmerzte in meinem Nacken, als wären ihre Hände elektrisch geladen. Voller Panik blickte ich nach links zu unserm Fahrer – aber da saß niemand. Um das Lenkrad gewickelt schaukelte Jackie O. ihren weisen alten Kopf hin und her und grinste mich spöttisch an:

»Wir sind da, Büb, wir sind da...«

39

»Wir sind da, Büb, werd wach! Ausgeladen hammer auch schon!« Little Joe rüttelte sanft an meinem Knie, »so schlecht is' dä Schuppen jaanit!« Er hielt mir einen riesigen Cognac-Schwenker unter die Nase, der tatsächlich duftete wie mit Metaxa gefüllt. Na ja – besser als kein Apfelkorn.

Der *Heiße Hund* war eine überdimensionale Blockhütte mit einem einzigen großen Raum. Links von der Tür fünf Meter Theke, an der Wand gegenüber die obligate Autonomen-Bühne – 'n paar leere Bierkästen, über die Baubohlen gelegt waren. Der Laden war proppenvoll mit Punks, Freaks, Alt-Hippies und Jung-Zombies. Es roch nach Schweiß, Bier, Balkon-Gras und Pattex. Ein Kassettenrekorder, der an einen uralten Riesen-Loewe-Opta angeschlossen war, eierte *Macht kaputt, was euch kaputt macht.* Ein höchstens Vierzehnjähriger in einer C&A-Punklederjacke und einem Palästinenserfeudel rempelte mich in der Tür an, und kotzte in hohem Bogen nach draußen. Offensichtlich hatte es zum Abendessen rote Bohnen gegeben – oder vielleicht waren es auch kleingeschnibbelte rote Paprikaschoten. *Home, sweet home!*

40

Der *Heiße Hund* trug seinen Namen heute wahrhaftig zu Recht. Der Schweiß von mindestens zweihundert Menschen tropfte von der Decke, die ganze Bude, besonders die Bühne, wackelte bedrohlich, unsere Kapelle war in Top-Form, und bei der *Schwatz-jääl-querjestriefte Frau* war ich kurz vor einem Kreislaufkollaps. Meine Trommelstöcke schienen aus Blei gegossen zu sein, und ich mußte mich Takt für Takt, Strophe für Strophe, Refrain für Refrain und Nummer für Nummer vorwärtskämpfen. Einzig meine Linke funktionierte noch ganz gut – ich stellte mir das Fell meiner Snare abwechselnd als die Visage von Nijinsky und Brikett-Fuss vor. Die Snare kam gut durch heute.

Auch ich kam durch. Als fünfte Zugabe prügelten wir uns noch durch eine Mammutversion von *Verdammp, wie lang? Verdammp lang!* Die Pogotänzer waren kurz vorm Durchdrehen und schmissen sich selbst und gegenseitig durch die Gegend, als ginge es darum, morgen geschlossen in Gips anzutreten, der ganze *Hund* grölte die Refrains mit, Veedelvüür widmete sein Solo Jimi Hendrix und Peter Brötzmann gleichzeitig, Eiermann lag schon rücklings auf den Bühnenbrettern und versuchte verzweifelt, seine beiden übriggebliebenen Baß-Saiten auch noch kaputtzuprügeln, Veedelnoh schlug auf jeder Eins seine Gitarre auf eine meiner Autofelgen, und Emerson schmiß seine Orgel durch das Gewühl, als hätte er draußen noch 'ne Ladung davon im Bus. Wie meistens steigerten wir uns dermaßen in den Schlußakkord hinein, daß von meinem Schlagzeug-Set nur noch ein Trümmerhaufen übrigblieb, auf den Veedelnooh mit einem Mikrophonstativ eindrosch. Da mußte selbst der harte Kern einsehen, daß es heute keine Zugabe mehr geben würde. Ich schmiß noch Eiermanns Baßanlage um, schnappte mir 'n Bier und wankte durch die tobende Meute, wobei ich manchmal ziemlich grob sein mußte, nach draußen. Am Blitz lehnte eine Lederjacke mit Palästinenser und kotzte. Es war aber nicht derselbe wie vorhin. Dieser hier hatte anscheinend Maissalat gehabt. *Sind alle Anarchos in Braunschweig Vegetarier?*

Drei Stunden später wurde ich auf dem Sofa im Blitz wach, weil sich ein nach Schweiß, Rotwein, Grasöl und Fisch duftender, geblümter Hintern auf mein Gesicht setzte. *Gertrud The Groupie?* Meine besoffenen Kollegen fielen der Reihe nach hinterher, irgend jemand drückte mir einen Joint in die Hand, den Gertrud sogleich gegen eine halbvolle Pulle Rotwein eintauschen wollte. Ich nahm beides, weil sie gleichzeitig versuchte, Emerson zu küssen und Veedelnohs Hand unter ihrem Kleid hervorzuziehen. Vorne hatte Veedelvüür Mühe, sich eine kleine Rothaarige vom Leib zu halten, die ihm lang und breit erklärte, wie *unheimlich dufte, echt!* Barclay James Harvest letztens in Hannover gewesen war und wie *unheimlich toll, echt!* sie Penner's Radio fände. Barclay James Harvest und wir waren beeindruckt. Echt. Sie wiederum schien gar nicht zu merken, daß Eiermann eine Hand unter ihr T-Shirt geschoben hatte und an

ihrem rechten Ohr knabberte. Little Joes Kopf hing aus dem Fahrerfenster und flirtete mit einer blonden Walküre, die aussah, als würde
sie Sport und Literatur unterrichten, Spezialgebiete Hammerwerfen
und das Nibelungenlied. Sie küßte ihn zum Abschied, als wäre ihr
nächster Gang der zum Schafott, dabei mußte sie bloß zu ihrer lila
gesprühten Ente, um uns den Weg zu unserer Unterkunft zu weisen,
wo noch eine *wahnsinnig tolle, echt!* Fete stattfinden würde.
Rock'n'Roll, I gave you all the best years of my life...

41

Die Wohnung war eine noch positivere Überraschung als der *Heiße
Hund*. Gleich neben der Wohnungstür im ersten Stock einer Villa
aus den Gründerjahren stand im kühlen Treppenhaus ein Stapel
Bierkästen. Volle! In einer riesigen Küche mit einem noch riesigeren
Wintergarten stand auf einem runden Tisch von der Größe eines
Kinderkarussells ein Einmachkessel voll dampfender Spaghetti, ein-
gerahmt von einem Dutzend Schüsseln mit bunten Salaten, Tellern
mit Knoblauchbutter und einer Batterie Ketchup-, Weißwein- und
Cognacflaschen. Ein paar Chillums machten die Runde, und in
einem Nebenzimmer behaupteten die Stones, daß keine wilden
Pferde sie hier weggezogen kriegten. Verständlich. Das Essen kam
gut. Die drei Flaschen Bier dazu auch. Die anwesenden Mädels taten
ihr Bestes, um den Stars des Abends diesen angenehmst zu gestalten,
und bei einigen sah es ganz so aus, als würde der auch erst nach dem
Frühstück aufhören. Die Stones schlugen uns vor, ihnen tote Blumen zu schicken. Als Gegenleistung wollten sie nicht vergessen, uns
Rosen aufs Grab zu legen. *Elf Freunde müßt ihr sein.* Little Joe war
schon mit seiner Hammerwerferin verschwunden – vielleicht gab's
in der Nähe ein Stadion. Emerson hatte gerade den Restklumpen
zusammengepappter Spaghetti auf die Tischplatte gekippt, ein paar
Kerzen reingesteckt und die große Lampe über dem Tisch ausge-
schaltet, um Blümchen-Gertrud zu demonstrieren, daß er bei Kerzenlicht noch viel besser küssen könne.

»Dä Travolta es en Funz jäjen mich, ehrlich!« behauptete er zum
ungefähr siebten Mal, und Gertrud lachte über das siebte Mal noch
mehr als über das erste. Veedelvüür erklärte der kleinen Rothaarigen
mit betrunkener Ernsthaftigkeit, daß es ihm im Moment unmöglich
sei, in ihrem Zimmer Barclay James usw. mit ihr zu hören, es sei im

Gegenteil viel besser, ihre Barclay usw.-Plattensammlung rüber in die Küche zu holen und im Backofen bei 250 Grad dem Ehrenfelder Schmelztest auszusetzen. Dabei streichelte sie ihm die Hand und goß ihm ständig neuen Wein nach, den sie aber größtenteils selbst verschüttete bei dem Versuch, gleichzeitig zu trinken und ihre Argumente für usw. loszuwerden. Veedelnoh hatte sie wohl abgeschrieben und sich statt dessen einem fast kahlrasierten Etwas zugewendet, das man mit blonden Locken und einem Rüschenkleidchen gut als Barbie-Puppe hätte verticken können. Aber sie trug Springerstiefel, eine zerfetzte bayrische Lederhose, die acht Nummern zu groß für sie war, ein graues Bundeswehrunterhemd mit aufgesprühtem Frauenzeichen und eine schmale Weste aus Bierbüchsenverschlüssen. Veedelnoh versuchte ihr gerade Gitarrespielen beizubringen, hatte sie zwischen sich und seine Klampfe geklemmt und umfaßte sie mit beiden Armen, um ihr die Hände zu führen. Das fand sie wohl auch *echt super, ey,* aber bereits zum vierten Mal schickte sie einen Blick aus ihren blauen Käthe-Kruse-Augen zu mir rüber.

»Am liebsten würd ich ja Schlagzeug lernen. Ich hab auch schon damit angefangen – das is echt geil, ey!« erklärte sie Veedelnoh laut genug, daß ich's auch mitbekam. Ich fühlte mich ziemlich alt.

»Wo's 'n hier 'n Bett für mich?« fragte ich das lange dürre Rainer-Langhans-Double neben mir. Das war ein Fehler. Er sah nicht nur so aus wie der Redakteur der Oberstufen-Schülerzeitung.

»Ey, das find ich echt gut, daß du mich ansprichst. Ich überleg schon die ganze Zeit, ob ich dich nicht mal – weißte, ich mach hier mit 'n paar Leuten zusammen 'ne Alternativ-Zeitschrift zum Braunschweiger Stattblatt und würd echt wahnsinnig gern mit euch 'n großes Interview machen oder so, wo ihr mal ganz offen irgendwie sagen könnt, wie das eigentlich so ist hier in der BRD, wenn man so kritische Texte...« *Kritische Texte! Teil der autonomen Szene! Sprachrohr der wachsenden Anarcho-Bewegung! Mein Gott!* Schon packte er einen kleinen Kassettenrekorder aus und hielt mir ein Mikrophon unter die Nase. Jetzt konnte ich nur noch hoffen, daß seine Erscheinung nicht trog und er garantiert keine vollen Batterien in dem Ding hatte. Meine Menschenkenntnis läßt nach – er hatte. Ich holte mir noch ein Bier.

42

Ach du Scheiße – jetzt biste auf deine alten Tage doch noch mal mit Belzinger in der Kiste gelandet! dachte ich im ersten Moment. Aber auf den zweiten Blick war der rasierte Hinterkopf vor meiner Nase dafür dann doch viel zu klein. Außerdem hatte ich meinen Lederschlafanzug noch an. Irgend jemand hatte mir die Stiefel ausgezogen, und Käthe Kruse trug nur noch ihr Bundeswehr-Unterhemd. Neben dem Bett stand ein Schlagzeug, über dessen Beckenständern der Rest ihrer Klamotten hing. In einem großen Ohrensessel am Fenster lag Veedelnoh, seine Gitarre im Arm, und schnarchte. Es roch nach Kaffee und gebratenem Speck. Meine Rippen schmerzten.

»Wir ha'm um cirka drei Stunden verpennt un' sollten schleunigst in die Gänge kommen!« Little Joe stand in der Tür und kratzte sich den nackten Bauch. Seine Schultern und sein Hals waren voller Knutschflecken und Bißspuren.

»Gut geschlafen?« fragte ich ihn. Er hob eine Augenbraue und warf einen Blick auf meine Lederjacke.

»Besser als du, würd ich mal sagen.« Er wollte noch was sagen, aber im gleichen Moment legte im Nebenzimmer jemand volle Kanne J.J. Cale auf. *They call me the Breeze. – I keep blowin' down the line,* sang ich Käthchen ins Ohr und kletterte über sie rüber.

»Ritchie, bleib doch noch!« brummelte sie und drehte sich auf die andere Seite. *Ritchie?* Da war ich wohl nicht der einzige, bei dem letzte Nacht der Film gerissen war. Das Frühstück war gut. Die Hälfte davon verzehrten wir schon auf der Autobahn.

»Sommer he nit öfter spelle, Kinder? Für su en Naach maach ich jede Woch e' Benefiz«, faßte Emerson unsere Meinung über Braunschweig zusammen. Aber Little Joe war der einzige, der ihm noch hätte antworten können. Der Rest hatte sich schon wieder zusammengerollt und pennte. *Billerbeck bound.*

43

Nie wieder Apfelkorn! – hatte ich auf der Fahrt nach Köln noch gedacht. Aber das war natürlich prompt das erste, was Stevie im *Schrebergarten* vor mich hinstellte. Na ja – man soll zur Katerbekämpfung damit anfangen, womit man aufgehört hat. Und aufgehört hatte die Nacht im Billerbecker *Colosseum* mit ein paar Litern unseres Hausrezeptes, das ich in meinem vollen Kopp dem Wirt dort verraten hatte. Er war auch ganz begeistert – gutes Konzert, voller Laden, volle Kasse, 'ne Band, die gut drauf war und mit der man après-gig noch gut absacken konnte. Auch hier würden wir in 'nem halben Jahr oder so noch mal spielen können. *It's a long way to the top, if you wanna rock an' roll...*

Mittlerweile stand der Blitz im Heimathafen, Little Joe wahrscheinlich schon an *Tante Hildes* Theke, und Veedelvüür und ich tranken gegen unseren Kater an. *Was interessieren uns unsere guten Vorsätze von heute morgen?*

»Geh mal ans Telefon«, sagte Stevie zu mir, »die Vera ruft jetzt schon zum fünften Mal an.« Ich ging ans hintere Ende der Theke und nahm mir den Hörer. Veras Stimme zitterte und klang, als sei sie gerade im letzten Moment vor einem Güterzug von den Schienen gekullert.

»Hier sitzen seit drei Stunden zwei – eh, Herren, die dich abholen wollen. Sie –« sie brach ab. Dann kam die Synchronstimme von Alain Delon aus dem Hörer:

»Kannst dir den Weg hierher auch sparen, Freundchen. Sei um zwölf bei *Stephanidis.* Sonst werden die Calamares kalt.« Klick. *Freundchen?* Ich schnappte mir ein Taxi und fuhr zu Vera. Sie saß am Küchentisch und weinte erst mal ein bißchen.

»Ich hab noch nie in meinem Leben solche Angst gehabt, Büb. Das waren zwei Typen wie aus einer schlechten amerikanischen Krimiserie – sowas von Klischee-Bösewicht, daß es eigentlich lächerlich hätte wirken müssen. Aber es funktionierte – ich hatte nur noch Angst und wollte, daß sie weggehen. Und dann sagte der eine noch »Hoffen wir, daß die kleine Anna so gesund bleibt!« Ich fühlte mich, als hätte mir jemand einen Eiszapfen in die Magengrube gerammt.

»Wo ist sie denn überhaupt?«

»Sie ist heute bei Brigitte aufm Kindergeburtstag und bleibt da auch über Nacht. Mein Gott, Büb, was wollen die? Wer sind die überhaupt? Was is hier los? Was machen wir jetzt?« Sie fing wieder an zu weinen. Ich saß da, einen Arm um sie gelegt, und hatte keinen Schimmer, was ich ihr antworten sollte. Ich steckte mir eine von ihren Zigaretten an. Auf dem Tisch stand eine Schale mit Obst. Zwei Apfelsinen, eine Zitrone, ein paar Weintrauben, drei Äpfel. Über dem Kühlschrank hing ein Korb mit Tomaten, einem Kopfsalat, ein paar Zwiebeln und einer Knoblauchknolle. An die Wand

dahinter war ein großes Farbposter gepinnt, auf dem man durch die
Umrisse einer Taube den Himmel und die Wolken sehen konnte.
An dem Regal neben dem Kühlschrank lehnte ein Kinderroller. Die
Küchenuhr zeigte zehn vor zwölf.

»Fahr zu Brigitte und bleib mit dem Kind da«, sagte ich zu meiner
Immer-noch-Ehefrau, »vielleicht, wenn's geht, auch für länger als
heute nacht. Ich hab keine Ahnung, was hier abgeht, aber ich kann's
nur rausfinden, wenn ich jetzt dahin fahre.« Ich schnappte mir das
Telefon und versuchte, Twiggy zu erreichen, aber er war nirgendwo
gesehen worden. »Drück mir die Daumen. Wenn ich mich heute
abend nicht mehr melde, sag Twiggy Bescheid. Und wenn du den
nirgendwo erwischst, geh ins Marien-Hospital auf Zimmer 304 und
erzähl's dem Zak.« Sie drückte mich zum Abschied noch einmal fest
an sich.

»Ich hab Angst, Büb.«

»Ja«, sagte ich, »irgendwas werden wir wohl immer gemeinsam
haben. Das wußte ich schon, als wir uns damals verlobt haben.«

44

Steph war kreidebleich. Seine Wangenmuskeln zuckten wie wild
und seine Augen sprühten vor Zorn, aber er sagte kein Wort und
winkte mich durch zum Hinterzimmer. Dort standen vier Tische.
Zwei davon waren leer. Am dritten saßen zwei Typen in teuren
Anzügen und dickem Goldschmuck. *Mesdames et Messieurs – die
Botschafter der Reeperbahn!* Noch so'n Typ stand neben der Tür,
durch die ich kam. Er war doppelt so schwer wie ich und seine
Halskette so schwer wie wir beide zusammen. Früher mußte er sie als
Krönchen getragen haben, denn er hatte gar keinen Hals mehr. Und
Alain Delon – er mußte es sein – stand neben dem Durchgang zur
Küche. Beide hatten die rechte Hand in der Jackentasche. Mir war
gar nicht so kalt. Am vierten Tisch saßen Dieter Otto Meyer, neben
ihm eine großgewachsene schöne Frau mit wilden blonden Locken,
und ihnen gegenüber Twiggy. Er hatte eine üble Schramme unter
dem rechten Auge und wirkte so wütend, wie ich ihn noch nie erlebt
hatte.

»Belfast?« fragte ich ihn. Er schüttelte kurz den Kopf und nickte
zu dem Typen an der Tür.

»Guns«, knurrte er. Jungs mit Knarren also.

»In was für 'nem Film sin wir denn hier?« fragte ich Meyer. Er deutete auf den freien Stuhl am Tisch.

»Setz dich erst mal! Ein Glas Retsina? Das hier ist übrigens Helma, meine Frau und Geschäftspartnerin. Helma, das ist Büb Klütsch, der Kölner Superdrummer.« Helma verzog keine Miene und blickte mich aus kühlen Augen an, als sei ich der zerknüllte *Express* von gestern. Wahrscheinlich stand sie mehr auf Omar Sharif. Ich grinste sie an und sagte:

»Ich hätt lieber 'n Bier!« Das saß. Sie zuckte einmal kurz mit den Nasenflügeln. Dann tunkte sie ein Stück Brot in ihr Tzatziki und aß es. *Wer ist schon Omar Sharif?* Ich nahm den Stuhl neben Twiggy und wollte ihn an die Schmalseite des Tisches rücken, damit wir uns im Auge hatten, aber sie waren nicht blöd. Alain Delon Eins schnappte sich den Stuhl, stellte ihn an seinen Platz zurück und drückte mich drauf. *Warum faß ich überhaupt noch welche an, wenn jeder sie mir wegnehmen kann?* Aus der Küche kam ein zierlicher Asiate mit einer großen Terrine dampfender Calamares. Er sah aus wie der Bruder einer Landsmännin, die wir schon kannten. Also waren sie hier schon ziemlich massiv aufgetreten, sonst hätten sie niemals einen der ihren in Stephs Küche gekriegt. Und ein stolzer Grieche wie er ließ sich so schnell nicht einschüchtern. Meyer spielte den nonchalanten Gastgeber und reichte die Terrine herum. Er war der einzige am Tisch, der sich was auf seinen Teller legte. Ich nahm mir nur ein Stück Brot, damit meine Hände was zu tun hatten. Aber dann stieg mir der Duft heftig in die Nase, und ich schnappte mir auch noch ein paar der riesigen Calamares. Schließlich hatte ich seit dem Frühstück nichts Festes mehr in die Wampe gekriegt. Dabei warf ich einen kurzen Seitenblick auf Twiggys Gesicht. Er schien spürbar ruhiger geworden zu sein und hatte eine fast gelangweilte Pokermiene aufgesetzt. Sollte es ihn etwa so beruhigen, daß sein heldenhafter Partner wieder bei ihm war? Nein, es war wohl eher so, daß ihm im Moment kaum was anderes übrigblieb, als abzuwarten, was auf uns zukam. Von draußen hörte man gedämpft die melancholischen Klänge von *Rembetiko*-Musik. Die schlanke Griechin mit dem hellblauen Kleid und dem hohen Krug auf dem Kopf an der Wand gegenüber stand immer noch regungslos vor der strahlendblauen Ägäis, auf der kalkweiße Segel schaukelten wie schlafende Möwen. Die Calamares schmeckten ganz anders als die vielen anderen Male, wo ich ihr zugesehen hatte. Twiggy trank ein Glas Retsina in einem Schluck und nahm sich ein Stück. Meyer lächelte ihm aufmunternd zu:

»Genau, Jungens. Betrachtet dies als ein ganz normales Abendessen unter Geschäftsleuten, denn genau das ist es. Und ich bin sehr zuversichtlich, daß wir uns hier heute abend zur Zufriedenheit aller Beteiligten gütlich einigen werden. Kommen wir auch gleich zur Sache! Seit ein paar Monaten verhandle ich mit einem von Deutschlands größten Plattenproduzenten über eine gemeinsame geschäftliche, eh, Basis. Wie ihr beide sicher schon mitbekommen habt, betreibe ich meine Geschäfte in den verschiedensten Branchen, und nicht immer ist das, eh, Finanzvolumen, das dabei, eh, erwirtschaftet wird, für, sagen wir: offizielle Buchführung geeignet. Ich bin daher «

»What's that shit he's braggin', man?« wandte sich Twiggy an mich. Meyer sah mich fragend an.

»Mein Freund möchte wissen, was du mit »zur Sache kommen« meintest und was denn »die Sache« sein könnte, soweit es uns beide betrifft. Wir essen zwar oft und gerne hier, aber meistens suchen wir uns dafür dann unsere Tischdamen selber aus – Verzeihung, Helma – und die sehen dann in den seltensten Fällen aus wie Alain Delon oder Prinz Wilhelm von Homburg. Außerdem«, lächelte ich wieder Helma an, »hätte ich gerne ein Bier. Oder zwei.« Sie sah aus, als wäre sie drauf und dran, mir ihren Wein ins Gesicht zu schütten, aber Meyer legte ihr beruhigend eine Hand auf den Unterarm. Dann nickte er zu Alain hinüber. Der drehte sich um und gab die Bestellung an die Küche weiter. Meyer fischte sich eine Olive aus seinem Salat und steckte sie unter seinen Schnurrbart. Nachdem er den Kern neben sich auf den Boden gespuckt hatte, um uns allen zu beweisen, daß das heute hier *sein* Terrain war, fuhr er fort, als sei er gar nicht unterbrochen worden, wobei er hauptsächlich Twiggy ansah.

»Ich bin daher schon seit einiger Zeit auf der Suche nach einem potenten Partner im mir offiziell am nächsten stehenden Musikbusineß. Der potenteste, den ich mir derzeit vorstellen kann, ist unser berühmter Dr. Dr. Dietmar Dörmann in Wiesbaden. Der produziert, wie ihr wißt, einen Platin-Hit nach dem andern, und das weltweit! Leider zeigte er bisher nicht das geringste Interesse an einer Zusammenarbeit mit uns, daher sahen wir uns genötigt«, er lächelte liebevoll zu seiner Helma hin, die ihrerseits mit steifen Lippen zusah, wie ich das erste meiner beiden Biere leerte. Dann redete er weiter, wobei er den doppelten akademischen Titel genüßlich in die Breite dehnend betonte, »Herrn *Doktor Doktor* Dörmann an einen sehr schwachen Punkt zu erinnern. Darum luden wir seine von ihm abgöttisch geliebte Schwester Britta Dörmann ein, eine Weile unser Gast zu sein.« Twiggy legte langsam beide Unterarme verschränkt auf die Tischplatte und beugte sich zu Meyer vor. Der Typ an der Küchentür, der ihn am besten im Visier hatte, zuckte mit der Hand in seiner rechten Jackentasche. *Mein Jott, will der durch die Jacke schießen?*

»Das ist gar nicht Alain Delon – es ist Mike Hammer!« raunte ich zu Twiggy rüber. Der grinste flüchtig und lehnte sich wieder zurück. Auch Meyer entspannte sich wieder ein wenig.

»Laßt uns die Nerven behalten, Jungens!« tat er souverän, aber seine Stimme war doch ein wenig belegt. »Niemand will der Britta irgend etwas Böses, schließlich glaube ich, daß sie eine vielversprechende Karriere vor sich hat. Und zwar meine ich als Sängerin, und nicht in einem der, eh, Betriebe meiner Kollegen hier«, er nickte zum Nebentisch hin. Eines der Konkavgesichter grinste anzüglich. Ich grinste zurück. Langsam verschwand sein Grinsen. Er konnte ja nicht wissen, wie groß mein Beitrag zur Niederlage von Fuss und Nijinsky gewesen war.

»Im Gegenteil«, unterbrach Meyer das Spielchen, »ein positives Verhandlungsergebnis würde für ihre Karriere mit Sicherheit einen enormen Schub nach oben bedeuten.«

»Und was«, unterbrach ich ihn, »hat das alles mit uns beiden zu tun?«

»Ihr beide«, deutete er mit einem ausgestreckten, sorgfältig manikürten Zeigefinger auf uns, wobei er den vor Twiggy sehr viel schneller wieder zurückzog – ich mußte wohl an meiner toughen Ausstrahlung noch arbeiten –, »ihr beiden habt euch doch selbst eingemischt! Leider! Und ich glaube, ihr habt schon viel zu viel mitgekriegt und angerichtet, als daß man euch jetzt einfach aus dem Spiel rauslassen könnte. Und deswegen haben wir uns gedacht, ihr könntet mal was Nützliches tun: Ihr werdet nach Wiesbaden fahren und für uns den Unterhändler bei dem feinen Herrn Doktor machen! Hier ist ein Kuvert mit allen Unterlagen für ihn – nebenbei

auch etwas Kleingeld für eure Auslagen – und ihr werdet alles – alles!
– tun, nicht ohne seine Unterschrift unter dem entscheidenden
Vertrag zurückzukommen!« Helma öffnete eine große, mit goldenen
Pailletten besetzte schwarze Wildlederhandtasche und legte einen
hellgrünen DIN-A4-Umschlag vor mich auf den Tisch.

»Warum sollten wir däs tun, asshole?« fragte Twiggy mit leisem,
grimmigem Lächeln, »wollen dein buddies uns mit ihr Kanone näck
Wiesbäden bringen in ein Intercity diner? Ick bin nickt dein bell
boy!«

»Ich will euch sagen, warum!« Meyers Stimme klirrte und klang
schwer nach Oberwasser. »Dafür gibt es mehrere Gründe. Erstens.
Niemand weiß, wo die Blaue Britta ist und was ihr Gesundheitszu-
stand macht. Zweitens –« hier blickte er mich an. Es waren immer
noch die Forelle-Blau-Augen, aber tief in ihnen drin glimmten Fun-
ken von Haß und Machtgeilheit. Und noch etwas, das mir bisher
noch gar nicht aufgefallen war. Sie erinnerten mich an die wahnsinnigen Augen eines Junkies, der einmal nachts in Amsterdam mit
einem Rasiermesser auf mich losgegangen war, weil ich mich gewei-
gert hatte, Pot von ihm zu kaufen. »Rotmoff! Sseißdeutße – ik mak
dir kalt!« hatte er mich angezischt und mit dem Ding vor meiner
Kehle rumgefuchtelt. In meiner Angst war mir nichts Besseres einge-
fallen, als ihm im breitesten Eigelsteinkölsch und gutmütigstem
Tonfall zu raten, das Scheißding da wegzunehmen, weil ich es ihm
sonst zu fressen geben würde. Verblüfft hatte er es sinken lassen. Ich
hatte ihm in die Eier getreten und gemacht, daß ich wegkam. Aber
Meyer? Der Dealer selber ein User? Mir schien, Kathrinchen hatte
sich ausnahmsweise mal schwer getäuscht bei der Einschätzung eines
Kerls. Das hatte ich bei ihr auch noch nie erlebt. Aber Meyer war ja
noch lange nicht fertig mit seiner Rede. Er setzte sie fort, während
Suzie Wongs Bruder den Tisch abräumte.

»Zweitens. Ich weiß zwar, daß die Tochter deiner Frau nicht
deine Tochter ist. Aber das Leben in der Großstadt ist heutzutage
gefährlich für so kleine Kinder – und du wirst ganz sicher nicht
wollen, daß ihr etwas zustößt. Du kannst aber auch nicht ewig auf
sie aufpassen – du mußt ja mit deiner Band unterwegs sein...! Und
auch für die werden wir was tun können, wenn ihr alles zu unserer
Zufriedenheit erledigt habt. Penner's Radio ist ja auch nicht gerade
eine Goldgrube. Drittens. Das mit euerm Taxifahrer war ein nicht

geplanter Zwischenfall. Wir haben kein Interesse daran, hier billiges Straßengangstertum zu pflegen. Sobald ihr mit der Unterschrift da seid, hat der Junge ein nagelneues Taxi vor der Haustür stehen. Und viertens –« er wandte sich zu Twiggy, »damit euch klar ist, daß wir hier kein harmloses Spielchen spielen, hab' ich auch was für dich.« Ein herrisches Kopfnicken zur Küche hin ließ die Reeperbahn am Nebentisch aufstehn und ihre Knarren ziehen. Eine war auf meinen und eine auf Twiggys Kopf gerichtet. Die in der Jacke neben der Küchentür zeigte sowieso die ganze Zeit auf ihn. Sie wich auch keinen Millimeter, als Alain den Kopf zur Küche drehte und ein Kommando murmelte.

Der Asiate brachte eine Schale mit einer verchromten Warmhalteglocke und setzte sie mitten auf dem Tisch ab. Dann hob er die Glocke ab und glitt zwei Schritte zurück, wobei er sorgfältig darauf achtete, in keine Schußlinie zu geraten. Nö, Kathrinchen – *soo weich is' der Meyer wirklich nicht.*

Auf der Schale lag, gekonnt mit Grünzeug und Früchten garniert, das Stück Nacken mit einer strahlend weißen Serviette umwickelt, der Kopf von Jackie O.

45

In ihrem weit aufgerissenen Maul steckte ein blankpolierter grüner Apfel. Hinter ihrem Kopf lagen noch ein paar der »Calamares«, damit auch jeder Blödmann begriff, was wir gerade zu Abend gegessen hatten. Mir war kotzübel, und ich durfte es mir diesen Arschlöchern gegenüber nicht mal anmerken lassen. Helma war auch ziemlich bleich, gleichzeitig hatte sie aber rote Flecken auf den Wangen, die Lippen leicht geöffnet und kleine Speichelbläschen im Mundwinkel. Als sähe sie sich gerade einen anregenden Pornofilm an. Abwechselnd blickte sie auf den Pythonkopf, auf mich, auf ihren Schatz, auf die Knarren – und besonders auf Twiggy. Der hatte sich halb von seinem Stuhl erhoben, lehnte mit dem Oberkörper über dem Tisch und fixierte Meyer, auf dessen Stirn und Oberlippe sich kleine Schweißperlen gebildet hatten. Twiggys Wangenmuskeln arbeiteten wie wild, an seiner Schläfe pochte eine dicke, violette Ader, und seine Oberarmmuskeln waren so gespannt, daß ich mir fast die Finger verstauchte beim Versuch ihn festzuhalten.

»Think first, man! Think of the girls!« beschwor ich ihn fast flüsternd. Ich wußte nicht, ob er mich überhaupt wahrnahm.

»You. Are. Dead. You're stone cold an' dead, you fuckin' son of a motherfuckin' bitch. No matter what is gonna happen when or where to whom – you're deader than hell, you skunk!« *Ganz deiner Meinung, mein Freund.* Aber hier und heute abend würden wir das nicht hinkriegen ohne selbst dabei draufzugehen. Genau das sagte ich Meyer auch.

»– feiert meine Mutter nächste Woche ihren fünfzigsten Geburtstag. Und ich hab' ihr fest versprochen, den mit ihr zu feiern. Aber, Ottoherzchen, versprochen is' versprochen. Kauf dir keine Langspielplatte mehr.« Er war drauf und dran, mich auszulachen und mich Würstchen in meine Schranken zu verweisen. Aber er kriegte seinen Blick nicht von Twiggys Augen los, die in kalter, tödlicher Wut funkelten.

»Yeah, brother – that's a promise.« Twiggy atmete schwer und langsam aus, stand auf und verließ den Raum. Niemand versuchte ihn daran zu hindern. In seinem Zorn hatte er die ganze Szene beherrscht und die Jungs drumherum trotz ihrer Knarren wirken lassen wie die aufgemalte Bühnendekoration einer Schülertheateraufführung. Aber er als Ex-Bulle und Vietnamveteran wußte, was die Kugeln aus drei Waffen aus uns gemacht hätten. Und es wäre zu wenig Genugtuung gewesen zu wissen, daß wir als letztes in unserem Leben vielleicht noch Meyers eingeschlagenen Schädel gesehen hätten. Das war auch nicht das, was ich mir als letzten Anblick wünschte. *Live fast and die young* schön und gut – aber sterben wollte ich einmal im Vollrausch nach einem gelungenen Auftritt, im Bett eines Fans, und nicht als Schießfigur für ein paar Reeperbahnloddels.

Ein paar Sekunden war es still wie in St. Marien nach der Abendandacht. Dann fragte einer der Reeperbahner, ob es nicht doch klüger sei, hinter »dem Gorilla« her zu gehen und »die Chose gleich clean zu machen«.

»Den Rest kriegt der Lütte doch au' alleine hin, oder?« Der Lütte war ich.

»Mein Bier is alle«, sagte ich zu Helma. Sie verzog verächtlich einen Mundwinkel, nahm ihre Handtasche und ging raus. *Bierholen? Die Rechnung zahlen? Sich einen runterholen?*

»Morgen um zwölf wird euch unser Tommie hier –« Meyer deutete mit dem Kopf auf Alain Delon, »vor dem Max-Planck-Institut, Ecke Vogelsanger und Militärring, auflesen und mit euch nach Wiesbaden düsen, damit ihr auch alles richtig macht. Und Büb –«

»Übermorgen«, belehrte ich ihn. Er guckte mich stirnrunzelnd an. »Du glaubst doch nich, daß ich an so 'nem Abend früh und nüchtern ins Bett gehe. Also is nix mit zwölf Uhr morgens irgendwo antanzen.«

»Morgen um –«

»Übermorgen.«

»Büb, ich –«

»Übermorgen.« Geht doch nix über angeregte Konversation mit spritzigen Gesprächspartnern. Und eine fundierte Argumentation. »Isch hann Doosch, Meyer.« Meine Argumente waren gut. Sogar besser.

»Okay, auf einen Tag mehr soll's mir nicht ankommen. Aber versuch nicht, Zeit zu schinden, um dir irgendeinen Blödsinn einfallen zu lassen. Ich sitz am längeren Hebel. Zur Not laß ich euch umlegen und erledige den Rest selber, haste mich verstanden? Also, leg dich in Wiesbaden in die Riemen und besorg die Unterschrift! Und sag deinem Kumpel da draußen, ihr kriegt jeder fuffzig Mille, wenn das Ding klar geht. Dafür kann er sich 'nen ganzen Schlangenzoo einrichten.«

»Für die Hälfte pust ich die weg und mach den Rest au' noch selber, Otto!« meldete sich die Reeperbahn. Ich stand auf, ging zu ihm rüber und baute meinen stolzen Meterfünfundsiebzig vor ihm auf. Eines Tages würde mir meine große Schnauze noch mal das Genick brechen. Aber das war mir jetzt scheißegal – ich hatte eine Stinkwut.

»Wie wär's denn, wenn du jetzt gleich mal damit anfangen würdest, Joldstückchen?« Sein Kumpel brach in schallendes Gelächter aus.

»Der Hippie hat ja richtig Humor, eh, hasse das gehört?« Er klatschte mit der Hand auf den Tisch. Mit solchen Händen machen sie in Hollywood die Yeti-Fußspuren in den Plastikschnee. Mein Gegenüber grinste bloß müde.

»Und wie«, bestätigte ich, »kennt ihr den von dem Hamburger Stänz, den man aus dem Rhein gefischt hat – mit 'ner Plemm im Arschloch?« Kein Lachen mehr. Kein Grinsen. Alain bohrte mir den kalten Lauf seiner Waffe ins linke Ohr.

»Max-Planck. Zwölf Uhr, Freundchen. *Übermorgen.*« Helma kam rein. Kein Bier dabei.

»Dann muß ich mir wohl selber eins besorgen«, lächelte ich sie bedauernd an und machte mich auf den Weg. Alain begleitete mich bis zum Ausgang des Restaurants. Seine Waffe steckte wieder in seiner Jackentasche. Seine Hand auch. Steph stand hinter der Theke und tat, als poliere er Gläser. Ich zuckte entschuldigend mit den Schultern. Sein gütiges, verrunzeltes Zorbasgesicht nickte, er schloß kurz beruhigend die Augen. *Mir* würde er diesen Abend nicht übelnehmen.

»Bringste auch Butterbrote und 'ne Thermoskanne mit?« fragte ich Alain, als ich auf dem Bürgersteig stand, zum Abschied, »und Mickey-Mouse-Heftchen für die lange Fahrt?« Er brachte mir kurz den Eiskalten Engel, drehte sich um und ging wieder rein. Ich ging um die Ecke, stellte mich hinter einen VW-Bus und kotzte in den Rinnstein. Es war zwei Uhr, die Nacht war lau und klar. Man konnte sogar ein paar Sterne sehen. Hat man in Köln nicht so oft. Drüben an der Fassade des Uni-Center hingen melancholisch noch ein paar erleuchtete Fenster wie die letzten paar Kerzen am Weihnachtsbaum, wenn die Alten schon zu den kleineren Gläsern übergegangen sind.

Ich wanderte zum *Nachtschalter* und kriegte *Stand By Me* nicht mehr aus dem Sinn:

When the night has come / And the land is dark / And the Moon / Is the only light you see...

Damals konnte man solche Songs noch im Kopf haben, ohne gleich an Jeans denken zu müssen.

46

Die Bonner Straße fuhrt nach Süden aus der Stadt raus. Ein paar Kilometer vor dem Bonner Verteiler, wo der Verkehr auf die verschiedenen Autobahnen nach Wuppertal, Frankfurt, Bonn oder auf den Ring um Köln geschleust wird, liegt rechts der Kölner Großmarkt. Als Vierzehnjähriger hatte ich hier von morgens vier bis mittags um zwölf Obstkisten auf LKWs geladen, um mir das Geld für mein erstes Schlagzeug zu verdienen. Meine Alten hätten mir für alles andere vielleicht unter die Arme gegriffen, aber dafür mußte ich den Schotter selbst zusammenkriegen. Mein Alter, der früher selbst mal künstlerische Ambitionen gehabt hatte, bevor der *Gröfaz* ihn nach Stalingrad schickte, von wo er, halb erfroren und den Balg voller Granatsplitter, fünf Jahre später zu Fuß zurückkehrte, hatte mir dann immerhin doch noch die fehlenden achtzig Mark zuge-schossen.

»Wo dä Jung doch die janzen Sommerferien so fleißig jewesen is, Mutti!« Mutti hatte nur verständnislos mit dem Kopf geschüttelt. Schlagzeug spielen! Nix als Krach machen! Und dann geht's nachher wie mit dem Stabilbaukasten – der lag auch ein halbes Jahr nach Weihnachten in der Ecke! Erst vierzehn Jahre später, als sie »dä Jung« mit seiner Band im Fernsehen auftreten sah, glaubte sie end-lich, daß es mir ernst war – und daß aus mir doch noch was geworden war, denn wer »im Fernsehn kommt, dat muß doch wat sein«.

Der zukünftige Fernsehstar bemühte sich gerade in den endlosen Gängen der Markthalle, den hin- und herflitzenden Gabelstaplern, Sackkarrenschiebern und hektisch nach Angeboten suchenden Ein-zelhändlern auszuweichen. Gar nicht so einfach nach zwei Flaschen Apfelkorn und ungezählten Bierchen. Einmal versuchte ich, zwi-schen den beiden graubekittelten Zwillingen, die auf mich zu ka-men, hindurch zu gehen, und merkte erst im letzten Moment, daß es nur einer war. Der Duft von frischem Obst, Gemüse, Kartoffeln, Fisch und Fleisch, der unter der gewaltigen Kuppel der Halle hing, erweckte die Illusion, daß, höbe eine Riesenhand die ganze Halle weg wie ein Legohäuschen, es rundum weit und breit keine Stadt gäbe, sondern nur urwüchsiges, gesundes Land mit Gärten, Feldern, Tieren und gesunden, frommen, zufriedenen und friedlichen Men-schen. *And it's good old country comfort in my bones...* Aber dann gab es noch den Soundtrack aus Stimmengewirr – Kölsch, Vorgebirgs-platt, wenig Hochdeutsch, Italienisch, Jugoslawisch, Türkisch, Spa-nisch –, dem Rattern, Quietschen, Summen und Hupen der Karren, dem emsigen Geschlurfe und Getrappel von tausend Füßen, dem Klappern und Poltern von vollen und leeren Holzkisten, dem Klir-ren von Kaffeegeschirr und Kassendeckeln, und man war wieder in der Stadt. Aus der naive Traum von ländlichen Paradiesen. Die Duftglocke allerdings war ein vorzüglicher Appetitanreger. Und deswegen waren wir ja auch hier. Twig und ich stiefelten die Treppe zum ersten Stock hoch, wo auf einer breiten Galerie die *Marktschänke* über dem bunten Wirrwarr thronte. Hier gab es ohne Frage den größten und besten Strammen Max der Stadt – und das ab fünf Uhr morgens. Und zu saufen gab's auch schon, beziehungsweise für uns noch. Die Dröhnung im *Nachtschalter* und eine kurze Runde durchs Friesenviertel reichten uns noch nicht. Besonders Twiggy nicht, der mir gegenüber eine Flasche Vorsprung hatte. Der war so drauf, daß sogar die berüchtigten kölschen Gabelstaplerfahrer einen Bogen um ihn machten, ohne ihre üblichen wüsten Drohungen auszustoßen. Er trug eine weiße Jeans, die in schwarzen Cowboystiefeln mit silbernen Verzierungen steckte, einen breiten schwarzen Ledergürtel mit silbernen Nieten und ein schwarzes Halstuch, das nach Cowboy-Art vorne mit einer silbernen Brosche zusammengehalten wurde. Das war alles. Aber nicht einmal der Türsteher vom *Instant Kharma* hatte das für unzureichende Bekleidung gehalten. Jedenfalls nicht laut.

Ich war ziemlich erschöpft. Die letzten fünf Stunden hatte ich ihn davon abhalten müssen, sich eine Kanone zu besorgen und die Motherfucker der Reihe nach abzuknallen. Und als ich endlich sicher war, ihn einigermaßen beruhigt zu haben, gerieten wir an einen Taxifahrer, den er wohl ziemlich gut kannte, denn der verkaufte ihm gleich eine Beretta, »frisch us Italije – heh jarantiert sauber«. Die steckte nun in der Innentasche meiner Jeansweste und wog Zentner, und ich wurde das Gefühl nicht los, daß jeder sie mir ansah. *Das fehlte noch – jetzt um sechs Uhr morgens auf dem Waidmarkt zu landen!* Erst mal landeten wir jedenfalls an einem Tisch mit einem schnaufenden und keuchenden Kartoffelbauern – man roch's und sah's an den braunen Händen, den schwarzen Fingernägeln und den staubbraunen Flecken auf dem grauen Kittel, der seine Wampe und seine breiten Schultern umspannte wie eine Wurstpelle. Er versuchte die ganze Zeit, ein dickes Bündel Scheine zu zählen. Zwischendurch feuchtete er mit seiner Zunge seine Fingerspitzen und mit einem Schluck Asbach/Cola seine Zunge an. Dann nahm er einen Zug aus einem im Aschenbecher vor sich hin kokelnden Stumpen und kriegte einen Keuchhustenanfall. Das brachte ihn dann immer wieder so aus dem Konzept, daß er seine Zählerei von vorne anfangen mußte. *Hat's nicht leicht heutzutage, der Bauernstand.* Neben ihm lag ein *Kölner Stadt-Anzeiger,* nach dessen Schlagzeile achthundert Millionen um Mao trauerten, den »Mann, der China veränderte«. Sogar Franz-Josef Strauß zeigte sich »tief betroffen«. Auf neununddreißig Millionen, D-Mark allerdings, beliefe sich laut Landesrechnungshof der Schaden, der dem Land Nordrhein-Westfalen entstanden sei, weil »Mitglieder der NRW-Regierung die Grundsätze von Sparsamkeit und Wirtschaftlichkeit nicht sorgfältig beachtet« hätten. Der SPD-Fraktionsvorsitzende Wehner erklärte optimistisch, es müßte ein Untersuchungsausschuß eingesetzt werden, wenn sich konkrete Anhaltspunkte für die Verwicklung deutscher Politiker in den Lockheed-Bestechungsskandal ergeben sollten. Mit so Konkretem rechnete ich nicht. Die Zahl der Gastarbeiter nahm laut *Stadt-Anzeiger* weiter ab. Im letzten Quartal letzten Jahres hatten 106.200 die Bundesrepublik verlassen.

Zwei Spanier waren jedenfalls noch hier. Sie standen in Straßenkehrermontur an der Theke und sangen einer Gruppe von Bier- und Schnapsgläsern traurige andalusische Balladen vor. Eine Gesellschaft am Nebentisch, der Kleidung nach von einer Beerdigung übrig (oder auf dem Weg zu einer?) konterte mit *Ach, wie wor dat fröher schön doch en Colonia.* Eine üppige Rothaarige mit zwei Knöpfe zu weit offener schwarzer Spitzenbluse weinte dazu in das Ziertuch eines erröteten Siebzehnjährigen im blauen Konfirmationsanzug, einen fleischigen Arm um seinen Hals geschlungen, die andere Hand unter dem Tisch auf seinem Schenkel. *Die lustige Witwe.* An dem Tisch auf der anderen Seite erklärte der berühmte Kölner Maler und Performance-Künstler Bernd Klautze, wie immer mit Lidschatten, blau geschminkten Lippen und türkisen Fingernägeln, der Trööt, einem stadtbekannten Türsteher, und dessen beiden durchsichtigen Begleiterinnen, daß sie ga'nix'piert hätten, wenn sie nicht Frangg-Ssappa geschnallt hätten. Zum Beweis versuchte er, ein paar Zeilen aus *Camarillo Brillo* zusammenzukriegen. Eine der Durchsichtigen wandte ein, daß das *Mendocino Bino,* das sie kenne, ganz anders ginge. Das warf Unseren Künstler vor Lachen vom Stuhl. Da saß er dann auf dem Boden und erklärte der Lokalrunde, wie so'asv'nsaudoof'ieVotz'n seien. Die Trööt bestellte mit seiner Nebelhornstimme »noch en Rund Piccolos, Liebsche!«. Ein Italiener mußte auch noch im Lande sein, denn die Musikbox plärrte zum dritten Mal *Azzurro.*

»Oh, Tvijji, ei häff ßie you so long nit mehr! Vär ahr you ohlväis, you – eh – Räuber, you?« Die kleine, knochige Kellnerin knetete heftig seine Schultermuskeln. Das mußte wilde Erinnerungen in ihr wecken, denn sie bekam rote Flecken im Gesicht und glänzende Augen. *Morgens um halb sieben? Die Welt noch in Ordnung?* Er tätschelte ihre Hüfte, brummelte was von »viel Arbeit, sweets« und bestellte unser Futter, die üblichen Getränke nicht zu vergessen. Der Kartoffelmann schob mir plötzlich sein Geldbündel rüber.

»Ssähl ma, Froin, isch kannas ni' mehr!« Sein Stumpen roch, als würde er sie aus faulen Kartoffeln drehen, die er nicht mehr loswurde. Vielleicht war's aber auch nur ein besonderes Kraut gegen Kartoffelkäfer.

»Warum packste dä Schotter nit en un zälls 'n zehuss?« fragte ich ihn.

»Beste peklopp!? Wenn ming Wrau suvell Jeld süht, well die selver op dä Maaht! Isch muß tressisch Prossent dovun min'ssens en en annere Täsch dunn! Isch bruch doch o' no' jet – isch muß do' no' no'm Puff!« Das stimmte ihn fröhlich, er leerte seine Plörre auf einen Zug und winkte eifrig nach mehr, wobei er heftig mit dem Arm über den Tisch wedelte, damit seine neuen Freunde auch was abkriegten. Ich zählte seine Scheine, siebzehnhundertdreißig Mark, und machte ihm die beiden Häufchen, die er brauchte. Einen Fünfziger vom Häufchen seiner »Wrau« versuchte er mir in die Westentasche zu schieben.

»Isch hann zoeesch jedaach, do wörs e Mädsche, met dinger lange Hoor, ävver do bes jo ne rischtisch feine Kääl. Isch han jo jaanix jäjen die jung Lück! Können sich vun mir us 'ne lange Stätz waasse losse! Ävver dä Hoff! Dä Jung kann do' nit ei'fach dä Hoff em Stesch losse!? Wat soll dann us däm Acke weede? Autorenne fahre! Autorenne! Verschtehste misch? AUTORENNE!! MINGE SONN!?« Twiggy nahm die Hand des armen Bäuerleins in seine und drückte sie kurz.

»It's okay, old man, it's alright. Beruhigen, bitte, yeah? Beruhigen, good?« Kartoffelmann wischte sich Schweiß und Tränen aus dem Gesicht und nickte ergeben. Dann legte er die beiden Geldhäufchen zusammen und begann, sie von neuem zu zählen. Ich schob ihm seinen Fünfziger wieder rüber. Er blickte auf und sah mich an, als hätte er mich noch nie in seinem Leben gesehen. Die Kellnerin kam mit einem vollen Tablett. Ich gab ihr den Schein. Zum Dank wühlte sie mir die Haare durcheinander. Aber auf Twiggys Strammem Max waren zwei Spiegeleier mehr als auf meinem. *Vielleicht sollte ich doch mal was für meine Figur tun. Aber wie denn, wenn man nie genug zu essen kriegt?*

47

Unsere Teller waren leer und blank, die Dotterreste noch mit Brot weggeputzt, sogar die obligate Garnierung aus Salatblättern und Gewürzgurkenscheiben war verschwunden. Ich drehte mir eine Zigarette, und Twiggy steckte sich ein Klümpchen Haschisch in die Backe. Der Kartoffelmann hatte sich ein Taxi geordert und war weg, sein Geld auf den Kopp hauen. Wir nahmen einen Schluck von unserem frischen Bier.

»So, what's next?« fragte Twiggy. Er war hellwach, seine Augen zeigten schon wieder eine Andeutung seines belustigten Let-it-happen-Funkelns, und sein Zorn schien erst mal weitgehend im Zaum gehalten. *Tja – was kommt jetzt? Wie soll's weitergehn?* Ich wünschte, ich könnte ihm einen einfachen, aber genialen Plan servieren. Ich wünschte vieles. Daß einige der Ereignisse der letzten Tage gar nicht passiert wären. Daß es einige der letzten Tage gar nicht gegeben hätte. Daß ich seine Kraft und seine Furchtlosigkeit hätte. Daß die Blaue Britta...

Aber die einzige gute Fee weit und breit war die Kellnerin, die uns neuen Schnaps brachte. Ich fand sie immer hübscher. Soo mager war sie auch nicht. Und sie hatte ein liebes Lächeln. Für meinen Freund.

»Ich glaube, es bleibt uns gar nicht viel anderes übrig, als erst mal in Wiesbaden diesen Doktor zu kontakten. Du magst ja 'ne one man army sein, aber gegen diesen Verein bin ich lange nicht gut genug. Außerdem hab ich tierische Angst um Vera und Anna – und Britta. Was ein bißchen viel Menschen sind, auf die man auch noch aufpassen müßte – davon abgesehen, daß wir keinen Schimmer haben, wo sie die Britta versteckt haben.«

»Maybe wir mäcken ein klein Interview mit unser Babysitter?«

»Könn'n wir mal probieren, aber so wie der auf mich wirkt, wird der uns nich' viel erzählen.« Ich hatte Schwierigkeiten mit dem Wort

»erssählln«. *Trink noch'n Schluck, dann gehn die weg.* »Falls der überhaupt irgendwas weiß, was er uns er–, was er uns sagen kann.« *Clever, hä?*

»Kommt imme' drauf an, wie du frags' der Leute, Boob. Is' lange Fahrt, ode'? Viel Zeit. Schone Wald unte'wegs. Kein Mensch around.«

Die Beerdigungsgesellschaft schob sich mit *Wir machen durch bis morgen früh und singen Bummsfallera* in einer Polonaise aus dem Laden. An Klautzes Tisch gab's ein Riesengeschrei. Er hatte auf seine arrogante Art drei Malocher dazu gekriegt, mit der Trööt um 'nen Zehner im Armdrücken anzutreten. Der hatte natürlich den ersten gewinnen lassen, worauf die anderen beiden gleich auf ein Pfündchen erhöht hatten. Klar, daß die beiden verloren. Der dritte, ein fetter Glatzkopf mit einem Faustkampfei-Kalk-T-Shirt hatte dann behauptet, er sei überrumpelt worden und wollte gerade um einen Fuffi Revanche. Seine Glatze war rot wie ein Pavianhintern, seine Arme sahen mehr nach Gorilla aus. Sie drückten mit links. Die Trööt trank mit rechts grinsend einen Schluck Sekt. Die beiden Durchsichtigen kreischten und quiekten »Trööt! Trööt!«, und Klautze stachelte beide Gegner gleichzeitig auf.

»Trööt, du wirs dich doch von diesem Proleten, diesem Untermenschen, nich fertigmachen lassen! Guck dir dieses Pißmännchen doch an! Der will doch nur deinen Schnallen imponieren!« Und so weiter. Die Trööt setzte das Glas ab und ließ einen Schrei los, der alle im Raum zusammenzucken ließ. So klang es, wenn die wütenden Elefanten auf die armen weißen Jäger zudonnerten, ehe Tarzan an einer Liane heranflog und für Ruhe sorgte. Daher hatte die Trööt auch seinen Spitznamen. Sein größtes Vergnügen war es, einen Gegner mit seinen großen Händen um den Kopf zu fassen wie ein Schraubstock, sich aus seiner Höhe von Einssechsundneunzig über ihn zu beugen und, den Mund dicht am Ohr des Opfers, volle Kanne loszubrüllen. Und er hatte wirklich schon von Natur aus die lauteste Stimme, die ich je gehört habe. Nicht selten brachte er damit ein Trommelfell zum Platzen, was dann immer ein großer Heiterkeitserfolg war. *Rheinischer Humor.* Die Trööt war Türsteher in vier verschiedenen Nachtlokalen in der Innenstadt. Er fuhr mit seinem schwarzen Porsche von einem Bums zum anderen und sah ein bißchen nach dem Rechten. Es gab selten Ärger in seinen vier Läden, und wenn, dann niemals zweimal von denselben Leuten.

Jetzt drückte er Faustkämpfer Kalk den Arm lässig und genüßlich nach unten. Er hatte sein Sektglas genau dort abgestellt, wo der Handrücken seines Herausforderers landen mußte. Gut berechnet. Die Hand wurde auf den Glasrand gedrückt, das Glas zersplitterte, und die Trööt drückte weiter. Als er die Hand fest in die Scherben gedrückt hatte, drehte er sie einmal kurz darin, als wäre sie eine Zigarettenkippe und das Scherbenhäufchen ein Aschenbecher. Kalk war plötzlich genau so weiß. Er stand auf, warf seinen Fünfziger auf den Tisch und rannte hinaus, die Lippen zusammengekniffen. Er hinterließ eine häßliche Blutspur. Seine Kumpels zahlten und schlichen hinterher. Als schwer arbeitender Mensch versteht man nicht jeden Spaß. Klautze und die Durchsichtigen hingegen lachten sich schlapp. Die Trööt wedelte mit dem Fuffi und trötete nach mehr »Labberwasser«.

»Odder hadder och Natursekt? Ha ha ha!« *Ha ha. Andererseits ist es manchmal gar nicht so blöd, 'ne Beretta unter der Jacke zu haben.*

»Spitze, die Trööt!« wiegelte Klautze weiter, »aber den Ami, den schaffste nich', wa'? Da setz ich 'nen Hunni drauf. Den schaffste nich'!«

»Klautze, loß uns in Roh met dingem Schandmaul!«

»Och, der Büb! Haltu 'ich doch 'a raus! Du hass so'ieso noch ein'n gut bei mir, vergiß dat nit!« Das stimmte. Im *Exodus* hinterm Barbarossaplatz, wo die Kölner Anarchos und die progressiven Künstler Anfang der Siebziger ihre Deckel hatten, hatte ich ihn mal ins Klo gehauen. Er hatte Vera als Lesbe beschimpft, weil sie ihm einen Korb gegeben hatte, und ihr vorgeschlagen, es doch mal mit einer Sektflasche zu probieren. Um ihr diesen besonderen Genuß zu demonstrieren, hatte er ihr eine zwischen die Beine gerammt, daß sie halb ohnmächtig vom Hocker fiel. Die Narbe an seiner linken Hand hatte er mir zu verdanken. Er hatte nämlich noch versucht, sich an dem metallenen Deckel des Klopapierspenders festzuhalten, nachdem er durch beide Klotüren geflogen war. Hätte Balkan-Rock-Axel mich nicht zurückgerissen, hätte ich Klautze dort ersäuft. Und Winnie Luhe stand nackt auf einem Tisch und spielte auf einer Bambusflöte pseudo-indische Weisen dazu. *Golden Years.*

»Die Trööt schafft jeden!« piepsten die Durchsichtigen, und von der Theke her kam ein Typ rüber, Schnurrbart Marke Motorradlenker, knallte einen Hunderter auf den Tisch und tönte:

»Do halde isch ävver och met! Trööt, zeisch, wat do drop häss!« Die Trööt wirkte noch unentschlossen. Ihm war sichtlich nicht nach Kriegspielen mit »däm Ami«. Der aber hatte plötzlich sein breites Lausbubengrinsen im Gesicht und blickte die Trööt aufmunternd an. Ich schnappte mir die Kellnerin.

»Kannste mir mal gerade 'nen Hunni leihen? Kriegste in zwei Minuten wieder.« Als sei sie sich dessen auch ganz sicher, drückte sie mir sofort einen in die Hand. Ich plazierte ihn neben dem anderen.

»Op dä Ami.« Im Nu lagen fünfhundert Mark auf dem Tisch. Die Trööt kam lässig rüber und wickelte seine Beine um einen Stuhl.

»Rääts odder links?« Twiggy zuckte die Schultern. *I don't give a damn.* Er räkelte sich und ließ seine Muskeln ein bißchen spielen. Sah gut aus mit seinem nackten Oberkörper. Die Trööt entschied sich für links. Die beiden setzten die Ellbogen neben- und verschränkten die Finger ineinander. Twig trank sein Bier aus und stellte das Glas genau dort ab, wo seine eigene Linke landen müßte, wenn er verlor. Er grinste die Trööt freundlich an.

»Sobald ich'n Stecker vonner Musikbox rausssiehe, geht's los!« machte Klautze sich wichtig. Die Durchsichtigen kreischten, die Spanier klatschten in die Hände, und der Schnäuzer machte uns weis, daß er »sing Trööt« kenne, und gegen den hätte keiner »en Schangs«. *Una festa sui prati,* knurrte Adriano, *una bellaaaaaaaaa,* eierte er, als er keinen Saft mehr hatte. Die Trööt brüllte. Aber es klang ganz anders als vorher. Twiggy hatte ihm mit einem einzigen schnellen Ruck die Knöchel auf die Eichenplatte geknallt.

Der Trööt stieg das Wasser in die Augen.

»Do Drecksack! Do häss mir die Hand jebroche!« heulte er. Twiggy grinste immer noch sein Grinsen. Er hatte nicht mal mit der Wimper gezuckt. Aber das Grinsen war nicht mehr ganz so freundlich. Ich gab der Kellnerin zwei von den Hundertern, einen für die Schulden, einen für unsern Deckel, und steckte den Rest ein. In die Tasche mit der Beretta. Für alle Fälle. *Büb Klütsch als mein Freund Phil?*

Aber das war nicht mehr nötig. Zwei Polizisten in Uniform kamen rein. Sie stellten sich an die Theke und bestellten Kaffee und Mettbrötchen. Twig stand auf und verbeugte sich vor der Trööt.

»Anytime, brother«, sagte er und wandte sich an die Kellnerin.

»When hast du Feie'abend, sweets? Un wo wohnst du?«

»Um eins«, schmolz sie dahin und kritzelte eine Adresse auf einen Bierdeckel. Na ja, ich an seiner Stelle würde heute auch nicht neben Jackie O.s leerem Terrarium schlafen wollen. Und soo mager war sie wirklich nicht. Wir gingen. Twiggy mußte mich festhalten, sonst wäre ich die ganze Treppe runtergesegelt. Arm in Arm landeten wir auf der Bonner Straße. Die Bürger guckten pikiert. Ein sturzbesoffener Langhaariger in Rockerklamotten und ein halbnackter Cowboy mit der Figur eines Gewichthebers – und dann auch noch schwul...! Zweistimmig Harry Chapins *I Am The Morning Deejay* singend enterten wir ein Taxi und ließen uns zum Liblarer See fahren – 'ne Runde schwimmen, bis seine Kellnerin Feierabend hatte.

48

»Männer!« Iris spuckte es förmlich aus, voller Verachtung für meine Spezies, »wenn die nicht Cowboy und Indianer oder Räuber und Gendarm oder Hitler und Stalin spielen können, fehlt denen doch was! Hast du mal daran gedacht, was mit Vera ist? Und mit Anna? Willst du etwa in Kauf nehmen, daß denen was passiert? Nur damit du mal ein Abenteuer erlebst in deinem langweiligen Wichserleben?« Mittlerweile schrie sie mich an. Ihre südländisch wirkenden dunkelbraunen Mandelaugen sprühten, eine der Hände mit den überlangen blutroten Fingernägeln krallte sich in ein lila Kissen. Die schwarze Haarwelle, die sie sich nach Männerart mit Seitenscheitel kämmte, hing ihr tief ins Gesicht. *Wieso spielen Lesben eigentlich so gern die Männerrolle?* Ihre Kleidung hatte allerdings wenig Männliches. Sie saß mir schräg gegenüber in ihrem alten Ledersessel, ihre weißen Beine über die Armlehne gehängt. Sie trug einen zum Nagellack passenden Slip und ein schwarzes Rüschenhemd, das sie nicht zugeknöpft hatte. So präsentierte sie sich oft, wenn ich in der Gegend war. Als wollte sie mir bei sich zu Hause beweisen, daß ich sie kalt ließ und daß Vera, zumindest sexuell, ihre Frau war. Vera hockte in dem anderen Sessel, auf dessen Lehne ich saß, und hatte unter einem langen Kleid mit Paisley-Muster die Knie bis zum Kinn hochgezogen. Im Radio begeisterte sich Winfried Trenkler für die neue Tangerine Dream-LP. *Polyharmonische Spannungsbögen über meditativen rhythmischen Wellen! Kosmische Kuriere! – Jetzt 'n Bier!*

»Erstens ist ein Wichserleben gar nicht so langweilig – solltest du eigentlich auch wissen. Zweitens finde ich Tangerine Dream ungefähr so meditativ wie die *Kölnische Rundschau* – und auch genau so spannend. Drittens: Hast du kein Bier im Kühlschrank? Und viertens war es ganz und gar nicht meine Idee, Hitler und Stalin zu spielen. Aber sie zu ignorieren ändert gar nix an der Tatsache, daß solche Arschlöcher existieren. Und wenn die eine Freundin verschleppen, mir die Rippen zertrampeln, dem Haustierchen eines Freundes den Kopp abhacken und mit Revolvern auf mich zeigen, *kann* ich die gar nicht mehr ignorieren!«

»Aber du hast doch gar keine Chance gegen solche Typen!« schaltete sich Vera ein, »geh zur Polizei! Das ist deren Sache!« Iris schnaubte.

»Als wenn John Wayne zum Sheriff rennen würde! Der ist höchstens selber einer!« Trotzdem ging sie in die Küche und kam mit drei Flaschen Königsbacher zurück. Geschmack hatte sie ja wirklich. *Ich aber auch – mach das verdammte Hemd zu!* Aber das Biest konnte anscheinend auch noch Gedanken lesen – sie rollte die eiskalte Flasche kühlend zwischen ihren Brüsten hin und her. Dann trank sie einen langen Schluck. Ihr Hemd klaffte weit auseinander und enthüllte ihre rechte Brust, auf der sich eine Gänsehaut gebildet hatte. Eine dunkelbraune Brustwarze wie ein großer Kirschkern reckte sich mir vorwitzig entgegen. Ich spürte das berühmte Kribbeln am Ende des Rückgrats. Und ich hörte, wie Vera leise zischend die Luft durch die Zähne sog, spürte, wie sie das gleiche Verlangen befiel, das Ding in die Hand oder zwischen die Lippen zu nehmen, wie mich. *Schön, wenn man schon acht Jahre verheiratet ist und immer noch den gleichen Geschmack hat.* Ich nahm einen langen Zug aus meiner Pulle und drehte mir eine. *'ne kalte Dusche wär jetzt vielleicht auch nicht verkehrt.*

»Apropos kalte Dusche«, sagte ich. Iris guckte mich verständnislos an, und Vera prustete. »Ihr könnt ja mal versuchen, zum Waidmarkt zu gehen und denen zu erzählen, was sich hier so tut. Die fragen euch wahrscheinlich erst mal, ob ihr nicht vielleicht zuviel Fernsehen guckt. Und dann nehmen sie euch womöglich mal hypothetisch ernst und fragen nach Beweisen. Gibt's welche? Außer den Zeugenaussagen eines versoffenen Rockers und eines bekifften Rausschmeißers? Und vielleicht schicken sie sogar mal jemanden zum Meyer und befragen ihn zu diesen Anschuldigungen. Der lacht sich schlapp, erzählt ihnen einen vom Pferd und zeigt ihnen seine weiße Weste und seine legalen Umsatzzahlen. Schon ist allen klar, daß er solche Sperenzchen gar nicht nötig hat.«

»Und die zwei Gangster, die bei mir waren? Und die Nummer mit Jackie O. bei Stephanidis? Und deine angeknacksten Rippen?« hielt Vera dagegen.

»Die zwei wird er nie im Leben gesehen, geschweige denn zu dir geschickt haben. Und Steph hat unter der Junta drei Jahre im Knast gesessen. Der redet nicht mit Bullen. Und wird sein Hühnchen mit Meyer auf seine eigene Art rupfen«, Iris schnaubte wieder verächtlich, »und eine Verbindung zu Nijinsky und dem Fuss wird er natürlich auch leugnen. Richtig gespannt könnt ihr dann aber sein, wie er uns gegenüber auf den Besuch reagieren wird. Ärger gibt's so oder so noch reichlich mit dem, das is auf jeden Fall schon mal klar. Aber John Wayne hin oder her – ich bin fest entschlossen, ihm auch welchen und einen Strich durch die Rechnung zu machen. Von Twiggy ganz zu schweigen. Wenn's nach dem ginge, wäre die Helma jetzt schon Witwe.«

»Aber man kann sich doch auch nicht einfach damit abfinden, daß da jemand so ein –« Vera suchte empört nach Worten, »so ein perfides Spiel treibt! Tausende von Kids lassen ihr Taschengeld an seinen Konzertkassen, und den Profit steckt der in Heroin! Mit dem er dann irgendwann genau diese Kids anfixt!«

»Und mit dem er dann wiederum soviel illegalen Schotter macht, daß er langsam zusehn muß, wie er den sauber gewaschen kriegt«, ergänzte ich.

»Aber dem kann man doch nicht tatenlos –«

»Eben«, sagte ich.

»Und warum schickt der eigentlich ausgerechnet euch nach Wiesbaden?« Ich zuckte die Schultern.

»Is mir auch nich ganz klar. Wer guckt schon in so'n Asi-Hirn? Halten wir's einfach mit Raymond Chandler.«

»Was hat denn der jetzt damit zu tun?« fragte Iris ungeduldig nach.

»Den hat mal ein Verleger angerufen und gefragt, aus welchen Motiven denn einer der Ganoven in seinem Roman jetzt so und so gehandelt habe. »Woher, zum Teufel, soll *ich* das wissen?« hat Chandler gebellt, »warum lesen Sie nicht das verdammte Buch?««

Ich trank mein Bier aus und stellte die leere Flasche auf das kleine Glastischchen vor uns. Dabei streifte ich Veras Schulter. Es war, als seien wir beide elektrisch geladen. Das Knistern der erotischen Spannung im Raum wäre bestimmt deutlich zu hören gewesen, wenn Winfried Trenkler uns nicht gerade die Neue von Triumvirat in die Ohren geschüttet hätte. Passenderweise hieß das Werk *Old Loves Die Hard*. Für die Kapelle galt dasselbe.

»Ehe er mir jetzt noch die Orchesterfassung von *Tubular Bells* antut, geh ich lieber. Außerdem sollte ich heute mal früh ins Bett gehen, damit ich in Wiesbaden fit bin. 'Tschö, ihr Süßen.« Ich beugte mich über Vera und küßte sie. Sie erwiderte den Kuß mehr als zärtlich, und das Kribbeln wurde fast unerträglich.

»Paß auf dich auf, Büb.« *Bin gerade schwer dabei, meine Liebe.*

»Na klar.« Bei Iris begnügte ich mich mit einem kurzen Drücken ihrer Schulter. *Schade, schade.* Aber dann bereitete sie mir eine große Überraschung – sie stand auf, umarmte mich und küßte mich auf den Mund. Dabei fuhr sie mir einmal kurz und sanft mit der Zunge über die Lippe. Ich spürte ihre Brustwarzen dicht unter meinen, und wenn sie meine Erektion nicht spürte, dann höchstens, weil sie mit sowas vielleicht keine Erfahrung hatte. Aber anscheinend hatte sie – sie drückte kurz ihren Venushügel dagegen und lachte ihr rauhes Lachen.

»Vielleicht sollten wir drei irgendwann mal zusammen duschen gehen? Es muß ja nicht unbedingt kalt sein«, sagte sie und blickte schelmisch zu Vera hinunter. Die stand ebenfalls auf, legte ihre Arme um uns beide und küßte uns nacheinander auf die Wange. Ihr Körper strahlte eine Hitze aus, daß ich Mühe hatte zu schlucken. Mein Herz klopfte mir bis zum Hals und bis in die Spitze meines Männleins.

»Vielleicht«, flüsterte sie, »wenn das alles vorbei ist?« Ich küßte sie noch einmal, sehr ausgiebig, um ihr zu zeigen, daß ich das kaum erwarten könne. Währenddessen streichelte ich unter dem seidigen Rüschenhemd Iris' noch seidigeren nackten Rücken. Sie reagierte genußvoll auf jede Fingerspitze.

»Dann –« ich mußte mich erstmal räuspern, »dann geh ich jetzt besser, eh ich dir deinen Teppich versaue«, sagte ich zu Iris und löste mich von den beiden. Was mir schwer genug fiel. *Surprise, surprise!*

49

»Wat sommer spreche?« fragte mich Manni, der Eisenbahn-Fotograf, wie immer, wenn wir uns trafen. Meine Antwort bestand, auch wie immer, aus einem Schulterzucken und einem resignierten Armausbreiten. Wir hatten vor Jahren mal ein paar Monate täglich an der Theke vom *Forum* gehockt und über Gott und die Welt diskutiert. Bis er eines Tages Wittgenstein und seinen *Tractatus* entdeckt hatte: »Wovon man nichts zu sagen hat, davon soll man lieber schweigen.« Das gefiel Manni so gut, daß er mit »Wat sommer spreche?« seitdem alle Fragen des Lebens beantwortete, was jede Unterhaltung mit ihm ganz schnell beendete, bevor sie auch nur richtig angefangen hatte. Ich drückte kurz seinen zottigen grauen Kopf an meinen. Ich mochte ihn. Wortlos streckte er mir einen Packen Fotos entgegen. Züge, Züge, Züge, E-Loks, Dampfloks, Dieselloks, Schlußwaggons, alle nachts oder im Morgengrauen auf der Hohenzollernbrücke fotografiert, manche von weit hinten aus dem Hauptbahnhof auf die Brücke auffahrend, mit einem grauen oder schwarzen Dom im Rücken, manche so nah auf einen zubrausend, daß man jede Schraube erkennen konnte. Und immer wieder sein Lieblingsmotiv: ein Zug, der links auf dich zukommt, während rechts einer in die andere Richtung an dir vorbei rauscht. Ein Bild, das man nur schießen kann, wenn man zwischen den Gleisen, also auch zwischen den beiden fahrenden Ungeheuern steht – Mannis Leidenschaft, die ihm schon zweimal ein paar gebrochene Knochen und einen längeren Krankenhausaufenthalt eingebracht hatte.

»Das hier is' Spitze«, sagte ich. Es zeigte eine endlose Reihe von Waggonrädern, die direkt auf einen zu rollten. Er mußte unmittelbar neben den Schienen auf dem Boden gelegen haben. Wahrscheinlich hatte zwischen ihn und die Räder kein Heiermann mehr gepaßt.

»Eines Tages schieben sie dich mit'm Rollstuhl hier rein, Manni.« Dazu grinste er bloß. *Wat sommer spreche?* Er nahm das Foto, zückte einen altmodischen Füllfederhalter und signierte es auf der Rückseite. Dann drückte er es mir in die Hand. Ein Geschenk? Als Andenken für den Fall, daß ein Rollstuhl auch nix mehr nützen würde?

»An däm Desch koss dat Woot Rollstohl en Rund Schabau, Büb, weißte dat nimmieh?« Ich blickte in Eddies blutunterlaufene Augen, die mich mit einer Mischung aus Zorn, Trauer und Schadenfreude anstierten. Vor zwei Jahren war er sich auf der Rückfahrt von einem langen Marokko-Trip mit seiner Gina in die Haare geraten. Sie hatten sich so lange gegenseitig angebellt, bis sie endlich »Laß mich hier raus, du Wichser!« schrie. »Steisch doch us, du Arschloch!« hatte er zurückgeschrieen. Was sie dann auch tat. Auf der Autobahn Aachen – Köln, bei hundertsiebzig Sachen. Seitdem war Eddie keinen Tag nüchtern gewesen. Nur so halbwegs alle paar Wochen mal, wenn er in die Klinik im Westerwald fuhr, wo Gina gelähmt in ihrem Rollstuhl hockte, vor sich hin sabberte, sich mit der einen Hand, die sie noch ein bißchen bewegen konnte, langsam sämtliche Haare ausriß und ihn ignorierte, egal was er auch anstellte. Ich bestellte die Schnapsrunde für den ganzen Tisch – den verzweifelten Eddie, den wahnsinnigen Fotografen Manni, Wodka-Willi, der eine Kneipe nach der anderen aufmachte, die er wochenlang liebevoll und geschmackssicher einrichtete, um dann zwei, drei Wochen nach der immer erfolgreichen Eröffnung über einem Wasserglas voll Wodka hängend zu erklären, daß ihn der Scheißladen langweile – also verkaufte er ihn wieder, mit beträchtlichem Gewinn, von dem er sich ein paar Wochen zuschüttete, bis ihn auch das wieder langweilte und er sich die nächste Kneipe ausguckte; den scharfen Enno, dessen vielversprechende Karriere beim 1. FC Köln beendet war, als rauskam, daß er mit mindestens fünf der Ehefrauen seiner Mitspieler und der vierzehnjährigen Tochter eines Vorstandsmitglieds gevögelt hatte, mit dreiundzwanzig sah er jetzt aus wie fünfunddreißig – er konnte nichts anderes als Fußballspielen und Frauenverwöhnen, deshalb war er jetzt einer von Kölns ersten Callboys; den Schrott-Walter, der erstens so hieß, weil sein Alter mit Schrott Millionen gemacht hatte, die er bald erben würde, und zweitens, weil er selbst der beste Lieferant seines Alten war – er fuhr mindestens einmal im Monat einen seiner kleinen Sportflitzer platt; Hattrick-Boris, der es auf dem letzten Neumarkt der Künste geschafft hatte, ein Neunzigtausend-Marks-Gemälde gleichzeitig an drei verschiedene Kunden zu verscherbeln und straffrei auszugehen, weil er den Jagdschein hatte – bei seinem Alkoholkonsum würde er bald wieder anfangen müssen zu malen; seine Uschi, die seit nunmehr neun Jahren jede Minute seiner Abwesenheit nutzte, um über ihn herzuziehen und zu erklären, daß sie sich jetzt endgültig von ihm trennen würde; und nicht zuletzt die Heilige Frieda, Einmeterneunzig Haut, Haar und Knochen, die schon zweimal im Knast gesessen hatte, weil man sie immer wieder im Dom beim Vögeln erwischte – beim nächsten Mal mußte sie damit rechnen, in einer psychiatrischen Anstalt zu landen – in der Gefängniskapelle von Rheinbach hatte sie nämlich prompt eine Mitinsassin verführt. Wir kippten den Schnaps, und ich fragte mich, ob es wirklich so 'ne gute Idee gewesen war, hier im *Schmitzjen* frühstücken zu gehn. Eigentlich hatte ich es bisher kaum jemals geschafft, nüchtern wieder hier raus zu kommen, egal um welche Tageszeit ich reingekommen war. Es war auch einfach zu schwer, hier den Absprung zu finden. In einem der ältesten Brauhäuser der Stadt herrschte von morgens an ein nicht abreißendes Kommen und Gehen – Geschäftsleute und Zocker, Rentner und Frührentner, ein paar Touristen und Familiengesellschaften, die Halbwelt des umliegenden Friesenviertels und Hausfrauen auf dem Einkaufsbummel, Arbeitslose und Schulschwänzer, Maler, Musiker, Schreiber und Gestalten, deren einzige Kunst es war zu überleben – das *Schmitzjen* liebten sie alle.

Zum Glück marschierte Twiggy herein und erlöste mich von diesem gefährlichen Stammtisch. Wenn auch sein Aufzug und dessen Erfolg eine weitere Runde wert gewesen wären – er trug eine knallgrüne Pagenlivree mit Messingknöpfen, weißen Handschuhen und einem Käppi mit der Aufschrift *Dom-Hotel*, und eine Reisetasche aus violettem Wildleder! Wir gingen nach hinten in eins der kleineren Sälchen, wobei er mir mit einer entschuldigenden Verbeugung vorausging. An einem Tisch am Fenster rückte er mir einen Stuhl zurecht. Ich gab ihm zwei Groschen Trinkgeld. Dienernd zog er sein Käppi und hockte sich in demütiger Haltung auf die Kante der Bank gegenüber, Knie zusammengepreßt, Hände artig auf den Tisch gelegt.

»This is gonna be a very nice day, Boob. I'm as fucked out as Warren Beatty, I slept like a grizzly, an' I had a bucketful of Champagne for breakfast. Now, let's have a good meal, an' then go break some neck, baby.« Ich freute mich über seine gute Laune. Über's

Genickbrechen konnten wir vielleicht später noch reden. Wir aßen riesige gegrillte Kalbshaxen mit Kartoffelklößen und Sauerkraut, tranken ein paar Bier und ein paar Tassen Kaffee und diskutierten die Chancen Eckhard Dagges, am Samstag in Berlin den fünffachen Mittelgewichtsweltmeister Emile Griffith aus New York zu schlagen. Und wärmten natürlich die alte Geschichte auf, in der Griffith 1962 Benny Kid Paret in der zwölften Runde ins Koma geprügelt hatte, weil der ihn auf der Waage einen Schwulen genannt hatte. Twiggy gab Dagge nicht viel mehr Chancen als Paret, *God bless him.*

»Ah, shit, sogar du könntest der Dägge schlagen, Boob – wenn er dir nickt trefft«, fügte er grinsend hinzu. Der Berliner hatte wirklich 'nen ziemlich harten Schlag.

»Aber Griffith ist achtunddreißig, ziemlich viel für 'nen Boxer. Und für Dagge isses *die* Chance, endlich an die große Börse zu kommen. Ich setze ein Pfündchen auf ihn.« Twiggy setzte dagegen. Dann zahlten wir unser Frühstück und gingen. Am Stammtisch saß Eddie mit dem Kopf in Uschis Schoß und heulte Rotz und Wasser darüber, was für ein dummes Arschloch er sei. Sie heulte mit und erzählte ihm, er sei noch gar nix gegen das Arschloch von Boris, dem sie morgen endgültig die Koffer vor die Tür setzen würde. Boris war wohl gerade pinkeln. Die Heilige Frieda machte Twiggy schöne Augen, und Schrott-Walter ließ einen Autoschlüssel mit einem wertvoll aussehenden Anhänger um seinen Zeigefinger kreisen. Manni sah mich an und verdrehte in gespielter Verzweiflung die Augen. *Wat sommer spreche, Manni?* formte ich lautlos mit den Lippen. Vergnügt und ebenso lautlos kicherte er in sich hinein. In meinem Kopf sang Heinz Rühmann *Ein Freund, ein guter Freund...*

50

Wir nahmen uns ein Taxi zum Marien-Hospital, aber Zaks Bett war leer. Eine süße kleine pakistanische Krankenschwester erklärte uns mit rollenden Augen und rollenden Rrrs, daß gerade seine Gesichtsverpackung erneuert würde. Ich vertraute ihr die Kassetten an, die ich für ihn mitgebracht hatte, und ein Blatt Papier, auf dem ich ihm in Kurzfassung berichtete, was inzwischen passiert war und wie es möglicherweise weiterging.

Es war noch nicht mal elf Uhr, also hatten wir noch reichlich Zeit. Von Ehrenfeld nach Vogelsang ist es nur ein Katzensprung.

Wir nahmen den Bus Linie 31 und zockelten zu unserm Ziel. Vorbei an dem Supermarkt, der das wunderschöne alte Kino verdrängt hatte, in dem meine Großmutter Kassiererin gewesen war. Hier hatte ich Micky und Donald, Tarzan und Prinz Eisenherz, Dick und Doof und Bambi und John Wayne und Erroll Flynn kennengelernt, noch bevor ich in die Schule kam. Vorbei an dem Sex-Shop, in dem es einmal das beste Eis der ganzen Welt gegeben hatte. Vorbei am *Kuckucksnest*, wo ich Sonntag für Sonntag meine beiden Onkels und meinen Großvater rausholen mußte, damit sie über ihrem Frühschoppen nicht das Mittagessen vergaßen – ein Job, den ich gerne machte, brachte er mir doch immer mindestens eine Tafel Schokolade, ein Glas Malzbier und oft genug einen Schluck richtiges Bier ein, damit ich still war, während sie sich »die drittletzte«, »die letzte«, »die allerallerletzte« Runde genehmigten. Sie verwöhnten mich ziemlich – mein Vater war, als ich drei war, im vollen Kopf einem Anwerber der Fremdenlegion auf den Leim gegangen und hockte irgendwo in Indochina im Dschungel, von wo er »seinem Prinzchen« Ansichtskarten mit Tigern, Elefanten und Tempeltänzerinnen schickte. Vorbei an dem großen, aber armseligen Stück Park, wo früher ein Baggerloch gewesen war, hinter dem sich bis zur Militärringstraße riesige Roggenfelder erstreckt hatten. Wo sich heute ein sechsstöckiger Bau an den anderen reihte, hatte ich wegen Feueranzündens meine erste Begegnung mit der Allmacht des kölschen Schutzmannes gehabt, meine erste Zigarette geraucht, meine erste Möse gesehen – wofür ich eine mordsmäßige Tracht Prügel kassiert hatte –, und hier hatte meine Schlägerkarriere begonnen. Ich war zerschunden und heulend nach Hause gerannt gekommen, weil ich bei einer der tausend Schlachten gegen den Adlerweg oder den Entenweg mal wieder Dresche bezogen hatte.

»Wenn du noch en einzijes Mal als Verlierer komms' un' mir wat vorheulst, krisste se von mir dermaßen, dat du dir wünschs', der halbe Habichtweg würd' über dich herfallen! Wehr dich jefälligst! Du bis' doch ene Jung! Oder willste immer 'ne Schlappschwanz bleiben?« Wollte ich natürlich nicht. Es gab nichts, das ich mehr fürchtete als den Liebesentzug meiner Mutter, von ihren Prügeln – verabreicht mit einem geflochtenen Teppichklopfer, den ich aus meinem Sparschwein ersetzen mußte, wenn er dabei auf der Strecke blieb – ganz zu schweigen. Also riß ich mich zusammen, stand meinen kleinen, fünfjährigen Mann und lernte all die schmutzigen Tricks, mit denen man auf der Siegerseite landet, auch wenn man der Kleinste und Schwächste auf dem Feld ist. Geht doch nix über 'ne anständige Schrebererziehung.

»Wir sind da«, riß ich mich selbst aus meinen Träumen. Wir stiegen aus. Der Bus rumpelte zweimal auf der Vogelsanger hin und her und verschwand in die Richtung, aus der wir gekommen waren. Die Schranken am Bahnübergang waren unten. Davor stand dröhnend und stinkend ein Kieslaster, von dessen Ladefläche Wasser auf die Straße strömte. Hinter ihm ein alter VW, in dem ein junges Pärchen heftig knutschte. Vor uns versuchte ein Typ in einem grauen Lodenmantel einem jungen Schäferhund das Hinsetzen auf Kommando beizubringen. Der aber drückte sich winselnd und zitternd an die Beine seines Herrchens, weil ihm der Laster neben ihm eine Heidenangst einjagte. Dafür bekam er dann die Leine zu spüren.

»Wenn du noch eimol dä Hungk häus, tredde ich dich en d'r Arsch, Meister«, bot ich dem Blödmann an. Ein hochrotes Cholerikergesicht drehte sich zu mir um. Seine Antwort wurde vom Getöse des heranbrausenden Güterzuges übertönt. Wahrscheinlich besser so, sonst hätte ich ihm bestimmt gleich eine gescheuert. Der Zug war auch für das arme Vieh zuviel, es riß sich los und stürmte über die Wiese zum rettenden Gebüsch hin, die Leine hinter sich her ziehend. Sein Besitzer schüttelte noch einmal drohend die Faust in meine Richtung und rannte hinterher. Ich drückte dem Hund die Daumen. Wieso glauben diese dämlichen Erwachsenen eigentlich immer noch, daß man Respekt, Treue und Gehorsam nur mit Prügeln erzwingen kann? *»Dämliche Erwachsene«?! – Scheiße, Büb, du bist immerhin auch schon achtundzwanzig! Forever young...*

51

Die Militärringstraße, von den alten Preußen als Verbindung von einem Fort zum nächsten in einem weiten Bogen um die ehemaligen Kölner Vororte angelegt, mit breiten Grünflächen zu beiden Seiten, um ihren Kanonen freies Schußfeld auf den Franzosen zu bieten, hatte keinen spürbaren Spaß an ihrem fünfundneunzigsten Geburtstag. Sie zog sich weiterhin gleichmütig an den heute von den NATO-Staaten genutzten Forts entlang und ertrug surrend und ächzend den endlosen Strom von Treckern, Lastwagen, Bussen, Pendler-PKWs und Freizeit-Spritvergeudern. Zwölf Millionen Reichsmark hatte es die Stadt Köln damals gekostet, dem preußischen Kriegsminister ihre eigene, mit dem Militärring überflüssig gewordene innere alte Stadtmauer abzukaufen, was einer Bande von Spekulanten, hauptsächlich Kölner Ratsherren, den Vorwand geliefert hatte, die Grundstückspreise in der damaligen Neustadt in die Höhe zu treiben. Genau deswegen hatten sie ja für diesen hirnrissigen Deal votiert. Ähnliches Spekulantentum machte sich jetzt auf der anderen Seite des Militärrings breit – warum sollte sich da innerhalb eines läppischen Jahrhunderts so viel ändern?

Stellvertretend für all die Ratten und Geier diesseits und jenseits stieg drüben auf dem Lehmweg, der zum Max-Planck-Institut führte, Alain Delon aus einem mitternachtsblauen Mercedes und setzte sich, lässig und cool bis in die frisiercremeglitzernden Haarspitzen, auf die Motorhaube. Aber er war nicht perfekt – er hätte jetzt ein Stilett aufschnappen lassen und sich die Fingernägel reinigen müssen. Aber vielleicht war er ja auch heute morgen schon im Fingernagelstudio auf der Pfeilstraße gewesen. Ungefähr fünfzig Meter hinter ihm parkte ein weißer Ami-Schlitten. Als wir näher kamen, konnte ich Assmann am Steuer und im Fond die Reeperbahn erkennen. Assmann grinste mich durch die Windschutzscheibe triumphierend an – es schien ihm Spaß zu machen, an einem Ort zu sein, zu dem man mich hinzitiert hatte. Ich ließ die alte braune Arzttasche aus Schweinsleder, die mich seit bald zehn Jahren auf meinen Touren begleitete, neben Alain in den Staub fallen.

»Versorgen Sie bitte das Gepäck, James.« Dann ging ich rüber, stellte mich auf der Fahrerseite neben den Ami und pinkelte in den Straßengraben. Dabei versuchte ich, das Spinnennetz zu verschonen, das an einem Ginsterstrauch hing. Die Hausherrin zwinkerte mir dankbar zu.

»Wat is, Büb, pinkelste dir in die Botz?« Ich hatte gewußt, daß er sein dummes Maul nicht würde halten können.

»Nö, warum?« drehte ich mich freundlich zu ihm um. Leider hatte er ein paar Sekunden zu lange gewartet. Mein Strahl reichte nur noch bis kurz unter sein Seitenfenster. Trotzdem kurbelte er hektisch die Scheibe hoch. Ohne zu grinsen. Pinkelte ich ihm eben ein wenig die Tür und die chromglänzenden Felgen voll. Hinten stieg ein wütender Prinz von Homburg aus. Ich schüttelte ihm die letzten Tropfen vor die Füße.

»Denk dran, o mein Prinz: Ich bin im Auftrag deines Herrchens unterwegs. Und ich soll fröhlich und unversehrt den Botschafter für ihn machen.«

»Ich hab auch 'ne Botschaft für dich, du langhaariger kleiner Wichser!« Mit halb erhobener Faust kam er auf mich zu. *Hoffentlich haut er mich nicht in den Magen – die schöne Kalbshaxe!* Aber da war Twiggy schon neben ihm, in der Rechten die rote Tasche, die Linke locker an der Seite hängend. Kauend, grinsend.

»Alles okay here, Boob?«

»Sicher«, nickte ich und zog meinen Reißverschluß hoch, »jeder Hund schnuppert, wo ein anderer gepinkelt hat.« Aber was ich zu sagen hatte, war schon nicht mehr interessant. Prinz und Twiggy standen einander gegenüber und fixierten sich gegenseitig. Die zweite Hintertür ging auf und goldene Löckchen tauchten über dem Dach des Amis auf.

»Hört mit dem Scheiß auf!« Alain hatte seine Rolle leid und versuchte es zur Abwechslung mal wieder mit Mike Hammer – Zähne fletschen und die rechte Hand in die Jackentasche. Das gefiel der Reeperbahn gar nicht.

»Machs' du jetz' hier den Chef?«

»Das nicht, aber recht hat er«, schaltete sich Assmann ein, »laß uns fahren, wir haben noch was anderes zu tun.«

»Die Tucke soll erst die Karre saubermachen!« giftete der Prinz. *Tucke? Ich hab mehr Frauen gehabt als Inge Meysel!* Ich wollte es ihm gerade sagen, aber Assmann gefiel sich gut als U.v.D.

»Scheiß was drauf! Steig ein! Die zwei nehmen wir uns schon noch zur Brust.«

»Dein großer Tag heute, wa, Assmann? Endlich kommt mal raus, daß du die geborene Führernatur bist.«

»Warum hältst du nicht endlich deine Schnauze, Bub?« Vielleicht hatte er recht. Ich ging zum Mercedes und wollte hinten einsteigen. Ich mußte mich ziemlich dünn machen, als Assmanns Schlitten an mir vorbeischlidderte.

»Moment, Freundchen«, Alain hielt die Tür zu, »ihr beide geht nach vorne.«

»Ich hab' kein' Führerschein«, bedauerte ich.

»Dann fährt er eben«, ein Nicken zu Twiggy hin. »Ist mir eh lieber.« Das konnte ich mir denken – wenn einer die Hände am Lenkrad haben muß, kann er nicht so viel anrichten. »Und du setzt dich daneben.«

»Aber vorne wird mir immer schlecht. Schon als Kind –«

»Laber nich'! Natürlich gehst du nach vorne. Und wenn dir schlecht wird, nimmste eben dein Köfferchen als Kotztüte«, unterbrach er mich.

»Aber die Boxen sind hinten. Und ich hör so gerne Musik beim Fahren. Dann wird mir auch nich so schnell –« Ich glaube, ich nervte ihn – er unterbrach mich schon wieder.

»Musik kannste auch vorne hören – jetzt steig ein!« Hinter uns gluckste es.

»Ah, das war ein real good Fruhstuck. Ick glaube, ick werde ers' ma' hinten sitzen mäcken un' ein bischen slafen, hey?« Twiggy hatte seine Tasche auf die Kofferraumhaube gestellt und eine Flasche Jack Daniels rausgeangelt. Es fehlte schon ein guter Schluck. Eine dünne violette Ader an Alains Schläfe begann leise zu pochen.

»Du fährst, Dicker! Und jetzt steigt ein, verdammt!«

»Willste, daß die Fahrt beim nächsten Bullen schon beendet is'? Siehste nich', daß der schon or'ntlich ein'n im Tee hat?« Aber mit meiner Vernunft war ihm nicht zu kommen.

»Hört mal zu, ihr Klugscheißer – ich laß mich von euch nich' verarschen. Wir fahren so, wie ich das sage, klar? Und zwar jetzt!« Er griff in seine andere Jackentasche und streckte Twiggy ein Päckchen Kaugummi entgegen. »Hier, nimm das.«

»Schon wieder falsch«, sagte ich, »es heißt: Nimm das, *Schurke!*«

»Oh, nick nodig, thanks, aber ick habe selber was sum Kauen.« Schon kam ein Klumpen Silberpapier von der Größe eines Brötchens zum Vorschein, darin eingewickelt Schwarzer Afghane vom Feinsten. Aber Alain schien doch ein ziemlich Konservativer zu sein. Er holte seine Knarre aus der Jacke und richtete sie auf Twiggys mittleren Messingknopf.

»Du packst den Scheiß wieder ein und setzt dich ans Steuer. Und du –« ohne auch nur den Kopf zu mir zu drehen, »du setzt dich daneben. Und zwar schnell!«

»Ach, du denkst wohl, für mich brauchst du keine Kanone, wie?« schmollte ich.

»Doch! Für dich kann ich sie auch brauchen, Pißmännchen!«
schrie er mich an. Die violette Ader war jetzt ziemlich dick. Beim P
von Pißmännchen spürte ich einen leichten Speichelsprühregen.

»Jetzt haben wir ihn«, sagte ich zu Twiggy, während ich um den
Wagen herumging, »in Wirklichkeit ist er Louis de Funès. Alain
Delon würde nie so schreien.« Ich stieg ein.

»Mir egal, ick mag keine french movies, anyway«, brummte Twig,
steckte sich unauffällig ein Stückchen Haschisch in den Mund und
klemmte sich hinters Lenkrad.

»Und Lino Ventura?« fragte ich empört.

»Lino Ventura? Yeah, he's alright. Yeah, die Film, wo er an de
Ende auf der Strase rennt, un' sie erschiesen ihm un' Jeanne Moreau
kommt gerännt un' er sägt –« er drehte den Zündschlüssel. Der
Motor schnurrte los.

»Das war Belmondo in *Außer Atem*, du Hinterwäldler – und zwar
mit Jean Seberg. Lino Ventura is der, der den Bullen spielt in –«

»Oh yeah – der Bulle, ode'?«

»Richtig. Und den Kowalski in dem Nitroglyzerin-Film, wie hieß
er noch gleich... *Lohn der Angst?*« Hinter uns knallte eine Tür zu. Die
Ader hatte sich etwas beruhigt, aber die Fingerknöchel um den Griff
der Pistole in Alains Schoß waren ziemlich weiß.

»Okay, ihr Clowns – können wir jetzt endlich?« Twiggy und ich
schauten uns wortlos an. Fünf Sekunden. Zehn Sekunden.

»Was ist?« bellte es von hinten. Ich drehte mich zu ihm um.

»Unser Gepäck, James.«

»Euer Ge–« Er war schon halb aus der Tür, als es ihm auffiel. Er
ließ sich wieder zurückfallen und schmetterte sie zu. »*Dann hol es!*«
schrie er mich an, »*und keine Mätzchen!*« Ich schüttelte indigniert
den Kopf, holte es und schmiß es in den Kofferraum.

»Und was ist das?« blökte er mich an, als er die kleine Schachtel
sah, mit der ich wieder einstieg.

»Musik«, sagte ich und gab Twiggy eine der Kassetten daraus.
»Wie wär's damit fürn Anfang?«

»Okay«, meinte er und schob sie dem Rekorder ins Maul. Wir
rollten bis zur Militärringstraße und reihten uns in den Verkehr ein.
Ich drehte den Lautstärkeknopf ein bißchen auf. Dann knallte von
hinten die Musik durch den Wagen. Jeff Becks *Truth*. Die, auf deren
Cover er empfiehlt, sie mit *maximum volume* zu hören. *Machen wir,*

Jeff. Das Intro von *Shapes of Things* ließ alles im Wagen vibrieren. Twiggy drückte aufs Gas. Die Anlage war gut und kräftig. Wie sich das für'n Auto einer florierenden Konzertagangstur gehört. »Mach den Scheiß leiser!« schrie es von hinten. Keiner reagierte. »Macht, verdammt, den Scheiß leiser!« Ich drehte mich um, eine Hand schwerhörig ans Ohr gelegt.

»Was?« schrie ich zurück, »ich versteh dich nich', die Musik is' so –« Er knallte mir seine Knarre aufs Ohr. Wenn ich nicht noch meine Hand dran gehabt hätte, wäre sicher nur ein blutiger Klumpen davon übriggeblieben. So tat mir beides weh. Twiggy machte einen kurzen Schlenker. Der Wagen schlidderte nach rechts auf den Grasstreifen neben der Fahrbahn. Wütende Hupen plärrten an uns vorbei. Vollbremsung. Wir fuhren zwar gerade mal siebzig, aber so Mercedes-Bremsen sind gut. Es reichte, um Alain zwischen unseren beiden Kopfstützen nach vorne zu schmeißen. Ich packte seine rechte Hand, die mit der Kanone, schob sie ins Handschuhfach und stemmte beide Knie von unten gegen die Klappe. Von links drehte ihm Twig den Kopf ein bißchen in seine Richtung.

»Listen, sucker, wenn du nock einmal schlägst mein Freund, ick nehm dein Kopf un' spiel football damit, verstehst du? Jetz' wir fahren Wiesbäden un' horen ein bischen music dabei, okay? Un' du gehst in the back auf dein Platz un' sagst nix. Gar nix, klar? An' don't you forget it!« Er gab Alain mit zwei Fingern einen Stups auf den Kehlkopf. Der sackte zusammen wie ein kaputter Lachsack. Ich senkte meine Knie, nahm ihm die Waffe ab, ließ sie im Handschuhfach liegen und schob ihn mit Twiggys Hilfe auf den Rücksitz, wo er sich stöhnend auf die Seite sinken ließ.

»Okay, Boob, let's get goin' now. You know where this fuckin' Wiesbaden is?« Ich nickte. *Ich bin der Drummer von Penner's Radio – ich weiß, wo* jede *Scheißstadt in Deutschland is.* »Un' mack der tape nock einmal von vorne. Is zu schade for interruptions.« Das fand ich auch. Ich spulte das Band zurück, und wir fingen die Fahrt und *Shapes of Things* noch mal von vorne an.

52

»*But that Ole Man River he just keeps rollin' along...*« So 'nen Background-Chor wie uns beide hier hatte Rod Stewart auch noch nie gehabt. Wir bretterten mit hundertachtzig die Sieg entlang. Vor den letzten paar Wohnwagen an ihrem Ufer saßen ein paar Bierbäuche mit bunten Sonnenhütchen, glotzten auf die Autobahn und freuten sich des behäbigen Lebens am Busen der Natur. Muttis Busen in dem plissierten grünen Badeanzug hing wahrscheinlich drinnen im Wohnwagen über dem Abwasch vom Mittagessen, wo sie überlegte, ob sie sich heute schon wieder mit Migräne vor dem obligaten »Mittagsschläfchen« drücken könnte. Da mußte man immer so vorsichtig und leise sein, damit die Nachbarinnen nichts mitkriegten, die im Wagen nebenan dasselbe Problem hatten. Während Vati bemüht war, sie zum Stöhnen zu kriegen, damit den Herren Nachbarn nicht verborgen blieb, daß er schon wieder konnte. *»You an' me, we sweat an' toil / Our bodies all naked an' wrapped with pain...«* Immer noch 'ne geile Platte, Herr Beck. Als nächstes wollte Twiggy Coltranes Stockholm-Konzert hören. Auch nich schlecht – Elvin Jones' rechte Hand kann einen gut den Mittelstreifen entlang peitschen.

Ich dachte mal wieder darüber nach, wie viele Autobahnkilometer ich in den letzten zehn Jahren wohl schon hinter mich gebracht hatte, um Deutschlands Jugend den wahren Rock'n'Roll um die Ohren zu prügeln. Wieviel Trommelstöcke, wieviel Liter Sprit, wieviel Bockwurst mit Kartoffelsalat und 2, 3, 5, 7 und 11, wie viele Kästen Bier, wie viele Katermorgen nach wie vielen wilden Nächten, wie viele one night stands, an deren Gesichter ich mich kaum noch erinnern konnte, geschweige denn an ihre Namen. In wievielen Hotels *Zur Post, Zum Ochsen, Zum Lamm* war ich schon von wie vielen Staubsaugern aus dem Koma geholt worden, und wie oft hatte ich da schon den Titel meiner Autobiographie gehört: De Orantschessaff müsse Sie abbä selbä bezahle, gell!? Schwielen am Arsch von Tausenden von Autobahnkilometern, ein Leistenbruch vom Schleppen der Anlage (»Komisch, daß die Aufbauhelfä noch nit da sin – I hänt ekschtra g'sagt, um viere!«), ein kaputter Rücken von zuvielen Nächten auf Flokatis, Klappcouches, Iso-Matten und Kommunematratzen oder in durchhängenden Hotelbetten, 'ne lädierte Leber von zu vielen und zu langen après-gig-Nächten, einen Magen aus Leder von zuviel Raststättenfraß und lauwarmen Pizzas, die *immer* erst fünf Minuten vor deinem Auftritt kommen, Darmgrippen von zu vielen im Öl von letzter Woche gebratenen Currywürsten, die Winter eine einzige lange Erkältung, weil man, noch verschwitzt vom Gig, schon wieder die Anlage durch ein Schneegestöber in den Bus laden muß (»Tut uns ja ährlich forschtbar leid, abbä mir hänt noch Dischko«), Sehnenscheidenentzündungen und Blasen an den Fingern vom Üben, Üben, Üben und Spielen, Spielen, Spielen. Und dann kommst du nach drei Wochen nach Hause, mit einem Koffer voll Geld, und bezahlst erstmal die Raten für die Anlage, die Raten für den Bus, die Schulden bei der Autowerkstatt für die letzte Busreparatur, die Schulden bei der Druckerei für die letzten fünftausend Tourplakate, die Schulden bei dem Freak, der das Foto für das letzte Info gemacht hat, das eh kein Schwein liest, die Miete für den Proberaum, die zehn Prozent Provision für deinen Manager, die Strom- und die Telefonrechnung, einen Satz neuer Trommelstöcke und -felle und die Miete für die Wohnung, die du nur achtzig Tage im Jahr zu sehen kriegst. Und dann stellst du fest, daß du dir ganz schnell 'nen Job suchen mußt, damit du den Kühlschrank füllen, dir ein paar Bier leisten und die neue Stones-LP kaufen kannst. Und gehst irgendwo malochen – als Kellner, Zapfer oder Putzmann, als Fenster- oder Schuhputzer, als Nachtportier, Telefonist oder Rausschmeißer, gehst als Lagerarbeiter Bücher, Teppiche, Schrauben oder Arzneimittel sortieren, in einer Blechfabrik die Böden an Mülleimer schweißen, Kartoffeln abwiegen, in Zentnersäcke füllen und auf LKWs wuchten, auf Baustellen Estriche verlegen, Ziegel schleppen oder Glaswolle um Heizungsrohre wikkeln, Prospekte falten und eintüten, LKWs mit Ölfässern beladen, Sprit zapfen, Koffer oder Möbel schleppen, Zeitschriften ausfahren, Kinokarten abreißen und Kellerwände aufstemmen, Gabelstapler oder Mietwagen fahren, Rasen mähen oder Haare schneiden, Eis, Hamburger, Rheumadecken, Modellrennwagen, Schallplatten, Blockflöten, Bücher, Haschisch, Gitarren und Sperrmüll verkaufen. Und dich ständig von jedem Idioten wegen deiner langen Haare und deiner Klamotten anmachen lassen. Und den ganzen Tag singt's in deinem Kopf *Sex an' Drugs an' Rock'n'Roll.* Oder *Freedom's just another word for nothin' left to lose* oder *I can't get no.* Oder vielleicht singst du auch *Ich will nicht werden, wie mein Alter ist.*

Nö, wie dein Alter bist du ganz sicher nicht geworden. Du hast kein Auto, keinen Schrebergarten, keinen Farbfernseher, keine Hobbywerkstatt für sechstausend Mark im Keller, kein vierundsechzigteiliges Eßservice, keinen Zwölfhundert-Watt-Staubsauger, keine einzige Krawatte, keinen »guten Anzug«, keine Lebensversicherung, keinen Bausparvertrag und keinen Rentenanspruch. Dein letzter Urlaub war vor fünf Jahren (acht Tage Texel), und die Tochter deiner Ehefrau ist nicht von dir. Aber du bist ja auch erst achtundzwanzig. Das heißt, einerseits bist du erst achtundzwanzig und hast das Leben noch vor dir. Andererseits bist du erst achtundzwanzig und sagst dir manchmal: Wenn ich heute nacht abkratze, macht nix – ich hab mein Leben schon gelebt. Und wiederum andererseits bist du *schon* achtundzwanzig und mußt dir immer noch gut überlegen, wann du deine Stiefel zum Schuster bringst – du hast nämlich nur das eine Paar. Weil du nämlich immer noch 'ne ganz schön arme Sau bist. Auch wenn du dir immer wieder einredest, dafür eben dein eigener Herr zu sein. Und du hast nicht die geringste Ahnung, wie's weitergeht. *Today is the first day of the rest of your life.*

Aber wer weiß schon, was morgen ist? Du schon gar nicht – du sitzt auf der Autobahn bei Limburg, gerade den Elzer Berg runtergezuckelt, im Handschuhfach vor dir liegt eine Knarre und hinter dir sitzt einer, der sie dir gerne zwischen die Augen halten und abdrükken würde. Deine Freundin wurde entführt, deine Familie ist in Gefahr, und Jackie O. hat keinen Kopf mehr. Und Twiggy hat die Kassette gewechselt. Du hörst eine der schönsten Platten, die je gemacht wurden, *Astral Weeks* von Van Morrison nämlich, und du weißt wieder, warum du dein Leben so lebst, wie du es tust. Aber hoffentlich fragt keiner nach – du könntest es nicht mal in Worte fassen. *Slim slow slider... / I know you're dyin', baby / An' I know you know it, too / Ev'rytime I see you / I just don't know what to do...* Na bravo.

53

»WO ERBENHEIM IS?« Der Mutti mit den beiden prall gefüllten Einkaufstaschen, die in ein Schwätzchen mit ihrem Double versunken war, blieb leicht der Mund offen. So viel Charme hätte sie diesem exotischen Subjekt, das da seinen langhaarigen Schädel aus dem Seitenfenster von Vatis Traumwagen streckte, gar nicht zugetraut.

»Ei, da sin' Sie ganz falsch.« Das hatten wir auch schon gemerkt. Wir kurvten schon seit einer halben Stunde zwischen Patriziervillen und Versicherungspalästen, Fußgängerzonen und Prachtalleen herum. Denkmalgeschützte Gediegenheit und fortschrittsgläubige Betonprotzigkeit lieferten sich in Wiesbaden ein spannendes Duell. Mir sah es schwer nach einem Remis aus. Oder Patt?

Nach einer ausgiebigen Kostprobe hiesiger Mundart bekamen wir endlich heraus, daß wir eine Ausfahrt früher rausgemußt hätten, daß ihre Schwester aus Mainz sich seit der Neugestaltung des Zubringerrings hier auch immer verfuhr, und daß ihre Mutter noch in Erbenheim wohnte, weshalb sie uns bestimmt auch da weiterhelfen könnte, wenn wir ihr bloß verrieten, wo wir denn genau hin wollten. Aber ich hatte keine Lust, es ihr auf die neugierige Nase zu binden. Was uns da draußen noch mal 'ne halbe Stunde Kurverei und Fragerei kosten würde. Zur Strafe mußte ich mir die komplette Wegbeschreibung noch ein drittes Mal anhören.

Aber schließlich rollten wir eine langgestreckte Ulmenallee entlang auf unser Ziel zu – einen von Wasserpflanzen dunkelgrünen Tümpel, durch den als Verlängerung der Allee ein Steindamm zu einer Insel, so groß wie der Blücherpark, führte. Darauf präsentierte sich ein von Heckenrosen und Jahrhunderte alten majestätischen Bäumen umgebenes, mit wildem Wein fast zugewachsenes, grauschwarz verwittertes Wasserschlößchen. Fast wie gemalt.

»Na, macht da die kulturlose Amiseele nicht 'nen Freudensprung? Du müßtest doch jetzt »Oh wow! Now isn't this beauuutiful!« kreischen und deine Kodak zücken.«

»Yeah«, brummte Twig um einen neuen Haschklumpen herum, »ick häb Hunger wie ein Sumo-Ringer. Un ein Häls so trocken wie Nancy Sinatra's pussy.« Ich kannte Nancy nicht gut genug, das beurteilen zu können, aber beim Gedanken an ein kühles Bier lief mir das Wasser im Mund zusammen. Ich wandte mich nach hinten zu unserem Babysitter.

»Da simmer, Chef. Und warten auf deine Instruktionen.« Mein freundliches Lächeln zeigte keine Wirkung. Er starrte mich nur finster an. An seinem Hals prangte ein roter Fleck, der morgen blau sein würde. Sein Drink würde ihm etwas wehtun. Die ganze Fahrt hatte er keinen Mucks mehr von sich gegeben. Fünfzig Kilometer vor Wiesbaden hatte Twig vorgeschlagen, einen kleinen Abstecher in die Wälder des Taunus zu machen und Alain ein bißchen auszuquetschen, ihn eventuell auch gleich dort zu verbuddeln. Aber so 'ne Nummer war mir immer noch zu hart, außerdem wollte ich vor allem mal mit dem Doktor geredet haben. Was mir noch leid tun sollte.

Twiggy parkte den Wagen seitlich des Haupteingangs auf einem Parkplatz aus weißem Kies und rotbraunem Laub, zwischen einem azurblauen Lamborghini und einem hochbeinigen Chevrolet-Neunsitzer mit Sitzbezügen aus Tigerfellimitat. Vielleicht war's aber auch echt. Daneben gab's noch zwei Porsches, ein grün funkelndes Gangstermobil von Citroën aus den dreißiger Jahren und einen Austin Mini. Feine Gesellschaft. Aber obwohl ein kühler Nieselregen eingesetzt hatte, kam uns niemand mit 'nem Schirm abholen.

Twiggy in seiner Livree sprang devot nach hinten und hielt Alain die Tür auf. Der hatte plötzlich eins von diesen doppelläufigen Pistölchen in der Hand, wie sie die Berufsspieler in alten Western immer aus dem Ärmel zaubern, und schoß Twiggy eine Kugel vor die Füße. Der Schuß klang ganz anders als in diesen Western – eher wie eine Schreckschußpistole. Aber die Kiesfontäne ließ keinen Zweifel, daß das Ding scharf geladen war.

»Wenn du auch noch einmal näher als einen Meter an mich rankommst, leg ich dich um!« zischte er. Twig verzog keine Miene.

»Un' wenn du crazy bastard nock einmal mit ein pistol auf mir zeigst, ick geb sie dir zum Fressen. Soviel Kugeln häst du da gar nickt drin, um mir su stoppen, asshole.« Drehte sich um und ließ Doc Holiday einfach stehen. Das Äderchen arbeitete wieder. Aber er steckte das Ding weg.

Wir gingen die sechs breiten Stufen zu einem schweren, mit üppigen alten Schnitzereien verzierten Eichenportal hoch, das auch dem Kölner Dom gut zu Gesicht gestanden hätte. Darüber hing als kleiner Stilbruch eine Kamera, die uns stumm anglotzte. Keine Klingel, kein Klopfer. Und die Tür ließ sich keinen Millimeter bewegen. Wir standen davor und guckten. Die Tür guckte ungerührt zurück. Wahrscheinlich hatte schon Attila, der Hunnenkönig, genau so blöd davor gestanden und war nach ein paar Stunden unverrichteter Dinge wieder abgaloppiert, ein paar Steaks unterm Sattel. Als wäre »Steak« ihr Stichwort, tauchten hinter uns ohne einen Laut zwei Dobermänner auf. Sie setzten sich vor die unterste Stufe und beäugten uns mit heraushängenden Zungen und schiefgelegten Köpfen. *Susi und Strolch?* Es war fast gespenstisch still hier draußen. Aber von irgendwo da drinnen dröhnten ein paar Baßfrequenzen im Discorhythmus nach draußen. Der Regen wurde stärker. Wenn jetzt jemand die Scheißtür aufmachte, müßte es mindestens Klaus Kinski sein, mit einem fünfarmigen Kerzenleuchter in der Hand.

»Keiner spricht mit uns«, beschwerte ich mich.

»Sie wünschen?« fragte uns die Tür. Sie hatte die weibliche, rauchige Stimme von Daliah Lavi. Fast jedenfalls – die Sprechanlage verzerrte sie ein wenig.

»Mein Name ist Klütsch. Aus Köln. Ich möchte gern mit Dr. Dörmann sprechen.«

»Haben Sie einen Termin?« fragte die Tür.

»Einige. Deswegen würde ich ihn gerne jetzt gleich sprechen.«
Pause.

»Herr Dr. Dörmann ist zur Zeit nicht im Hause. Bitte melden Sie Sich schriftlich an.« Ich nahm ein Stück Papier aus meiner Weste und schrieb. Twiggy machte mir mit vor dem Bauch gefalteten Händen eine Räuberleiter, ich kletterte hoch und hielt der Kamera meine schriftliche Anmeldung vors Auge. Hoffentlich konnte sie lesen. Weder sie noch die Tür noch Daliah Lavi zeigten irgendeine Reaktion. Vielleicht war sie schon wieder auf dem Weg nach Jugoslawien. Die Dobermänner hatten die Köpfe auf die andere Seite gelegt. Dem einen hing ein langer Speichelfaden aus dem Maul. Die Disco-Nummer hatte aufgehört. Der Regen nicht. Ich drehte mir eine.

54

Der rechte Flügel des Portals öffnete sich halb und zeigte uns einen Neger in einem senfgelben Anzug und einem dunkelgrünen Satinhemd mit riesigem rotem Rosenmuster. Der Größe nach gehörte er zum Sturm der Harlem Globetrotters, dem Umfang nach zum Olympiateam der Gewichtheber, die Frisur trug er wie Yul Brunner, und sein Gesicht sah aus, als sei er Muhammad Alis ältester Sparringspartner. Er blickte uns aus fast schwarzen, ausdruckslosen Augen an, mit der Miene von jemandem, der mal eben nachsehen will, ob's draußen noch regnet.

»Hi, Twig.«

»Hi, Lucy. Long time.« *Lucy? Dieser Schwarzbär?* Als hätte Twiggy mein Staunen gehört, klärte er mich auf. »Sein Mutter war voodoo priest in L.A. Nennt ihm Lucifer. Un' viele bastards in Watts glauben wirklick, er is' der Teufel. Wir war swei Jahr in ein patrol car. Aber er mag kein weiße Partner.«

»Mußt aber dazu sagen, daß du der verdammt schwärzeste weiße Partner warst, denn ich je hatte. Gut dich zu sehn, Bruder«, sagte Lucy in astreinem Deutsch. Er hatte sogar einen Hauch von hessischem Akzent.

»Was mäckst du hier, Lu – Gassi gehn mit der Baskerville-Hunde da?« fragte Twig.

»Das auch. Und mich um Freaks kümmern, die Löcher in unsern Parkplatz schießen.« Er sah Alain nicht einmal an dabei. *Jesus! Gib mir den, Twiggy und Bette Midler – und Weihnachten sitz' ich im Weißen Haus!* »Aber kommt erst mal aus dem Regen raus.« Er öffnete den Türflügel ganz. Wir marschierten an ihm vorbei. Vor Alain streckte er eine rosa Handfläche von der Größe eines Spatens aus. Dem war klar, daß er nur die Wahl hatte zwischen abliefern und draußen warten. Er lieferte ab.

»Hoppla«, sagte ich, als ich drinnen war, »ein bißchen Eis rein, und der KEC könnte hier trainieren.«

»Die wurden sick in der Labyrinth verlaufen«, meinte Twiggy. Aber auch er schien beeindruckt. Die riesige Halle war von hüfthohen Glasblumenkästen mit Hydrokulturpflanzen in mindestens acht Räume aufgeteilt – einer mit 'nem Billardtisch, einer mit zwei Flipperautomaten und 'nem Kicker, zwei mit ein paar Couchgarnituren aus ockerfarbenem Wildleder, einer mit ein paar Sesseln und einer Rückwand aus sechs Fernsehern. Hinten links gab es, soweit ich das auf die Entfernung erkennen konnte, eine runde Bar mit Platz für mindestens zwei Dutzend Leute. Genau da wanderten wir hin, über rostrote Fliesen, die alle paar Meter von teuer aussehenden Teppichen in modernem Design bedeckt waren. Allein für die Kohle, die dieser Fußboden verschlungen hatte, hätte Penner's Radio eine Zehner-Box Langspielplatten produzieren können. Und zwar auf den Bahamas.

Der Bar gegenüber, auf der rechten Stirnseite der Halle, war ein Podest gebaut, darauf ein Schreibtisch aus Plexiglas, neben dem ein Monitorfeld in die Wand eingelassen war. Hinter dem Schreibtisch saß Daliah, türkisblaue Katzenaugen unter langen, tiefschwarzen Wimpern unter ebensolchen Locken, Olivenhaut, ein Mund, für den die Werbeabteilungen von Blendax oder Margaret Astor mit Begeisterung sechsstellige Beträge ausklinken würden. Ich war bestimmt acht Meter von ihr weg, aber ich hatte das Gefühl, ich könnte samtweiche, warme Haut spüren, die nach Limonen und irgendwelchen pastellfarbenen Blüten duftete. Der kühle Blick, den sie mir gönnte, ging mir durch und durch – als sänge ich an einem Mikrophon, dessen Verstärker nicht richtig geerdet war. *Mein Jott, Büb – mindestens fünf Mal am Tag verknallst du dich in ein Paar Augen, ein Paar Beine, Brüste, Hände, in einen Mund zum Küssen, in die anrührende und anregende Bewegung, mit der eine Frau ihre Haare zurückstreicht, die Beine übereinander schlägt oder sich eine Zigarette anzündet, in das Gesicht, das in der Straßenbahn vorbeifährt, in die rassige Schöne, die im* Stern *für Amaretto wirbt – aber das hier...! Vergiß nicht: Du bist nicht zum Vergnügen hier!*

Na ja, jedenfalls nicht ganz. Lucy war hinter der Bar, griff, ohne zu fragen, zum Jack Daniels und goß Twiggy einen ordentlichen ein. Dann blickte er mich zwei Sekunden lang von oben bis unten an, griff nach unten in eine Kühlbox und brachte eine Flasche Heineken zum Vorschein. Nicht schlecht.

»Ich hoffe, du bist noch nicht vergeben?« Er grinste nur und nahm sich selbst einen kräftigen Pernod mit einem Spritzer Soda. »Ich hab gehört, das Zeug soll impotent machen.«

»Stimmt nur für Weißärsche. Cheers.« Aah. Das tat gut. Schon hatte ich ein zweites vor mir. Ich wiederholte stumm meine Frage.

»Bin seit neun Jahren verlobt«, grinste er wieder.

»Yeah, in acksehn Städte in sechs countries«, ergänzte Twiggy. Lucy warf einen Blick zu Alain rüber und erbarmte sich. Er schob ihm eine Cola vor die Nase.

»Und *sie?*« fragte ich. Er sah mich an, als sei ich ein Kind, das Ketchup auf seine gelbe Jacke gespritzt hätte. Dann schickte er einen zweifelnden Blick zu Twiggy rüber, der auf seinem Barhocker hing, als sei sein Tagewerk erledigt und nichts wichtiger, als sich bei einem Glas zu entspannen.

»How good a friend is that hippie darlin'?«

»The best since we've parted, Lu.«

»Ich bin kein Hippie«, warf ich ein, »nicht mehr, seit John Lennon Yoko Ono geheiratet hat.«

»John who?«

»Ah, vergiß es. Wie kommen wir denn an euern Doktor ran?«

»Schätze, das kommt drauf an, was ihr von ihm wollt. Du siehst aus, als wolltest du ihm ein Demo andrehen. Aber wenn Twig dabei ist, kann ich mir das nur schwer vorstellen. Oder bist du neuerdings unter die Manager gegangen?« Der lachte nur kurz auf.

»Nein, Onkel Tom, sieh nur mein Uniform – ick bin nur die Fahrer.« Lucy hob die linke Augenbraue.

»So so. Nur die Fahrer. Und bezahlt wirst du mit Blei?« Alain schlenderte lässig zu einem der Flipper rüber. Das schien ihn jetzt wohl nicht mehr zu interessieren. Und Cola mochte er anscheinend auch nicht – sein Glas war noch fast voll. Aber vielleicht tat ihm auch einfach nur das Schlucken zu weh.

55

Twiggy gab dem schwarzen Riesen in ihrem breiten L.A.-Slang einen kurzen Abriß unserer Mission. Währenddessen gingen noch zwei Flaschen Heineken und der eine oder andere Jack D. über die Theke. Zwischendurch angelte ich mir eine Handvoll Erdnüsse aus einer der Schalen, die überall rumstanden. Ich hasse das Zeug – wenn man einmal damit angefangen hat, kann man nicht mehr aufhören, bis nix mehr da ist. Ist zwar bei Bier genauso, aber das mag ich seltsamerweise. Bleibt ja auch nicht zwischen den Zähnen kleben.

Von irgendwo her dröhnten wieder die Bässe einer Disco-Nummer, aber ich konnte nicht erkennen, ob es dieselbe war wie vorher. Eine der Türen an der Rückwand der Halle klapperte, und ein sonnengebräunter blonder Schönling tauchte auf, der mir bekannt vorkam. Vom Bravo-Titelblatt vielleicht? Er scharwenzelte rüber zu Daliah und erzählte ihr etwas, das sehr komisch sein mußte – er lachte nämlich laut darüber. Von meinem Platz aus glaubte ich zu erkennen, daß sie kurz den linken Mundwinkel hob. Dann drückte sie auf eine der Tasten der Telefonanlage vor sich und sprach in ein unsichtbares Mikrophon. Der Starschnitt sagte wieder was, das er zum Lachen fand. Ich konnte ihn nicht leiden. Ihn nicht und seine blöde Dauerwelle und seinen albernen, mit Straß bestickten weißen Jeansanzug auch nicht. Er sah aus wie Hopalong Cassidy in Disneyland. Durch dieselbe Tür wie er betrat seine Zwillingsschwester die Szene. Damit man die beiden auseinanderhalten konnte, trug sie goldene Stöckels. Damit stakte sie in unsere Richtung. Unterwegs warf sie Daliah einen ziemlich kühlen Blick zu. Die schenkte ihr ein strahlendes Lächeln. Schon war ich besoffen. Es mußte das Lächeln sein – drei Flaschen Bier schaffen das nicht.

»Hallo, ihr«, versuchte der Zwilling auch eins. *Original und Fälschung – suchen Sie die zehn versteckten Fehler.* Den ersten Fehler fand ich auf den ersten Blick – sie war so kalt wie ein Heiligabend auf der Mülheimer Brücke. Mit einem kurzen Rundblick hatte sie uns abgeschätzt und ganz schnell entschieden, daß hier nur zwei Leute für sie interessant waren. Beim ersten bestellte sie einen Gin/Tonic. Mit dem in der Hand klapperte sie rüber in die Flipperabteilung zum zweiten. Sie hatte einen tollen Jeanshintern.

Hopalong kam zur Bar gestiefelt. Keine Sporen. Er warf ihr einen argwöhnischen Blick hinterher. Ich konnte mir so richtig lebhaft vorstellen, wie sie seit zehn Jahren aneinander kletterten, beide von Männlein und Weiblein begehrt wie ein Campingwochenende mit Raquel Welch, und beide in ihrem Narzißmus eifersüchtig aufeinander wie die Pest. Und zum Geburtstag schenkten sie sich Heidi Brühls *Wir wollen niemals auseinandergehn.*

»Na Lucy, da wollen wir doch mein Kapital mal ein bißchen ölen, ha ha – einen Doppelten!« Lucy goß ihm ein schweres Glas zwei Drittel voll mit Scotch. Ein Eiswürfel. Sein Gesicht war eine hölzerne Maske. Er nahm ein Klemmbrett aus dem Regal hinter der Theke und schrieb etwas auf. Das war das erste Mal heute, daß ich ihn das tun sah.

»Daß du mal einen ausgibst, werde ich wohl nie erleben, was?« Hopalong hob schelmisch einen wackelnden Zeigefinger, »du wirst doch keine Rassenvorurteile haben, was? Ha ha.« Und zu mir gewandt: »Na, auch im show biz?« Es klang wie »schobiss«. Ein rechter Kotzbrocken. »Oder bist du etwa endlich der Mann mit dem Schnee?«

»Nein, ich bin der Mann vom BKA. Ich komme die Videobänder auswechseln.« Er hatte wirklich Humor. Er lachte sich halb schlapp. Zu laut, zu lange. Ich reichte ihm die Hand zur Begrüßung. »Klütsch, Köln.« Er machte den Fehler, sie zu nehmen. Zwei Sekunden später lachte er nicht mehr und wurde ein wenig blaß um die Nase.

»Wieczorek. Freut mich«, preßte er zwischen zusammengebissenen Zähnen hervor. Ich ließ sein Händchen los. Er trank mit einem großen Schluck sein Glas aus und stellte es ab. »Na dann, schönen Tach noch«, nickte er uns mit einer freundlichen Grimasse zu und ging Richtung Flipper, wobei er sich unauffällig die rechte Hand massierte. Lucy stellte unbewegt eine weitere Runde auf die kupferfarbene Glasplatte.

»Warum fragst du den Dressman nicht einfach ein bißchen, wo das Mädchen – Britta? – ist, holst sie da raus und reißt seinem Boss den Kopf ab?« fragte er Twiggy. »Wirst du alt oder weich oder was?« Twig nickte zu mir rüber.

»Er. Er hat die guts, aber seine Herz is weich wie eine Marshmallow.«

»Und genauso so süß. Und meine Fans lieben mich. Von dir will nie jemand ein Autogramm haben.« Er schnaubte.

»Yeah, maybe du kannst der Meyer mit ein Autogrammstift totslagen.« Er sammelte Punkte. Lucy nahm mir meine halbvolle Pulle weg, und mit einem Ruck seines breiten Kinns schickte er mich zu dem Schreibtisch hinüber.

»Wenn du *sie* überzeugt kriegst, sind eure Chancen um mindestens fünfzig Prozent gestiegen. Sie heißt Dubravka Sztepan und kommt gleich hinterm Boss. Das heißt, hinter ihm und seiner Mutter und seinen Anwälten und Steuerberatern. Good luck.«

56

Ich schwang mich auf meinen Schimmel und trabte hinüber nach El Dorado. Sie trug einen an der Seite geschlitzten blauen Wildlederrock, eine blaßgelbes schlichtes Herrenhemd, dessen Ärmel so abgetrennt waren, daß die Nähte auf ihren Schultern ausfransten, und dunkelroten Plastikschmuck. Der Rock brachte ihre Beine, das Hemd ihre Hautfarbe und der Schmuck ihre Augen und ihre Lippen bestens zur Geltung. Ein kurzes Mustern aus Augen, die David Hockney zu seinen Swimmingpools inspiriert haben mußten. Wenn das, was mir danach gewährt wurde, die Andeutung eines professionellen Lächelns war, dann würde ich mit Freuden eins meiner Bekken fressen, um sie einmal von Herzen lächeln zu sehen.

»Ja, bitte? Was kann ich für Sie tun?« Was für eine Stimme. Was für eine Frage – *ein Lächeln! Ein Kuß! Eine Nacht am Strand von*

Santa Eulalia! Ach was, eine Woche am Strand von Köln-Poll! Die Hochzeitsreise in Rentierfelle gepackt auf einem Schlitten nach Spitzbergen! Wo ist meine Stimme?

»Tischtennis!« Ein befremdetes Brauenrunzeln. »Ich meine, ich bin der Büb, aus Köln. Und wenn du das Telefon von der Platte räumst, könnte ich uns ein paar Schläger besorgen und wir könnten ein bißchen Tischtennis spielen. Groß genug is' sie ja.« *Hast du sie wirklich geduzt? Idiot!* Ihre Stimme wurde ein paar Grade kühler. Es reichte, mich in Flammen stehen zu lassen.

»Segeln«, sagte sie, »Surfen. Bergsteigen. Reiten. Jiu-Jitsu. Aber Tischtennis? Und dann noch mit einem Betrunkenen?« *Ich bin nicht betrunken – ich bin verliebt! Aber was soll ich jetzt darauf antworten?*

»Ich könnte Ihnen fünf Punkte Vorsprung geben«, bot ich ihr an. War das belustigte kleine Funkeln hinter ihren Augen eine Reaktion auf diese wahnsinnig witzige Retourkutsche oder darauf, daß ich aufs »Sie« umgeschwenkt war? Ich kam mir vor wie ein Dreizehnjähriger, der Angst hat, sich seinen ersten Korb zu holen. »Jiu-Jitsu wäre mir zu gefährlich – ich würde Ihnen *nie* wehtun wollen.«

»Das würde Lucy auch nie zulassen, ha ha. Ich hab mal gehört, mit das Schlimmste für ihn wären langhaarige Weiße, die gegen Rassismus demonstrieren.« Hopalong, einen frischen Scotch in der Hand. Und ein boshaftes Glitzern in den Augen. Wie man's kriegt, wenn der innere Schweinehund entschieden hat, daß man sich aus Ärger betrinken wird.

»Ich demonstriere nicht gegen Rassismus – ich hab' nix gegen Vorurteile.« Ich sah ihn an, als würde er all meine Vorurteile gründlich bestätigen. Wenn ich auch nicht wußte, welche eigentlich. Auf jeden Fall ließ ich ihn spüren, daß ich ihn nicht mochte. Mit einem Lächeln, das Gabriele Henkel wahrscheinlich für unwiderstehlich gehalten hätte, lehnte er sich über den Schreibtisch.

»Und, Süße, hast du sein Demo schon gehört?«

»Mmh«, machte sie trocken, »und es war das erste anständige Stück Musik, das ich seit zehn Tagen zu hören gekriegt habe – *Süßer.*« Er sah aus, als hätte ihm Lucy einen Schuß Essig in seinen Drink gekippt. Die Maschine auf ihrem Schreibtisch summte sanft. Sie drückte eine Taste.

»Ja?«

»Wo stecken denn die Kessler-Zwillinge? Jo soll seine beiden versoffenen Ärsche ins Studio Zwei schaffen.«

»Ich werd mal nachsehn.« Klick. Hopalongs Gesichtsfarbe war von puterrot zu gelblich-grau changiert. Die beiden Kerben um seinen zusammengepreßten Mund zeichneten sich scharf dagegen ab. Jetzt tat er mir fast leid. Jo. Jorinde und Joringel. Zwei strahlende Sterne am deutschen Schlagerhimmel. Daher war er mir bekannt vorgekommen. Sie gehörten seit mehr als zehn Jahren zur Stammbesetzung der diversen Schlagerparaden, mit Titeln wie *Einmal noch die Birken sehn (die am Rande unsres Dorfes stehn)* oder *Wenn die warmen Winde von Rimini (mit deinen Haaren spielen, beneid ich sie)* oder, noch moderner, *In der Disco von Lloret-de-Mar (sah ich dich tanzen und ich spürte, mein Herz war in Gefahr)*. Komponist und Produzent: immer Dr. Dr. Dietmar Dormann, wegen dessen Schwester ich hier war. Texte: immer Dr. Bernd-Maria Siegelunger, ein erfolgreicher Münchner Rechtsanwalt, der aussah wie sein eigener Bürobote. Wenn ich dann doch noch irgendwann mal eine Bank knacken sollte und sie mich schnappten, würde ich mir auf jeden Fall ihn als Anwalt nehmen. Der bräuchte nur ein paar seiner Texte vorzutragen – jeder Richter würde mich sofort unter Tränen freisprechen, nur um dem Plädoyer zu entkommen.

»Kein Mitleid mit der Mehrheit, Dubravka«, sagte ich, als ich den Blick begriff, mit dem sie dem angeschlagenen Märchenprinzen zu seiner Prinzessin folgte. Sofort wurde sie wieder geschäftsmäßig.

»Womit kann ich Ihnen weiterhelfen?«

»Ich möchte den Chef sprechen.«

»Der ist zur Zeit nicht zu sprechen, tut mir leid. Aber wenn –«

»Aber wenn er die Kessler-Zwillinge hier durch ihren nächsten Hit getriezt hat, könnte ich ja mal ins Studio Zwei –«

»Er ist nicht im Studio. Er ist geschäftlich in München.«

»Zu Fuß? Ohne den schönen blauen Lamborghini?« Ihre Augen waren jetzt sehr kühl. *Shit! Mußten wir uns bei so 'ner blöden Gelegenheit kennenlernen?*

»Er hat den schwarzen genommen«, verriet sie mir gnädig.

»Lucy?« Wider Willen mußte sie lächeln. Schon ging die Sonne wieder auf. Mit der schwarzen Locke, die ihr ins Gesicht gefallen war, wischte sie das Lächeln wieder weg und beugte sich energisch vor. Ihr Brustansatz war makellos, wie offensichtlich auch die kleinen Brüste, die gegen den dünnen gelben Stoff fielen. Hatte ich laut gedacht? Sie lehnte sich sofort wieder zurück und straffte die Schultern. Sah auch nicht schlechter aus. Mein Gesicht schien Bände zu sprechen. Sie wischte wieder eine Locke an ihren Platz und schlug unter dem Plexiglas die Beine übereinander. Ihre schlanken Fesseln steckten in zu dem Rock passenden blauen Wildlederstiefeletten. Der Seitenschlitz enthüllte ein wunderschönes Stück glatten, gebräunten Oberschenkel. Bis sie den Rock zurechtzupfte. Fünf Bier mehr, und ich hätte mir eingebildet, sie nervös zu machen. *Klar – Robert Redford und ich.*

»Herr –«

»Klütsch.«

»Herr Klütsch, ich weiß nicht, in welcher Branche Sie –«

»Ich bin Drummer. Der beste.« Ein sanft nachsichtiges Lächeln samt leicht gehobener Augenbraue. »In unserm Viertel.« Das Nachsichtige verschwand. Das Lächeln blieb. *Wo ist der Drachen? Die vierzig Räuber? King Kong? Ich bin unbesiegbar!*

»Das ist schön für Sie. Und Ihr Viertel. Aber in diesem Studio arbeiten Schlagzeuger, deren Viertel reicht von New York bis München, und –« *So leicht geb ich mich nicht geschlagen, Mädchen!*

»Nur bis München? In Oberdorfen mußte ich vier Zugaben geben. Und das ist weit hinter München.« *Sie hat gelacht! Sie hat richtig lachen müssen!* Mein Herz löste sich von mir und vollführte einen wilden Freudentanz dreimal um den Schreibtisch herum. Da mußte ich doch glatt noch einen draufsetzen.

»Ein Kollege hat mal von mir gesagt: »Der Büb ist bekloppt – der setzt sich mit einem von diesen neumodischen japanischen Rhythmusmaschinen in den Proberaum und trommelt so lange, bis der Japaner aus dem Takt kommt.««

»Wollen Sie jetzt mit Ihrem Rhythmusgefühl angeben oder mit Ihrer Ausdauer? Oder heißt es eher Sturheit?« Sie gefiel mir immer besser. Falls das noch möglich war. Ich würde Twiggy bitten, den Meyer einen Tag länger leben zu lassen – dem hatte ich diese wunderbare Begegnung schließlich zu verdanken.

»Das letzte Mal, daß ich versucht hab, einem Mädchen mit Angeberei zu imponieren, war vor zwölf Jahren auf der Mülheimer Kirmes. Acht Sekunden später bin ich rückwärts aus der Schiffsschaukel gefallen.« Es gibt doch wenig Schöneres, als die Frau, die man verehrt, zum Lachen zu bringen.«Und ich wünschte, ich hätte Zeit, mir Gedanken zu machen, wie ich *Ihnen* imponieren könnte.« Im Nu wurde sie wieder ernst. Jeder, der hier reinkam, würde mit ihr flirten. Aber diesmal war es nicht der geschäftsmäßige Ernst, sondern so, als würde sie auch bedauern, daß wir nicht mehr Spaß zusammen haben könnten, »aber ich muß ziemlich dringend mit Ihrem Doktor reden.«

»Er ist nicht zu sprechen. Leider.« Es klang, als täte es ihr wirklich leid.

»Und wenn es was Wichtiges ist? Und ich meine, wirklich wichtig?« Mit kaum verhohlener Skepsis musterte sie mich einmal von oben bis unten und zurück. Lange, dunkelbraune Haare, die schon etwas dünner wurden, Seitenscheitel. Ein dichter Schnurrbart, ein langer, krauser Backenbart. Dunkle Ringe unter grau-grünen Augen, die manche attraktiv finden. Ein nicht zu übersehender Bierbauch. *Zu spät, ihn einzuziehen.* Ein Jeanshemd, das von Sonne, Schweiß und tausend Wäschen beinahe weiß war. Eine rotbraune Lederjacke, die an den meisten Stellen speckig-schwarz glänzte. Eine braune Lederjeans, die an einer Naht über dem Knie mit schwarzem Guffer-Klebeband geflickt war und über den abgetretenen Westernstiefeln ausfranste. Mußte beeindruckend wichtig aussehen. Aber sie erbarmte sich und gab Antwort.

»Dann würden Sie mir sagen, worum es geht, und ich würde Ihnen einen Termin geben.« Langsam schien sie ein wenig ungeduldig zu werden. Aber da mußten wir durch.

»Und wenn es Sie gar nichts anginge? Weil es vordringlich um ganz Privates ginge?« Nun wurde sie wieder ganz Profi.

»Das Verfahren wäre das gleiche. Ich bin auch Dr. Dörmanns Privatsekretärin.« *Und jetzt verpiß dich und stiehl mir nicht weiter meine Zeit!* Sie blätterte ostentativ in einem großen Notizbuch und nahm einen der drei Telefonhörer in die linke Hand. Eine schöne, schlanke und kräftig wirkende Hand mit feinen blauen Äderchen auf dem Rücken. Am Ringfinger trug sie eine silberne Schlange, in deren Kopf zwei winzige Rubine die Augen bildeten.

»Ihre hat wenigstens noch einen.« Sie blickte hoch, gleichzeitig verständnislos, genervt und neugierig. »Ich komme aus Köln. Da ist im Moment schwer was los. Da gibt's 'nen Verein von Arschlöchern, die treten Kiefer und Rippen ein, wedeln mit Knarren in der Gegend 'rum, kidnappen ein Mädel, versetzen eine Mutter und ihr Kind in Angst und Schrecken und säbeln Schlangen den Kopf ab.« Jetzt war sie nur noch neugierig. Und ein wenig erschrocken, wie mir schien.

»Und was –«

»Das Mädel heißt Britta Dörmann.« Sie atmete tief ein, mit einem leisen Keuchen.

»Das ist nicht wahr!« Ich stützte mich auf den Schreibtisch, beugte mich zu ihr hinüber und sah ihr fest in die schönen Augen. Sie roch wirklich so, wie ich es mir vorgestellt hatte. *Scheiß-Drehbuch!* »Es kann ein paar Minuten dauern. Jorinde und Joringel machen gerade ihre erste internationale Produktion, und ein paar wichtige Leute aus den Staaten sind hier.« Sie stand auf und faßte mich kurz ums Handgelenk. »Bitte warte an der Bar.« Dann ging sie Richtung Studiotür. *Sie hat mich geduzt! Sie hat mich angefaßt!* Mein Mund war völlig trocken. Ich mußte zweimal schlucken, ehe ich was sagen konnte.

»Dubravka.« Sie blieb stehen und drehte sich um. »Ewig. Barfuß auf dem zugefrorenen Rhein. In Regen, Schnee und Hagel – und ohne was zu Rauchen.« Ihre Augen wurden noch dunkler, als es eben der Schrecken geschafft hatte. Und weicher. Ihr Blick sagte: *Ich weiß – das Dumme ist nur, daß es mir auch noch gefallen würde.*

Ich überredete den Pudding in meinen Knien, mich wenigstens bis zur Theke und auf einen Hocker zu schaffen. Twig und Lucy erzählten sich gerade voller jungenhaftem Eifer ihre Lebensgeschichte der letzten sechs Jahre. Mußte bei beiden sehr lustig gewesen sein – sie hatten viel zu lachen. Mein Bier bekam ich trotzdem sofort. Mit Daumen und gekrümmtem Zeigefinger signalisierte ich Lucy was Kleines. Ohne zu zögern schnappte er sich eine Flasche Calvados aus dem Regal und schüttete mir einen ein. Gold wert, der Mann. Konnte ja keiner verlangen, daß er hier auch noch Apfelkorn im Repertoire hatte. Aber damit kam er dem immerhin am nächsten.

Twiggy drehte sich langsam zu mir rum. *Oijoijoi.* Ich warf einen Blick auf die Jack-Daniels-Flasche. Es war nicht mehr viel drin. Aber ich kannte das Phänomen ja schon. Irgendwann würde er noch ein Piece dazwischenschieben und wieder fast fit, auf jeden Fall zu gebrauchen sein. Aber das würde wohl heute auch gar nicht mehr nötig werden. Dachte ich.

57

»Eine Stunde wird's wohl dauern. Ich hab euch was zu essen bestellt.« Ihr Duft umhüllte mich wie ein frischgewaschenes Laken
nach einem stundenlangen Vollbad. Ihre Finger lagen leicht auf
meinem Handgelenk, das ich noch nie so nackt empfunden hatte.
Drüben auf ihrem Schreibtisch summte das Telefon. In meinem
Schädel summte der Calvados. Und Frank Sinatra, der in einem
spärlich beleuchteten Studio auf dem Rücken lag, um so relaxed zu
klingen wie möglich. *Uuh, I would give my heart gladly.* Wir warteten.

Zum ersten Mal entdeckte ich die achteckige Litfaßsäule, die ein
paar Schritte von der Bar weg auf einem Sockel aus poliertem Granit
stand und sich in Zeitlupe um ihre eigene Achse drehte, angestrahlt
von ein paar Spots, die in hohen, palmenartigen Gewächsen versteckt waren. Sie war von oben bis unten bepflastert mit Goldenen
und Platin-Schallplatten. Jorinde und Joringel waren mindestens ein
dutzendmal vertreten, Stoney X., ein paar fränkische Berufsbimbos,
die mit ihren Disco-Versionen von alten Shuffle-Ohrwürmern wie
He-Li-He-Li-Lo oder *Rock Island Line* die Supermärkte von Neu-
Ulm bis Madrid und von New York bis Tokio überschwemmten,
Donna Winter, die mit ihrem *I Wanna Explode (When You're Inside
Me)* die größten Umsätze eingefahren hatte, die ein Soundtrack zu
einem Pornostreifen je erzielt hatte, und nicht zuletzt Dörmann
selbst, der unter dem sinnigen Künstlernamen »Sterntaler« die
furchtbar lustigen und pädagogisch wertvollen Kinderlieder zu einer
Fernsehserie lieferte, die seit drei Jahren täglich in vierunddreißig
Ländern unserer schönen Fernsehwelt über die Bildschirme flim-
merte.

Dr. Dr. Dietmar Dörmann. Lehrling bei einer großen Versiche-
rungsgesellschaft, Hobbygitarrist und Mixer in diversen Beatbands,
Abendschulabiturient, mit fünfundzwanzig Doktor in Politikwis-
senschaften und Jura, mit siebenundzwanzig Geschäftsführer des
großen alten Musikverlegers Albrecht, der von den Harmonic Co-
medists bis Sarah Helander alles unter Vertrag hatte, was bis zur
Währungsreform Rang und Namen hatte. Das modernste in seinem
Programm war wahrscheinlich Nico Moriani, der schon ein alter
Sack war, als ich mir meine erste Trommel kaufte. Dörmann kaufte
für den Verlag ein, was der Markt an jungen Künstlern hergab, ob

vielversprechend oder nicht, und mindestens zweimal die Woche spielte er dem Alten ein neues Stück aus seiner eigenen Feder vor, »moderner Kram«, der den Alten schier zur Verzweiflung und immer tiefer in seine Cognacflasche trieb. Aber Albrecht blieb stur – sowas wollte er in seinem Verlag nicht haben. Also heiratete unser Doktor die Tochter des Hauses und kriegte als Hochzeitsgeschenk eine eigene Edition etabliert. Da konnte er sich dann richtig austoben. Er richtete sich ein eigenes Studio ein und produzierte wie ein Berserker. Dann klapperte er ein halbes Hundert Fernsehredaktionen ab und überflutete sie mit Demos für Indikative – zwanzig, dreißig Sekunden Musik, die im Vor- und im Abspann einer Sendung laufen. Und köderte sie damit, daß er dafür kein Honorar von ihrem Sender haben wollte. Mindestens sechs Redakteure fielen darauf herein – sein Gedudel verschöne eine wöchentliche Sportsendung, eine Krimiserie, eine Familienserie, eine Handvoll Fernsehspiele, die Pause vor dem *Internationalen Frühschoppen*, die allsonntägliche Programmvorschau. Er hätte sich jetzt faul auf seinen Hintern setzen können und warten, was ihm die GEMA an Tantiemen aufs Konto schütten würde. Aber das reichte ihm noch nicht. Von einem der Redakteure hatte er erfahren, daß die ARD diese amerikanische Vorschulserie einkaufen würde, und er sicherte sich sofort die Verlagsrechte für ganz Europa und von dem New Yorker Originalverlag die Genehmigung für die Subtextierungen in deutsch, spanisch, italienisch, dänisch, schwedisch, norwegisch, holländisch und portugiesisch. Französisch hatten die Kanadier schon, und die Japaner waren natürlich sowieso schon dagewesen. Er zahlte ein paar armen Schluckern, die ein bißchen Englisch konnten und ein Reimlexikon besaßen, einen Tausender im Monat dafür, daß sie die englischen Texte in die jeweilige Landessprache übertrugen. Und als sämtliche Fernsehanstalten Europas die Serie ausstrahlten, hatte er die paar Tausender in zwei Wochen wieder drin. Und dann entdeckte er in einem Schützenzelt irgendwo im Hunsrück dieses schnuckelige Pärchen, das Fünfziger-Jahre-Schlager sang, als hinge all ihr Herzblut daran. Er nahm sie vom Fleck weg unter Vertrag, und sein Riecher erwies sich als goldrichtig – die Litfaßsäule bewies es.

Von irgendwoher erschien ein graues Hutzelmütterchen mit einem Tablett voller Schinken- und Käsebrote, Kartoffelsalat, hartgekochter Eier und Linsensuppe mit Mettwurststücken und stellte es auf die Theke. Twiggy und ich hauten mächtig rein, Lucy nahm sich nur ein Käsebrot und verschwand damit irgendwo hinten im Gebäude, Alain kam mißmutig rüber, holte sich eine Portion und verzog sich wieder an den Flipper.

Die Linsensuppe war hervorragend – fast so gut wie meine selbstgemachte. Auch bei der Wahl seines Studiopersonals bewies Dörmann ein feines Händchen. Nur die Ehefrau hatte er nicht lange halten können – sie hatte das Leben an der Seite eines erfolgssüchtigen Workoholic schnell satt. Sie ließ sich von ihm als Scheidungsabfindung eine Zwei-Millionen-Yacht kaufen und schipperte zwischen St. Tropez, Marbella und Casablanca herum. Angeblich immer in Begleitung eines wechselnden Trüppchens von höchstens achtzehnjährigen Marokkanern.

Über sein Privatleben war so gut wie nichts bekannt, falls ein Arbeitstier wie er überhaupt eins hatte. Britta hatte mir irgendwann mal erzählt, daß sie einen sehr erfolgreichen Bruder habe, der ziemlich einsam sei. Die einzigen Leute, mit denen er halbwegs privat zu tun hatte, waren die immer gleiche Clique von Musikverlegern, Produzenten, Konzertagenten, Rundfunk- und Fernsehredakteuren, die einander alle nicht ausstehen konnten, sich aber bei jedem Treffen lautstark auf die Schultern klopften und sich gegenseitig ihrer Wertschätzung versicherten – arme Schweine, die ihrer Karriere alles geopfert hatten, was eigentlich das Leben lebenswert macht. Pedantische kleine Musterschüler, die doch nur Anerkennung finden und geliebt werden wollten, die aber niemals wußten, ob die Freundlichkeit, die sie erfuhren, ihnen als Person oder ihrer Funktion und ihrer Nützlichkeit im schönen Showbusineß galten. Sie alle waren mindestens einmal geschieden und drückten Unsummen an Unterhaltszahlungen ab, sie alle tranken zuviel, und alle hatten sie irgendeine Macke, ob es der mit den sechzehn Perserkatzen oder der mit den neun Motorrädern, der mit dem Faible für sodomistische Pornos oder der Waffennarr war. Und ab einem gewissen Alkoholpegel auf irgendwelchen Arbeitstrinken in Berlin, München, Hamburg oder Köln gefielen sie sich darin, sich gegenseitig auf 'ne Runde in den nächsten Puff einzuladen. *Wenn ich schon in der Scheiße hänge, dann sollst du wenigstens auch stinken.* Und alle hingen sie an ihrer kleinbürgerlichen Familie, hatten ihren Müttern ein Häuschen im Grünen und ihren Vätern einen Mercedes gekauft und ließen zu Weihnachten ganze Lastwagenladungen von exotischen, unnützen Statussymbolen unter die elterlichen Weihnachtsbäume kippen. Mußte schon hart sein für so jemanden, dann auch noch eine Schwester zu haben, die mehr Talent und Können aufzuweisen hatte als all seine Hitparaden-Schützlinge zusammen, und die dann nichts wissen wollte von der Protektion ihres Bruders, den sie für einen kultur- und gefühllosen Busineß-Hai hielt.

58

Die Kultur kam an die Theke gewatschelt in Form eines Monstrums, dem man den Amerikaner auf den ersten Blick ansah – eine schwabbelnde, lebende Hamburger- und Coke-Reklame in einem zerknitterten hellbraunen Anzug und einem Hawaiihemd, an jedem Finger einen Ring mit Klunkern so dick wie meine Eier. Zwischen seinen gelben Zähnen steckte eine Zigarre wie ein Modellzeppelin. Er watschelte ungerührt weiter, während ein Latino-Lackaffe in einem silbergrauen Seidenanzug sich mit einem goldenen Feuerzeug in Handgranatenform abmühte, den Zeppelin ans Qualmen zu kriegen. Lucy tauchte wieder auf und nahm seinen Platz hinter der Theke ein. Der Dicke demonstrierte, daß er sich auskannte mit europäischer Kultur und orderte französischen Rotwein – mit drei Eiswürfeln. Der Latino trank natürlich Cola. Ihren Mienen und Gesprächsfetzen konnte ich entnehmen, daß sie sehr zufrieden waren. Die Opfer ihrer Zufriedenheit kamen hinterhergeschlichen. Sie sahen beide ein wenig erschöpft aus. Der Dicke, sie nannten ihn passenderweise Big Mac, worauf er stolz zu sein schien, haute Joringel (oder war er Jorinde?) anerkennend auf die Schulter. Ihr tätschelte er die Hüfte, wobei seine Augen zwischen privaten Speck- und professionellen Lachfalten kalt und gierig glitzerten wie die Brillis an seinen Fingern, die schlaff und faltig aussahen wie Altmännerpimmel. Er schwärmte ihr vor von dem Haus, das er in Hollywood für sie gemietet hatte, und von den tollen Parties, die sie dort veranstalten würden, in einem lüsternen und anzüglichen Ton, daß mir als Frau sofort alles eingetrocknet wäre. Aber sie klatschte in die Hände und kicherte wie ein Kommunionskind am Gabentisch, klimperte mit den langen Wimpern und ließ ihren Busen zittern. Twiggy schaute mich an, verdrehte die Augen und wickelte sich ein Stück

Haschisch aus seinem Silberpapier. Der Latino guckte indigniert. Lucy stellte mir noch ein Heineken vor die Nase. *Let's drink to the hard workin' people. Let's drink to the salt of the earth.*

Dubravka erinnerte mich daran, daß ich quasi auch zum Arbeiten hier war. Sie führte uns durch eine der hinteren Türen ein mit handsignierten Starfotos geschmücktes Treppenhaus hinauf, durch einen langen Flur in dunkelgrün, in dem röhrende Hirsche mit Alpenglühen und schäumenden Wasserfällen um den Kitsch-Sonderpreis wetteiferten, zu einer eichenen Flügeltür. Sie drückte auf einen Knopf im Türrahmen, und einer der Flügel schwang langsam auf.

Nach dem Flur hatte ich einen klassischen Bibliotheksraum erwartet, mit tiefen Armsesseln und einem Hirschgeweih oder ein paar gekreuzten Schwertern über einem offenen Kamin. Weit gefehlt. Der Raum war nicht ganz so groß wie die Turnhalle meiner alten Schule in Köln-Nippes. Der Boden war komplett mit einer dicken Schicht aus weißen Kieselsteinen bedeckt, die hintere Wand war ein einziges Fenster mit ein paar gläsernen Schiebetüren, durch das man über einen leeren Balkon in den wunderschönen Garten blickte. Es hatte aufgehört zu regnen, aber die alten Bäume glänzten noch vor Nässe und ließen ihre Zweige unter dem Gewicht der nassen Blätter erschöpft herunterhängen. Sie sahen aus wie traurige Hunde, die mit hängenden Ohren draußen warten mußten, weil sie schmutzige Pfoten hatten. Die Wände waren weiß wie Clementines Wäsche, ohne jeden Schmuck. Nur links und rechts von der Fensterwand hing ein Paar Boxen, mit denen man die Sporthalle hätte beschallen können. Vor dem Fenster stand mitten im Raum ein weißes Lamborghini-Cabrio. Keine Windschutzscheibe, dunkelblaue Ledersitze, umringt von einem halben Dutzend Autositzen verschiedenster teurer exotischer Marken in der gleichen Farbe. Das war alles. Die Tür hinter uns fiel mit einem schmatzenden Geräusch ins Schloß. Unwillkürlich sah ich mich kurz um. Die Wand um die Tür herum bestand nur aus Fernsehmonitoren, auf mindestens fünf davon liefen aktuelle Fernsehprogramme, weitere acht oder so zeigten, was die Kameras innerhalb und außerhalb des Schlößchens beobachteten.

Auf der Motorhaube des Lamborghini hockte, ganz der entspannte Hausherr, ein dürrer Typ mit einer Prinz-Eisenherz-Frisur, wie sie vor sechs Jahren aus der Mode gekommen war. Er trug einen weißen Overall mit blauen Reißverschlüssen und blaue Beatles-Stiefel. Er sah seiner Schwester sehr ähnlich, hatte aber ein paar scharfe Falten mehr im Gesicht. Er hatte auch die gleichen blauen Augen – aber wo Brittas einen an Zärtlichkeiten bei Kerzenlicht denken ließen, überlegte man bei einem Blick in die seinen erst mal, ob man auch die letzte Stromrechnung bezahlt oder die letzte Ampel nicht bei Rot überfahren hatte. Die Augen von einem, der niemandem traut und von allen nur Fehler und Hinterhältigkeiten erwartet. Die Augen des kleinen Jungen, den sein Alter zur Schule geprügelt hat, damit er sich dort in der großen Pause die Prügel von seinen Mitschülern abholte. Und da stand er anschließend in einer Ecke des Schulhofs und ließ in seinem Kopf die Filme abspulen, in denen seine Drangsalierer aufgeschlitzt und geköpft, gehängt und erschossen, geröstet und ersäuft wurden. *Ich werd's euch zeigen! Euch allen werd ich's zeigen!*

Erst mal zeigte er uns, daß er sich im Kleider-machen-Leute-Spiel bestens auskannte – er fixierte Alain und fragte ihn, was das da für ein Unsinn sei, seine Schwester gekidnappt und Kölner Gangster und tote Schlangen im Spiel. Seine Stimme paßte überhaupt nicht zu seinen Augen – es war die Stimme eines Radiosprechers, der die ARD-Nachtmusik moderierte. Das hatte er sich wohl beigebracht in den langen Stunden, wo er vom Regieraum aus nur durch ein Talkback-Mikro mit den mimosenhaften Mikrophon-Primadonnen verbunden war, die er zu Bestleistungen motivieren mußte. Ein Produzent, der hysterisch im Kopfhörer herumplärrt, hat auf Dauer keine Chance, schon gar nicht in der Oberliga.

Alain grinste sein Delon-auf-der-Seite-der-Bösen-Grinsen und drehte sich mit einer spöttischen Verbeugung in meine Richtung.

»Der Unterhändler bin ich. Das da ist nur unser Anstandswauwau, der aufpassen soll, daß wir seinem Chef nicht in die Suppe spucken. Sein Chef heißt Dieter Otto Meyer. Und daß das Kidnapping kein Unsinn ist, weiß ich mit am besten – ich war dabei, als sie sie gekascht haben.« Bei dem Namen Meyer kniff er kurz die Augen zu schmalen Schlitzen zusammen. Er stand auf, ging zum Kofferraum und öffnete ihn. Darin befand sich eine Minibar. Er nahm sich eine kleine Flasche Multivitaminsaft heraus, öffnete sie und nahm einen Schluck. Multivitaminsaft! Uns bot er nichts an. Er schlug die

Kofferraumhaube wieder zu und drehte sich zum Fenster, wo er sich die Bäume beguckte.

»Was haben Sie damit zu tun? Wer sind Sie?«

»Ich bin ein Freund von Britta.« Er drehte sich rasch zu mir um und maß mich mit einem überraschten, mißbilligenden (*eifersüchtigen?*) Blick. Dann schaute er wieder aus dem Fenster. »Ich war, wie gesagt, mit ihr zusammen, als die sie abholten. Das gefiel mir nicht, und ich hab mich ein bißchen umgetan, was das denn zu bedeuten hat. Dabei bin ich dann bei Meyer gelandet.« Ich erzählte ihm die ganze Geschichte bis zu dem Abend bei Stephanidis. *Mein Gott, war das wirklich erst zwei Tage her?* Die ganze Zeit rührte er sich nicht, und seinem Rücken war nicht anzusehen, was in seinem Kopf vorging. Twiggy saß inzwischen in einem blauen Schalensitz, der, soweit ich es beurteilen konnte, in einen Porsche gehörte, und kaute mit halbgeschlossenen Augen vor sich hin. Alain stand mit verschränkten Armen an den Türrahmen gelehnt schräg hinter mir. Ich stand mitten im Raum, wußte nicht recht, wohin mit meinen Händen und meiner Zigarettenasche und wünschte mir, ich hätte die Flasche mit hoch genommen.

»Was will er?« fragte Dörmann, ohne sich umzudrehen. Ich nahm das grüne Kuvert aus meiner Westentasche und legte es dem Lamborghini auf die Motorhaube. Wahrscheinlich war darunter das Klo. Der Kies knirschte unter Dörmanns Stiefeln, als er rüberkam und die Verträge aus dem Umschlag schüttelte. Er kletterte über die Fahrertür, klemmte sich auf den Fahrersitz und begann zu lesen. Ich drehte mich um, warf meine Kippe einfach zwischen die Kiesel, kurbelte mir noch eine und betrachtete mir die Monitorwand. Vor Lucys Bar hing Big Mac und betatschte seine neue Künstlerin, daneben redete der Latino, Anwalt, wie ich vermutete, auf ihren Partner ein. Lucy polierte Gläser, als sei er alleine im Raum. Auf dem Monitor daneben telefonierte Dubravka und machte sich Notizen in ihren Terminkalender. Vor dem Eingangsportal glänzten die nassen Autos stumm vor sich hin. An einem riesigen Mischpult, das mindestens vierundsechzig Kanäle haben mußte, saßen zwei langhaarige Toningenieure und schoben an den Fadern rum. In einem anderen Raum saß ein Schwarzer an einem Schlagzeug und wirbelte auf seiner Snare herum, im nächsten saß jemand an einem Flügel, spielte ein paar Akkorde an und schrieb etwas auf das Notenblatt vor ihm.

In einem Eßzimmer, das aussah wie ein italienisches Eiscafé, deckte die Hutzeloma einen Tisch. Im Garten rannten die beiden Dobermänner hinter einem flügellahmen Vogel her. Auf einem Bildschirm sah man nur ein Mikrophonstativ und einen Notenständer, der von einem Deckenspot beleuchtet wurde. Studio-Stilleben. Ich bekam Lust, mich zu dem Schlagzeuger zu setzen und ein bißchen Dampf abzulassen. *Let there be drums!*

59

Dörmann knüllte die Papiere zusammen und warf sie neben dem Wagen zu Boden. Er drückte auf einen Knopf an seinem Armaturenbrett, holte ein langes, dünnes Zigarillo mit schwarzem Mundstück aus einer Brusttasche seines Overalls und steckte es mit dem echten Lamborghini-Zigarettenanzünder in Brand. Beeindruckend.

»Das ist ein Haufen Scheiße«, sagte er zu niemandem im Besonderen. Ein Summer ertönte, und über der Tür blinkte ein gelbes Lämpchen. Dörmann drückte wieder auf einen Knopf. Die Tür schwang auf, und Lucy kam herein. Seine ausdruckslosen Augen schweiften einmal kurz durch den Raum und erfaßten die Lage. Er blieb direkt an der Tür stehen, einen halben Meter von Alain entfernt. Der ließ seine ineinander verschränkten Arme sinken und wirkte plötzlich etwas weniger lässig.

»Schmeiß ihn raus!« sagte Dörmann, wobei er Alain ansah.

»Das würde ich euch nicht raten!« brauste der auf, »ich hab den Auftra–« Dörmann winkte ab, mit einer scharfen Geste, die bestimmt schon etliche Musiker und Toningenieure frustriert hatte. Und Dobermänner wahrscheinlich.

»Wenn ich einen Rat haben will, ruf ich meinen Anwalt an. Was ich auch gleich tun werde. Sag deinem Chef, er wird spätestens übermorgen von mir hören. Und ich will heute noch mit meiner Schwester sprechen und hören, daß es ihr gut geht. Verstehst du: Heute noch! Andernfalls schick ich ihm die Bullen an den Hals.« Alain lachte. Er war wirklich ein Talent – jetzt klang er wie Humphrey Bogart.

»Denen er dann ein paar nette Geschichten über die Leichen in *deinem* Keller erzählen wird, Doktorchen. Denen und den Zeitungsfritzen. Wenn der mit dir fertig ist, kannst du deine Goldenen ins Pfandhaus bringen.« Diesmal war es an Dörmann zu lachen.

»Ja, das hat der mir schon mal angedroht. Und da hab ich ihn auch schon ausgelacht.« Er nickte Lucy zu. »Und jetzt raus mit ihm.« Lucy legte den Kopf ein wenig schräg und blickte gelassen auf Alain hinunter.

»Gehst du oder soll ich dich schmeißen?« Alains Äderchen waren wieder bei der Arbeit.

»Ich gehe«, preßte er hervor, »Moment.« Er trat einen Schritt auf Twiggy zu und streckte fordernd eine Hand vor. Twiggy hob nur fragend die Augenbrauen. »Die Autoschlüssel.« Ein grinsendes Kopfschütteln. Alains ausgestreckte Hand fiel zurück und wurde zur Faust. Er atmete einmal tief ein und aus. Dann drehte er sich um und ging hinaus, an Lucy vorbei, dessen Augen belustigt glitzerten. Er glitt hinter Alain hinaus und schloß die Tür.

»Was ist eigentlich euer Interesse an der Sache?« fragte mich Dörmann. Twiggy schnaubte. Für ihn eine ziemlich dämliche Frage. »*Haut einer mein Freund, hau ick ihm – mäckt einer Kopf von mein Slange ab, ick mäck sein Kopf ab. Easy, ain't it?*« Ich fand die Frage für mich auch nicht schwieriger zu beantworten. Für mich kann ein Arschloch sein, wer will – solange er mich damit in Ruhe läßt. Meyer und seine Bumsköppe hatten sich nicht daran gehalten. Selber schuld.

Dörmann war skeptisch. War mir auch klar – das letzte Mal, daß der für jemand anderen einen Finger gerührt hatte, ohne Provision, Tantiemen oder Lizenzen dafür zu kassieren, war wahrscheinlich vor dreizehn Jahren gewesen, als er seiner geliebten kleinen Schwester die ersten Gitarrenakkorde gezeigt hatte. Ich fragte mich, wieso er uns auf einmal duzte – weil er uns für kleine Handlanger wie Alain hielt oder weil wir ihm plötzlich sympathisch waren?

»Denken Sie, was Sie wollen«, sagte ich, »das ändert auch nix daran, daß der Meyer *uns* den Krieg erklärt hat. Ob Sie mit dem 'nen Deal machen oder nicht – wir werden ihm in jedem Fall auf die Finger klopfen. Ich leb nicht achtundzwanzig Jahre in meiner Stadt, um mich dann von so 'nem Wichser nach Düsseldorf vertreiben zu lassen.« *Mein Gott, Bub, bist du 'n starker Typ! hörte ich Iris schnarren. Klar, Baby – Gary Cooper und ich. Und ich hab nicht mal 'ne Grace Kelly.*

»Nichts und niemand garantiert mir, daß ihr nicht mit Meyer unter einer Decke steckt, egal was ihr mir erzählt. Oder daß ihr da nicht irgendwo euer eigenes Süppchen kochen wollt. Ich wäre nicht da, wo ich bin, wenn ich so blauäugig jedem vertraute, der mir 'ne rührende Story auftischt. Jeder behauptet in diesem Geschäft, ehrlich und integer zu sein.« Er mußte es ja wissen. Er kletterte aus der Flunder und holte sich noch ein Säftchen. Ein gesundes Leben. Auf jeden Fall ein gesundes Selbstbewußtsein.

»Ich möchte jetzt ein paar Telefonate führen. Wartet bitte an der Bar auf mich.« Damit waren wir entlassen. Nicht ganz. »Ihr seid selbstverständlich meine Gäste.« Na also.

»Das wird Ihnen die Britta bestimmt hoch anrechnen«, konnte ich mir nicht verkneifen. Er runzelte die Stirn und sah mich an, als überlegte er, mich auch rausschmeißen zu lassen.

»Sicher«, sagte er zweifelnd und griff sich ein dunkelblaues Telefon aus dem Wagen. »Bis später dann.« Er war schon ein abgebrühter Hund. Aber das mit seiner Schwester war ihm anscheinend schwer an die Nieren gegangen. *Brotherly Love.*

60

Big Mac und die beiden Jojos waren verschwunden. Sie waren wohl wieder bei der Arbeit – von weit her dröhnte wieder der Disco-Beat durchs Gemäuer. Auch von Lucy war nichts zu sehen. Dubravka saß an der Bar, eine Sektschale vor sich, und ging mit dem Latino irgendwelche Papiere durch. Ihr Englisch, mit einem leichten, drolligen Balkan-Akzent, war zauberhaft. Das fand er wohl auch – er begrüßte uns mit einem ziemlich unwirschen Seitenblick. Daß die Jungs immer gleich den Kampfhahn raushängen müssen. *Da stehst du ja Gottseidank drüber, Büb – dabei würdest du die Herausforderung am liebsten auf der Stelle annehmen!*

»Bemüh dich nicht!« sagte ich zu ihr, als sie Anstalten machte, von ihrem Hocker aufzustehen. »Bier find ich an jeder Bar.« Ich holte mir ein Heineken aus dem Kühlfach und sah Twiggy fragend an.

»Coffee.« Hilfesuchend blickte ich zu Dubravka. Sie kam hinter die Theke, drückte auf einen Knopf an einer Gegensprechanlage und bestellte welchen. Sie war vielleicht einen Zentimeter kleiner als ich und roch wirklich gut. Ich sagte es ihr. Sie wollte eine Antwort geben, und es sah nicht so aus, als würde diese unfreundlich ausfallen, aber das Kampfhähnchen hatte ein Gefühl für Timing und fragte sie nach irgend etwas zu Paragraph 22c. *Na gut – trink ich eben erstmal 'n Bier.*

Twiggy wackelte rüber zu den Flippern. Hätte mir jetzt auch Spaß gemacht – aber nicht so viel, wie hier an der Theke zu sitzen, Dubravkas sinnliche Stimme englisch reden zu hören und ihr dabei zuzusehen. Gleich würde ich anfangen zu schnurren. Die Hutzeloma kam aus ihrem Reich geschlurft und brachte ein Kännchen Kaffee. Die Eingangstür ging auf, und Lucy kam herein, den Regen von einem schwarzen Ledermantel schüttelnd. Seine Glatze glänzte wie ein schwarzer Motorradhelm nach der Fahrt durch die Waschanlage.

»Ich hab ihm ein Taxi gerufen und damit ist er in Richtung Stadt gefahren«, berichtete er, als er meinen Blick auffing. »Dann hab ich eine Runde mit den Hunden gedreht. Zwanzig Minuten später war das Taxi wieder da. Er steht jetzt drüben an der Straße und wartet. Ich wüßte gerne, worauf.«

»Wahrscheinlich haben wir seine Frisiercreme im Wagen«, riet ich. Er grinste.

»Das wird's sein.« Er goß sich einen weiteren Pernod ein, und wir vertieften uns in ein Gespräch über Hunde und deren Erziehung. Da hatte ich den Richtigen gefunden. Das Thema schien ihm genau so viel Freude zu bereiten wie mir. Wir waren uns auch in den meisten Punkten ziemlich einig – daß man 'nen guten Hund, und jeder Welpe ist erstmal 'n guter, nicht mit Strafen und Prügeln, sondern hundertmal besser mit Lob, Geduld und Freundlichkeit erzieht, zum Beispiel.

»Nicht schlecht für 'nen Ex-Bullen«, meinte ich zu ihm. Er grinste etwas verkniffen mit einem Mundwinkel. Na ja – ich war eben immer noch irgend so'n langhaariges weißes Bürschchen. Er gab mir trotzdem noch ein Bier. Ich prostete Dubravka zu. Sie hob ihr Glas und lächelte mich an. *The dynamo of your smile,* sang Van Morrison, *You breathe in, you breathe out, you breathe in, you breathe out, you breathe in, you breathe out – an' I stand beside you.* Ich dachte daran, wie schön es jetzt wäre, einer der Studiomusiker zu sein, gleich frei zu haben und den Abend mit ihr zu verbringen. Nichts zu wissen von all den Sauereien, die irgendwo da draußen passiert waren und passierten. Schon gar nichts mit ihnen zu tun zu haben. Vielleicht Händchen halten und glauben, daß das nur einer dieser Filme sei –

schwarze Serie zwar, ziemlich schwarz sogar, aber eben immer noch nur ein Film.

Langsam fühlte ich mich ein bißchen betrunken.

61

Es war ein Film. Der Regisseur ließ gerade das Telefon summen, und niemand hätte mir erzählen können, daß das irgend etwas anderes war als ein Anruf, der mit unserer Geschichte hier zu tun hatte. Dubravka eilte zu ihrem Schreibtisch, als wäre sie der gleichen Überzeugung. Sie hob ab und meldete sich. Ihr Gesicht wurde hart und abweisend. Sie drückte ein paar Knöpfe und murmelte etwas in den Hörer. Ich ging langsam rüber zu ihr. Eine Uhr über der Monitorwand zeigte halb acht.

»Meyer?« fragte ich. Sie nickte. Schweigend blickten wir beide auf das orangenfarbene Lämpchen an ihrer Telefonzentrale, das anzeigte, daß auf einer Leitung immer noch gesprochen wurde. Dann auf den Monitor, auf dem man Dörmann in einem neonhellen Raum, einer Art Werkstatt, telefonieren sah. Er wirkte sehr erregt, rannte in dem kleinen Raum hin und her. Auf dem Bildschirm daneben saß einer der Techniker mit Big Mac konzentriert am Mischpult. Die Uhr zeigte drei nach halb. Darunter standen Jorinde und Joringel im Halbdunkel an dem Mikro vor dem beleuchteten Notenpult und sangen, wobei ihre Zähne blitzten, als sängen sie vor einer Fernsehkamera zu Millionen Zuschauern. Aber das war nur ein alter Trick alter Studiohasen: Sing lächelnd, dann klingt auch die Platte fröhlicher. Die Uhr zeigte fünf nach halb. Dubravka drehte die Schlange an ihrem Finger. Die Kameras glotzten. Der Mixer mischte. Die Sänger sangen. Dörmann rannte. Das Lämpchen glühte. Ich drehte mir eine. Acht nach halb.

Dörmann knallte den Hörer auf die Gabel. Das Lämpchen ging aus. Dann schmiß er den ganzen Apparat an die Wand. Das Lämpchen ging wieder an. Wenn das Monty Python gewesen wäre, hätte es jetzt im Publikum Gekicher gegeben. Das Publikum riß sich zusammen. Dörmann hob das Telefon wieder auf und ließ das auf Dubravkas Schreibtisch erneut summen.

»Schick mir in fünf Minuten die Kölner nach oben!« Klick. Sie sah mich an – Liz Taylor als Guinivere, die Robert Wagner als Ivanhoe in den Kampf gegen den schwarzen Ritter schickt. Na ja, so ähnlich wenigstens. Innerlich beugte ich das Knie und hielt mir mein Schwert vor die Stirn. Fanfaren ertönten. Nach außen hin grinste ich sie aufmunternd an.

»Auf all meinen Wegen«, deklamierte ich. Sie verstand mich nicht ganz, aber sie lächelte ihr Lächeln. Der schwarze Ritter war nur noch ein Klumpen Blech. Ich galoppierte rüber, um meinen getreuen Knappen abzuholen, aber Twiggy lag in einem der tiefen Sessel und schnarchte leise. Ich überlegte ein paarmal, dann ließ ich ihn schlafen.

Das Allerheiligste war jetzt beleuchtet von ein paar Spots, die ihre dreieckigen Kegel abwechselnd die weißen Wände hoch und runter zeichneten, und der Monitorwand. Ein paar der Monitore murmelten leise vor sich hin, wie die Insassen eines Altersheims, die im Aufenthaltsraum auf die Besuchszeit warteten. Dörmann wanderte um seine Karosse herum, die Hände in den Taschen seines Overalls vergraben. Ich sah trotzdem, daß sie zu Fäusten geballt waren. Anscheinend war ihm selbst die indirekte Beleuchtung schon zu viel – er trug eine Brille mit blau getönten Gläsern. Mit ihr und seiner Prinz-Eisenherz-Frisur sah er aus wie einer, dem Richard Lester '65 eine Rolle in *Help!* abgeschlagen hatte. Abrupt blieb er stehen und richtete die runden Gläser auf mich. Ein Dutzend Monitore spiegelte sich in ihnen, jeder Ausdruck in seinen Augen blieb verborgen.

»Sie können Schlagzeug spielen und boxen.« *Ah, wir siezen uns wieder!* »Sie schreiben Songs und trinken zuviel. Sie sind in Köln gleichzeitig beliebt und berüchtigt. Man hält Sie allgemein für ziemlich integer. Sie –«

»Ich war auch der, der '62 beim *Joldene Kappes* in den Briefkasten gepißt hat«, half ich ihm weiter, »und ich war auch der, der '65 bei der ersten KVB-Demo den Bullen durch die Scheibe vom Hertie gehauen hat. Aber das Kofferradio hab ich nicht mitgenommen.« Die Brille starrte mich dumm an.

»Was soll das?«

»Ich wollt Ihnen nur klarmachen, daß mir klar ist, daß Sie in der Zwischenzeit Ihre Hausaufgaben gemacht haben. Daß Sie aber noch lange nicht alles von mir wissen. Und was Sie wissen, ist mir ziemlich scheißegal – ich kenne mich selber. Sagen Sie doch einfach, worauf Sie hinaus wollen.« Ein Schluck Vitamine, ein Zigarillo. Die Hand mit dem Zigarettenanzünder zitterte ein wenig. Ich holte das Heineken, das ich mir diesmal wohlweislich mitgebracht hatte, aus meiner Westentasche und prostete ihm zu.

»Ich kann wegen Meyer nicht zur Polizei gehen«, sagte er, jetzt in einem völlig neuen Tonfall – ein Schauspieler, der gerade erschöpft von der Bühne runter kommt. »Ich kann – ich will Ihnen auch nicht sagen, warum.« Ich konnte ein leises Rülpsen nicht unterdrücken.

»Die Leichen im Keller.« Die winzigen, blaustichigen Monitore funkelten mich sekundenlang an. Dann nickten sie.

»Aber ich lasse mich nicht erpressen. Ich nicht! Nicht von diesem –« nach diesem kurzen Aufplustern sank er wieder in sich zusammen, »und ich will meine Schwester da raus haben. Wenn ihr was passiert –« er stockte, zog sich die blöde Brille aus und wischte sich mit einer Hand über die Augen. So herzbewegend echt, daß ich es ihm nicht abkaufen mochte.

»Was also rät Ihnen Ihr schlauer Anwalt? Ein paar dumme Kölner Asis kaufen und dem Meyer den Arsch aufreißen lassen? Und wenn was schief geht, mit all dem nichts zu tun gehabt haben?« Das gefiel ihm nicht. Es hatte seinem Anwalt sicher auch nicht gefallen, aber was sollten sie tun, wenn die Bullen nicht in Frage kamen? Ein paar dämliche Privatdetektive engagieren, die wochenlang nach Britta fahnden würden, während die womöglich schon in einem Puff in Lüneburg oder Bremerhaven oder Amsterdam vollgefixt und zerbrochen an die Decke starrte? Auf Meyers Bedingungen eingehen, wobei völlig klar war, daß der in seinem Machthunger nicht haltmachen würde, bis er alles unter seiner Kontrolle hatte? Nach ein paar Cracks aus der Unterwelt suchen, die in Köln einen blutigen Gangsterkrieg anzettelten, was Brittas Chancen aber auch eher verringerte?

Dörmann wand sich. Klar – jahrelang bist du der uneingeschränkte Boß, und dann kommt da plötzlich so ein Freak daher, und du hast das Gefühl, du brauchst ihn, um es zu bleiben. Aber auch das wirkte auf mich wie schlecht geschauspielert. Ich drehte meine leere Flasche mit der Öffnung nach unten. *Ich hab meinen Zug gemacht. Die Uhr läuft – du bist dran.*

»Eine Aufwandsentschädigung von fünftausend pro Tag –«, er sah meine gelangweilte Miene, »– pro Kopf.« Ich steckte die Pulle in meine Tasche und holte meinen Tabak raus. Konzentrierte mich auf's Drehen. »Und einen Produktionsvertrag über drei Jahre und zwei LPs für Penner's Radio.«

»Ach ja«, grinste ich, »und alle Rechte der nächsten dreißig Jahre in Ihrem Verlag?« *Autsch – das ist sein Gebiet!* Schon baute er sich auf.

»Das könnte euch nur gut tun – unser Verlag arbeitet –« Ich winkte ab.

»Schon gut, schon gut. Und was sollte mein amerikanischer Freund davon haben, daß ich zwei Platten mehr im Regal stehn hab?«

»Zwanzigtausend cash für ihn.«

»Und warum sollte ich in die Scheiße packen und meine Finger riskieren – damit meine Bandkollegen endlich mal 'nen Plattenvertrag haben?« Er schaute mich verwundert an.

»Ich dachte, die Band –«

»Na ja – war ja auch nicht so falsch gedacht. Aber warum sollte ich ein Angebot annehmen, das unter dem von Freund Meyer liegt?« Jetzt mischte sich Erstaunen mit Wut. Er zerbrach sein Zigarillo und schmiß es auf den Boden. »Ja, Doktor Doktor, ich weiß, was Sie denken. Aber sehn Sie's doch mal so: Ich setz mich hier hin, sauf Ihnen Ihr Bier weg und warte, bis Sie diesen blöden Vertrag unterschreiben. Dann fahr ich nach Hause, hol mir Meyers Honorar ab und reiche Ihrer Schwester galant den Arm. Das Orchester spielt *Ivanhoe*, und ich hab nicht eine Schramme abgekriegt, geschweige denn ein Loch im Kopf. Und die Prügel, die ich schon gekriegt hab, die zahl ich schon irgendwann zurück. Da kann ich mir Zeit mit lassen. Und darüber hinaus kann ich mich dabei auch noch in Zaks neuem Taxi rumkutschieren lassen.«

»Man scheint Sie in Köln nicht sehr gut zu kennen«, sagte er im verbitterten Tonfall desjenigen, der in seinem Glauben an die Schlechtigkeit der Menschen wieder mal bestätigt worden war. Wie gut ich ihn verstand. Ich ließ mich in einen der blauen Sitze plumpsen. Auch blöd – jetzt mußte ich immer nach oben gucken.

»Ach, meine berühmte Integrität? Wem bin ich die denn schuldig in dieser Scheißgeschichte? Soweit es mich betrifft, niemandem als mir selbst, meinem Freund Twig und höchstens noch der Britta, oder? Und auf jeden Fall *ihr* helfe ich am ehesten damit, dem Meyer zu liefern, worauf er scharf ist. Oder seh' ich das falsch?« Ein neuer Zigarillo. Kein Zittern.

»Ich frage mich, warum Meyer diesen Aufwand mit Ihnen treibt, statt Ihnen gleich einfach ein paar Knochen brechen zu lassen und Sie damit aus dem Weg zu schaffen.« Das hatte ich mich auch schon gefragt.

»Die Gelegenheit hat er gleich am ersten Abend verpaßt. Danach wäre klar gewesen, daß er da seine Finger im Spiel gehabt hätte. Und ein paar gibt's noch in Köln, die ihm das ziemlich übel genommen hätten«, behauptete ich. Er sah nicht so aus, als hätte ich ihn damit überzeugt. Ich konnt's ihm nicht verdenken. Ich konnte überhaupt nicht mehr viel denken. Das Heineken drückte auf meine Blase und auf mein Hirn. Da hat der Vitaminsafttrinker es besser.

»Fünfzigtausend. Bar. Für jeden von Euch. Ihr findet meine Schwester und bringt sie in Sicherheit. Wir halten Meyer mit dem Vertrag noch hin – das wird meinen Anwälten nicht schwerfallen. Für den laß' ich mir noch was Besonderes einfallen.« Er zog sich wieder hinter die blauen Gläser zurück, als wäre ihm sein Angebot selbst nicht geheuer. Die kleinen Monitore flackerten mich wieder an. Geht doch nichts über 'nen gemütlichen Fernsehabend. Aber wie das oft so ist – gerade, wenn man es sich bequem gemacht hat, klingelt das Scheißtelefon.

62

Dörmann angelte sich den Hörer aus seinem Cockpit und meldete sich mit einem schroffen Ja. Dann versteifte sich sein ganzer Körper, die blauen Gläser ruckten zu mir herum, sein Mund war halb offen geblieben. Schnell langte er wieder an sein Armaturenbrett, ein Knacken in einem Lautsprecher und ich konnte mithören. »– un' faßt euch kurz, dat Kind muß jleich wieder in et Bett«, sagte eine Männerstimme, die mir bekannt vorkam. Aber ich kam nicht drauf, zu wem sie gehörte. Dann meldete sich Britta. Für einen Moment vergaß ich, wie sehr ich pinkeln mußte.

»Hallo.« Ihre Stimme klang noch heiserer als sonst. Und müde. Und noch ein Unterton war da – Trotz?

»Wie geht's dir, Musch?« fragte Dörmann hastig, »Bist du in Ordnung? Haben sie –«

»Bis jetzt nicht. Aber sie drohen mir ständig damit.« Dörmanns Wangenknochen mahlten. »Holt mich hier raus. Bitte.« Das letzte Wort wurde fast verschluckt vom Kreischen einer Straßenbahn, die irgendwo hinter Britta eine lange Kurve zu fahren hatte. »Komm rein, aus dem Regen raus«, sagte sie. Die Monitore und ich schauten uns verständnislos an. *Aus dem Regen raus?*

»Jevv dat Ding her!« Den Geräuschen aus dem Lautsprecher nach rangelte Britta mit jemandem um den Hörer. Sie keuchte. Ein Klatschen. Ein leiser Aufschrei. Das Scheppern, wenn ein Telefonapparat zu Boden fällt. Aber die Leitung war noch offen. »Dresspartie!«

»*An' Jane swung out her right* –« Klick. Rauschen. Dörmanns Knöchel um seinen Hörer waren weiß. Sein Gesicht auch. Meine Farbe konnte ich nicht sehen. Ich atmete aus und stand auf. Drehte mich in Richtung Tür. Dörmann legte auf, kam hinter mir her und riß mich an der Schulter herum. Jetzt konnte ich auch mein Gesicht sehen. Es gefiel mir genau so wenig wie seins. Ein blaustichiges, schmutziges Gelblichgrau. Er hielt meine Schulter fest und packte mich mit der anderen Hand am Kragen. Sein Atem schlug mir entgegen, stickig von Zigarillos und säuerlich von Angst, Übelkeit und Vitaminsaft. Und noch etwas, wie Gummi und Krankenhausflur – Captagon. *Ein Speedfreak.*

»Wo willst du –, ihr müßt mir helf–, Britta –«, stammelte er, fast schluchzend. Seine Hand krallte sich immer tiefer in meine Schulter, die andere hatte sich mit meinem Kragen jetzt auch ein Stück von meinem Hals gegriffen. Ich nahm seine knochigen Arme und drückte mit den Daumen ein bißchen auf seine Handgelenksknöchel. Widerstrebend ließ er mich los.

»Ich muß mal pissen«, sagte ich und schob seine Arme von mir.

»Und mein Angebot? Was passiert –«

»Das werde ich ganz sicher nicht alleine entscheiden. Bis später.«

»Ich leg noch Zwanzigtausend drauf!« zeterte er und stellte sich mir wieder in den Weg. Selbst jetzt mußte er noch feilschen.

»Du solltest die Scheißbrille mal ausziehn, damit ich deine Augen sehn kann. Und mich entscheiden, ob ich dir nicht doch besser eine reinsemmle.« Empört riß er den Mund auf. Seinem Zahnarzt ging's auch nicht schlecht.

»Du Scheißer!« zischte er und schlug nach mir. Eine hübsche rechte Kleinmädchengerade. Ich sah sie kommen und kam ihr mit der Stirn ein Stückchen entgegen. Seine Knöchel knackten verstaucht. Er tanzte heulend auf einem Bein und versteckte sie in seiner linken Achselhöhle. Ich ging pissen. »Verdammt, verdammt! Oh verdammt!« hörte ich noch, als ich die Tür hinter mir schloß. Er tat mir fast leid. Ernst Mosch verkaufte in Deutschland immer noch mehr Platten als er.

63

In der Halle war niemand zu sehen. Ich fand die Toiletten und kam als neuer, immens erleichterter Mensch zurück. Mit einem frischen, kühlen Bier in der Hand zankte ich mich ein wenig mit der Telefonanlage, dann hatte ich Vera am Apparat. Sie schien ebenfalls erleichtert.

»Ist der Krieg jetzt vorbei?«

»Schön wär's.« Ich schilderte ihr den Stand der Dinge.

»Du meinst, sie fing an zu singen, nachdem die sie geschlagen haben?«

»Allerdings. Und ich muß mich jetzt entweder richtig betrinken oder stocknüchtern werden, um drauf zu kommen, welches Lied das sein sollte und was sie uns damit mitteilen wollte.«

»Versuch's doch zur Abwechslung lieber mal mit Nüchternwerden, Büb. Ich glaub, wenn das alles vorbei ist, werd' ich mich sogar mit dir zusammen besaufen.«

»Ja«, sagte ich und nahm noch einen Schluck, »is' Anna okay?«

»Sie steht schon neben mir und will mit dir sprechen. Tschüs. Und paß auf dich auf. Ich –«, sie stockte, »wir brauchen dich noch.«

Noch ein Schluck.

»Ich brauch nich' mehr im Kindergarten!« krähte Anna triumphierend.

»Und wieso nich'?«

»Weil ich morgen den Bernhard besuche!« Bernhard war einer ihrer besten Sandkastenfreunde. »Un weißte was?« Sie kicherte vergnügt. »Der hat Mumps!« Ich mußte lachen.

»Und dann glaubst du, der steckt dich an, he? Dann mußt du aber auch mindestens 'ne Woche ins Bett – nix mit Spielplatz, nix mit Zoo, nix mit Kino.« Fehlanzeige.

»Macht mir gar nix, dann üb' ich eben. Warte mal!« Ich hörte sie wegrennen und klappernd wiederkommen. »Bist du noch da?«

»Klar.«

»Dann hör mal zu!« Und dann spielte sie mit einer Hand auf einem Kinderglockenspiel. Es war tatsächlich *Hello Dolly*. Teilweise swingte es sogar. Sie verspielte sich nur einmal, korrigierte sich aber sofort. Ich trank die Flasche leer, klemmte mir den Hörer ans Ohr und applaudierte.

»Wenn ich mal wieder Geld hab, kauf ich dir sofort 'n Klavier – du bist eine Künstlerin.«

»Ich will aber kein Klavier – ich will ein Schlagzeug, so wie du.« Stolz und eifrig. Wirklich schade, daß sie nicht meine Tochter war.

»Gut, dann eben ein Schlagzeug. Aber das mit dem Mumps –«

Das war jedoch schon nicht mehr interessant.

»Mami! Ich krieg ein Schlagzeug! Ich krieg ein Schlagzeug!« Ich sah den Hörer auf dem weißen, mit Fingerfarben bemalten Schränkchen in Brigittes Flur liegen, mit mir am anderen Ende, hörte einer Weile Annas begeistertem Geplapper zu und Veras Versuchen, ihr einerseits nicht die Freude zu verderben, andererseits aber ihre Hoffnung zu dämpfen, daß ich es mir jemals leisten könnte, ihr ein Schlagzeug zu kaufen, und wünschte, ich hätte ein richtiges Zuhause.

Ich drückte die Gabel runter und wählte Kathrinchens Nummer. Sie war nicht da. Das Freizeichen tutete mich gleichmäßig und gleichgültig an – ein autistischer Miles Davis auf Valium. Ich dachte mir einen trägen Baßlauf dazu und einen schleichend-torkeligen Rhythmus von Besen und Becken. Zum ersten Mal seit Jahren hatte ich mal wieder Lust, Blues zu spielen... *Stars are wailin' / An' the moon is howlin' at a dog / An' I'm so goddamn close to quailin' / As I wander thru' this fog...* Einer von Brittas Songs, aber *An' Jane swung out her right* – wollte auch hier nicht reinpassen. Aber wo, verdammt?

64

Mißmutig und mit meinem Sieb von einem Gedächtnis hadernd starrte ich auf die Monitorwand. Der Garten und der Platz vor dem Eingang lagen ruhig im schwachen Licht der Außenlaternen. Schatten lagen wie ausgegossene Flüssigkeit über dem nassen Kies und dem Rasen. Big Mac saß immer noch am Mischpult, mittlerweile mit zwei Toningenieuren, beobachtet von dem erschöpft wirkenden Gesangspärchen. Der Schlagzeuger schraubte in seiner Kammer an einer Snare herum. Der Pianist komponierte immer noch an seinem Klavier. In dem Eßraum saß Lucy mit drei Leuten, die ich bisher noch nicht gesehen hatte, an einem gedeckten Tisch. Am Nebentisch saß der Latino mit noch jemandem. Auf einem Monitor, den ich zum ersten Mal bemerkte, stand Twiggy in einer Badehose am Rand eines Schwimmbeckens und trocknete sich mit einem dunklen Badetuch ab. Er sprach mit einer Gestalt, die vor ihm im Wasser schwamm. Lange, dunkle Haare schmiegten sich an einen schlanken Rücken. Dubravka. 'ne Runde kaltes Wasser würde meinem Schädel jetzt vielleicht auch ganz gut tun. Ich machte mich auf die Suche. Wenn mich die Anordnung der Monitore nicht täuschte, mußte der Swimmingpool irgendwo hinten links im Keller sein. Ich brauchte aber doch ein paar Minuten, mich in den verwinkelten Gewölben zurecht zu finden. Unterwegs traf ich Twig und Lucy, die sich herausgeputzt hatten, um in Wiesbadens City ein bißchen ihr Wiedersehen zu feiern.

»Hoi Hoi!« grüßte ich sie, »wo is 'n der Rest der Glorreichen Sieben?«

»Was für'n Rest, Mann?« brummte Twiggy vergnügt, »ode' brauck unser Doc ein ganse Armee?« Ich erzählte ihm, was unserm Doktor fehlte. »Fumssigtausend, hey?«

»Plus zwanzig.«

»Hat sein li'l sister verdammt gern, hey? Sag ihm, für hundert bin ick mit sein Idee dabei.«

»Werd ich ihm sagen. Laß uns morgen früh wieder nach Köln düsen und zusehn, daß wir die Nummer hinkriegen – ich hab langsam die Schnauze voll von der Scheiße.« Twig nickte und klopfte mir aufmunternd auf die Schulter. »Und was is mit dem Taxi da draußen?« fragte ich Lucy. Er zuckte mit der Schulter.

»Weg.«

»Okay, Boob – see you in the mornin'.« Lucy hob nur lässig die Rechte und machte das Siegeszeichen. Peace sollte es in unserer Situation wohl kaum heißen.

65

Der Pool war im Souterrain – die Schwimmbahnen endeten an einer riesigen, in sechs Fensterfelder aufgeteilten Glaswand, hinter der im Garten ein Freiluftbecken schimmerte. Ich mochte wetten, daß sie im Sommer die Glaswand verschwinden lassen und von drinnen nach draußen planschen konnten. Wie mochte es erst bei Moschs aussehen?

Zum Glück trug nicht mal ich mehr diese schlabbrigen weißen Unterhosen, also zog ich mich aus und sprang mit meiner knappen roten ins Wasser. So doll war die Abkühlung gar nicht – es war gut temperiert, ohne unangenehm warm zu sein – und es roch nach Gras. Wieviel Schotter muß man wohl so verdienen, um es sich leisten zu können, jeden Tag 'nen Liter Grasöl in seinen Swimming pool zu schütten? Aber für irgendwas muß das Scheißgeld ja gut sein – es roch sehr gut, und es war eine Wohltat, darin zu schwimmen. Ich strampelte mich drei oder vier Bahnen ab und hängte mich dann außer Atem und hustend an den Beckenrand. Vor meiner Nase tappten ein paar hellrot lackierte Nägel an niedlichen kleinen, braungebrannten Zehen. *Mein Gott, is denn an dieser Frau alles makellos?* Anscheinend alles. Ich blickte an ihr hoch, an den schlanken braunen Beinen mit dem dunklen Flaum, den Bilderbuchhüften, an die sich ein blaßgelber einteiliger Badeanzug schmiegte wie eine zweite Haut, dem knabenhaften Oberkörper, dem von nassen schwarzen Locken umrahmten Zigeunermadonnengesicht, und ließ mir Zeit dabei. Fast direkt über mir tropfte es aus der dunklen Wölbung ihrer Schamhaare. Sie merkte, wie ich darauf starrte, und ein Muskel an der Innenseite ihres Oberschenkels zuckte. Ich blickte höher und sah, wie sich ihre Brustwarzen versteiften. Auf ihren Schenkeln bildete sich eine Gänsehaut. Ich kriegte noch einen von meinen Raucherhustenanfällen, der mir die Tränen in die Augen trieb.

»Zigarette?« fragte ihre heisere Stimme spöttisch. Ich nahm meine Kräfte zusammen und war mit einem einzigen Schwung aus dem Wasser. Dicht vor ihr. Unsere Augen waren auf gleicher Höhe. Unsere Lippen auch. Meine Zehenspitzen berührten ihre Zehenspitzen.

Und mein Bauch den ihren. Ich war mir noch nie im Leben so unattraktiv vorgekommen. *Wärst du besser mal im Wasser geblieben,*

Büb! Sie hob eine Hand und tätschelte lächelnd das Pittermännchen, auf das man an der Theke in Männerkreisen immer so stolz ist.

»Ertrinken wirst du so schnell aber nicht, wie?«

»Nö, ich hab das Freischwimmerzeugnis.« Mein Bauch wurde heiß an der Stelle, wo ihre Hand liegengeblieben war. Ihr Daumen kreiste in einem sanften Streicheln höher. Ich wußte nicht, wohin mit meinen Händen. Bis sie mir den Schubs gab. Reflexartig griff ich nach ihren Hüften und riß sie mit ins Wasser. Als unsere Köpfe hochkamen, hielten wir uns immer noch eng umschlungen. Sie sah mir in die Augen, als könnte sie da die Antworten lesen auf die Fragen, die in ihren standen. Sie murmelte irgendwas Weiches, jugoslawisch Klingendes.

»Was?« Lachend schlang sie ein Bein um meinen Rücken und küßte mich. Die Moody Blues, Frank Sinatra und Dusty Springfield sangen all ihre Schnulzen gleichzeitig. Eine Million schluchzender, jauchzender Geigen, schnurrender Saxophone, einschmeichelnder Posaunen und endlos perlender Harfen wollten meinen Körper sich in Wasser und Grasöl auflösen lassen. Aber ihre Arme und Beine hielten mich zusammen, und der geschmeidige Schoß, der sich in schlängelnden Bewegungen an mich preßte, verhinderte erst recht, daß alles an mir zu Gelee wurde. Ich fühlte mich wie bei Veras erstem Kuß. Da war ich vierzehn gewesen – wir standen nach unserm dritten Rendezvous im November '62 in ihrem Hauseingang, und als sie ihr Bein durch unsere beiden Winterparkas hindurch zwischen meine Beine schob, war's schon passiert.

Der rationale Teil meines Gehirns überlegte krampfhaft, womit er den libidinösen ablenken könnte – *Wie ging noch mal der Satz des Pythagoras? Wer war der erste Drummer der Beatles? Wie hieß Clint Eastwood in* Für eine Handvoll Dollar? *Wer spielte das Saxophon auf* Walk On The Wild Side? *Wen schlug Max Schmeling in der ersten Runde k.o.? Wen Muhammad Ali nach vorausgesagten sieben Runden? Aus welchem Song ist die Zeile* An' Jane swung out her right – *Arm!! Ich hab's! Ich hab's!*

Ich hatte es wirklich. »Komm rein, raus aus dem Regen« hatte Britta gesagt. Und Van Morrison sang in *Who Drove The Red Sports Car* auf seinem ersten Soloalbum: *Maggie opened up the window / And Jane swung out her right arm / She said hi, I said hi, how're you doin', babe / She said come on in out the rain / Sit down by the fireside /*

And dry yourself! Dubravka löste sich von mir und sah mich verwundert an.

»Was ist passiert? Was hast du?« Ich hatte einfach aufgehört, sie zu küssen, und meine Erregung war plötzlich ganz anderer Art.

»Ich weiß jetzt, wo die Britta ist – ich hab den Code geknackt.« Verblüfft lachte sie auf.

»Das war aber auch so ziemlich das einzige, was ich dir jetzt verziehen hätte.« Sie kam wieder näher. »Und – wo ist sie? Wie geht's jetzt weiter?« Ich wollte ihr gerade erklären, wie stinkeinfach alles Weitere sein würde, aber ich kam nicht mehr dazu. Mit einem ohrenbetäubenden Scheppern explodierte eine der Fensterscheiben.

66

Die fast drei Meter hohe Scheibe sackte in einem Glasregen in sich zusammen. In einem Schwall von Scherben schlidderte ein blutiges Bündel Dobermann über die Kacheln neben dem Pool. Durch den gläsern gezackten Rahmen stiegen Alain und zwei Typen, die hundertprozentig gute alte Bekannte der Wiesbadener Kripo waren. Alle drei trugen Pistolen mit Schalldämpfern. *Nix mehr mit Gassi gehen, Lucy.* Alain sah aus, als hätte er sie nicht mehr alle. Seine neue Rolle war jetzt Dr. Mabuse – sein Gesicht wutverzerrt und mordlüstern und seine Pupillen schwarz, rund und groß wie Lakritzpfennige. Aus der Ladung Koks in seiner Birne hätte man Toni Schumacher 'ne neue Torlinie ziehen können. Der Schwarze Ritter auf seinem persönlichen Rachefeldzug – und da stand Ivanhoe in Unterhosen, bis zum Hals im Wasser, und von seiner Lanze war nicht mehr viel zu spüren.

Das Wasser war noch genauso temperiert wie vorher, aber ich spürte, wie mir die Knie schlotterten. Wahrscheinlich war es nur die kalte Luft, die die drei da vom Garten mit hereinbrachten.

»Genug gebadet, Freundchen – jetzt wird der Popo gepudert. Komm raus da!« zischte Alain. Der Mann war wirklich ein wandelndes Filmlexikon – jetzt bot er uns gerade das Kapitel Klaus Kinski. Ich kletterte müde aus dem Wasser und bemühte mich, nicht in die Glassplitter zu treten. »Die Puppe auch.« Die Puppe folgte mir. Ihr Gesicht war wieder ganz hochmütige Chefsekretärin. Einer der beiden Begleiter Alains, dem schon die Hebamme das Wort Zuhälter ins Gesicht geknetet hatte, lachte heiser.

»He, die wär' aber auch nich' schlecht für unsern Stall. Bißchen platt vielleicht.« Er trat einen Schritt näher und kniff sie brutal in ihren kleinen Busen. Ich haute ihm einen rechten Schwinger unters Auge. Das reichte, um ihn von Dubravka abzulenken. Zu mehr aber auch nicht. Er machte eine halbe Drehung und knallte mir den Griff seiner Knarre auf die Nase. Das Knacken und die Sternchen kannte ich schon. *Scheiße – zum vierten Mal das Nasenbein gebrochen! Mich werden sie demnächst noch mit Belmondo verwechseln!* Ich fiel auf die Knie. Eine Scherbe bohrte sich in meine Kniescheibe. Der Zuhälter knallte neben mir auf die Fliesen. Dubravka hatte den Schwung seiner Drehung perfekt genutzt und ihn mit einem Beinwurf gekonnt flachgelegt. Das mit dem Jiu-Jitsu stimmte also. Hoffentlich war wenigstens das mit dem Skifahren gelogen. Andererseits würde es vielleicht sogar Spaß machen, mit ihr den Kahlen Asten runter zu rutschen, wenn wir aus diesem Schlamassel hier lebend rauskamen. Ich sah noch, wie Alain ihr den Lauf seiner Waffe auf den Hinterkopf schlug und sie die Augen verdrehte und zusammensackte. Dann trat mich der Dritte im Bunde gegen das Brustbein, und ich kippte wieder in das duftende Wasser. Am liebsten wäre ich nie wieder aufgetaucht.

Aber meine Lungen protestierten. Ich quälte mich wieder an die Oberfläche und auf den Beckenrand. Schaute in die runde, leblose und doch so bedrohliche Öffnung eines Schalldämpfers und hörte mir Alains Erläuterungen an, die im Großen und Ganzen besagten, daß ich beim nächsten Versuch, irgendwelche Fisimatenten zu machen, ein toter Mann sei. Ich glaubte ihm jedes Wort. Und ich wünschte, er würde endlich die Schnauze halten.

67

Langsam kotzte es mich an. Andauernd kam einer an, nahm mir was weg und haute mir eine aufs Maul. *Wer bin ich denn eigentlich, verdammt noch mal? Kann denn hier jeder mit mir machen, was er will?* Anscheinend ja. Jedenfalls war ich weder James Bond noch Sun Koh. Ich hoffte einfach nur, daß da draußen in der Halle oder in Dörmanns Allerheiligstem oder sonstwo irgend jemand mal auf die Monitore sehen und was Sinnvolles unternehmen würde. Wenn ich auch nicht gerade als Koryphäe glänzen würde auf die Frage, was denn jetzt wohl sinnvoll wäre. Auf jeden Fall hätte ich mich weitaus wohler gefühlt, wenn Twiggy und Lucy in der Nähe gewesen wären.

Waren sie aber nicht. Alain ließ sich auf gar keine Diskussionen ein, als ich versuchte, Zeit zu schinden und ihn zu bewegen, uns unsere Klamotten anziehn zu lassen. »Nimm die Alte mit«, befahl er mir mit einem Wink auf Dubravka, die benommen am Boden saß und sich den Kopf hielt, »von mir aus trag sie, aber mit kommt sie.« Ich wickelte sie in ein weißes Badetuch, das ein paar Schritte weiter auf dem Boden lag, und hob sie auf. Seit ich sie zum ersten Mal gesehen hatte, hätte ich nichts dagegen gehabt, sie auf Händen zu tragen, aber die Umstände hatte ich mir ein bißchen anders vorgestellt. So tapste ich mit nassen Füßen hinter Alain und Nummer Drei her, während der Louis hinter mir blieb und mir ab und zu seine Knarre in die Nieren stupste. Aus meiner lädierten Nase tropfte Blut auf das Badetuch und färbte es hellrot, und Blut lief mir auch aus der Wunde am Knie das Schienbein runter. Sergio Corbucci hätte seine wahre Freude gehabt an dieser Szene. Aber genau so wenig, wie zu Beginn der Szene ein Megaphon »Action!« gebrüllt hatte, gab es jetzt einen Regisseur, der »Cut!« schrie, und auch keine Maskenbildnerin, die uns den Ketchup aus dem Gesicht tupfte. Wir wurschtelten uns durch die Gänge, bis wir die Tür mit der Aufschrift *Studio Zwei – Regie* fanden. Dann gab's noch ein bißchen Slapstick, als Nummer Drei versuchte, diese mit Schwung aufzureißen. Es war aber eines dieser schalldichten zentnerschweren Dinger mit stramm eingestelltem Türheber, die selbst ein Muskelprotz wie er nur ganz langsam aufgezogen kriegte. Das nahm unserem Auftritt ein wenig den geplanten überraschenden Drive. Überrascht war die Bevölkerung des Regieraums trotzdem. Big Mac zerbiß seine Zigarre, Jo weiblich kreischte auf, und der Toningenieur, ein dürres Männlein mit Nickelbrille und Afrolook, vergaß, das Band anzuhalten. Dörmann reagierte noch am kühlsten – er griff zu dem Telefon neben sich, aber als gleich zwei der Schalldämpfer ihn anschielten, zog er seine Hand wieder zurück. Sie hörten wohl gerade eine Rohmischung Mono ab – die Musik kam sehr leise aus zwei kleineren Boxen, die über dem Mischpult hingen. Die Discomaschine klatschte fröhlich vor sich hin, und unser sonniges Pärchen sang gar verführerisch *On Waikiki beach with all our sorrows out of reach our love is shining like the sun. Hula-la-la Hula-lala-dee-dam* trällerten ein paar

Mädels hinterher. Bei keinem von uns schien so rechte Urlaubsstimmung aufkommen zu wollen.

»What the fuck –« war alles, was Big Mac dazu einfiel. Aber wer verlangt schon von einem amerikanischen Plattenboß, kreativ zu sein – der soll ja bloß unsere Künstler vermarkten. Unsere Künstlerin fing sich eine lässig geschlagene linke Rückhand von Alain ein, was ihr Kreischen in ein leises, schluckaufartiges Schluchzen verwandelte. Als ihr Partner das Blut aus ihrer Nase schießen sah, sprang er auf Alain los, womit er gewaltig in meiner Achtung stieg – das hätte ich ihm nicht zugetraut. Nicht, daß es was gebracht hätte. Es machte Plop, und die weiße Jeans hatte kurz über dem rechten Knie ein Loch, aus dem es dunkelrot hervorsickerte.

»Du Schwein!« schrie Jo, als er vor Alain auf die Knie fiel. Sein Gesicht hatte plötzlich die Farbe von drei Tage altem Milchkaffee. Alain schmetterte ihm, diesmal mit aller Kraft, den Lauf mit dem Schalldämpfer quer darüber. Es schien ihm Spaß zu machen. Jo kippte zur Seite weg und knallte mit dem aufgeschrammten Gesicht auf einen orangefarbenen Teppich. Der Zuhälter lachte. Ich stand da, Dubravkas immer schwerer werdenden Körper auf den Armen, und wünschte, daß ich es schaffen würde, meinen Schließmuskel unter Kontrolle zu halten. Sie bewegte sich und nickte mir auffordernd zu. Ich ließ langsam ihre Füße zu Boden gleiten, bis sie stand. Sie lehnte sich an die Wand neben der Tür und rutschte dann langsam an ihr herab, bis sie dasaß wie ein Mexikaner bei seiner Siesta. Ich verschränkte meine Arme vor der Brust, damit niemand merkte, wie sie zitterten.

»Was soll das?« fragte Dörmann mit seiner Moderatorenstimme, ganz der beherrschte Produzent bei der Arbeit.

»Das will ich dir sagen, du Wichser«, giftete Alain ihn an und schob ihm seine Waffe unter die Nase, »ich will dir zeigen, daß du mit mir nicht umspringen kannst wie mit irgendeinem Blödmann. Ich bin nicht der Meyer, ich kenn mich nich' so aus mit dem Papierkrieg. Mein Krieg geht anders. Ich mach zwar 'nen Job für den Meyer – aber ich mach ihn auf meine Art! Und ich laß mich nich' wegschicken wie 'ne Putzfrau!« Mittlerweile schrie er Dörmann an. Seine Äderchen arbeiteten wie verrückt, und auf Dörmanns Gesicht erschienen kleine weiße Bläschen von dem Speichelsprühregen, den jedes Wort mit sich brachte.

»Und damit du das kapierst, du Arschficker, und damit du kapierst, mit wem du's hier denn eigentlich zu tun hast, du Lusche, bin ich noch mal wiedergekommen, verstehst du!?«

Seine wutverzerrte Grimasse drehte sich zu Nummer Drei, »und mach mal die Scheißmusik aus!« Es machte zweimal Plop!, und aus der linken Box kam nur noch ein abgehacktes Krächzen wie aus einem Kurzwellentransistorradio. Für die brauchte er noch eine Kugel. Ich ertappte mich dabei, wie ich rechnete – mindestens zwei Schuß für die Hunde, drei hier drinnen... *Ja, Iris, John Wayne bei der Arbeit.* Aber erstens hatte ich keine Ahnung, wieviel Kugeln in solchen Kanonen überhaupt drin sind, und zweitens: Was könnte ich schon ausrichten gegen diese drei Profis – ihnen meine nasse Unterhose um die Ohren schlagen?

68

Aber meine Probleme interessierten im Moment sowieso niemanden hier. Alain war voll und ganz mit seiner privaten Vendetta beschäftigt, und so, wie er sich aufführte, gehörte ihm die Aufmerksamkeit aller. Kaum kann einer nicht richtig mit Drogen umgehn, schon stehn sie alle drum rum und glotzen. Voller Zerstörungswut stiefelte er in dem größten Regieraum herum, den ich je gesehen hatte. Kaputt zu machen gab es hier reichlich – alles vom Feinsten, Modernsten und Teuersten –, aber das schien ihm nicht zu genügen. Dann fiel sein Blick auf den durch eine getönte Scheibe abgeteilten Raum, in dem die Bandmaschinen standen, von denen die eine immer noch lief, zwei Vierundzwanzig-Spur, zwei Sechzehner und ein paar Senkelmaschinen. Seine Visage verzog sich zu einer höhnischen Fratze.

»Und du wirst mich so schnell nicht vergessen, Doktorchen«, prophezeite er hämisch. »Ihr paßt auf hier«, wies er seine Kumpels an und ging nach nebenan, wo er eine Weile herumschnüffelte, bis er fand, was er suchte. Er stieß ein triumphierendes Heulen aus. *Mein Gott, was ist bloß aus dem obercoolen Alain geworden, den wir alle so bewundert haben?* Der Toningenieur stöhnte, legte die Arme auf sein Mischpult und verbarg sein Gesicht in der Armbeuge. Dörmann wurde noch kreidebleicher, wenn das überhaupt noch möglich war, und sprang auf.

»Willst du auch so'n Loch ins Bein haben, Prinz Eisenherz?«
fragte Nummer Drei gemütlich und wedelte warnend mit seinem
Schießeisen. Mit bebenden Lippen ließ Dörmann sich schwerfällig
wieder in seinen Sessel sinken. Seine Knöchel um die Armlehne
glänzten weiß wie die Knorpel eines Wienerwald-Hähnchens. Der
Zuhälter lachte sein debil-schadenfrohes Lachen und knetete mit der
freien Hand seine Eier. Spätestens jetzt hätte ich sie ihm liebend
gerne in die Pfanne gehauen. Allein Big Mac zeigte keinerlei Reaktion, obwohl er garantiert genauso kapierte, was jetzt kommen mußte.
Er wirkte, als habe er irgendwo noch ein paar Kopien gebunkert.

Alain hatte nämlich die Mehrspurbänder der laufenden Produktion auf einem Wandbord über den Maschinen entdeckt, fünf an der
Zahl, sauber aufgereiht und beschriftet, wie es sich für ein ordentli-
ches Studio gehört. Und er hatte die Entmagnetisierdrossel gefunden.

Er wußte sogar, wie so ein Ding funktioniert und was es anrichten
kann. Er packte die Bänder aus, legte sie auf einem Stapel übereinander, packte den Entmagnetisierer daneben und schaltete ihn ein. Ein
rotes Lämpchen leuchtete auf, und es war so still im Raum, daß man
das leise hohe Summen hörte, mit dem das Ding arbeitete. In drei
bis vier Minuten würde auf den Bändern allenfalls noch das Band-
rauschen zu hören sein. Alain drehte sich um, zündete sich eine
Zigarette an, zog genüßlich daran und grinste zu uns herüber. Dörmanns Kehle entfuhr ein heiseres Winseln.

Ich hatte keine Ahnung, wie viele Wochen wie viele Musiker an
der Produktion gearbeitet hatten oder wieviel zigtausend Märker sie
schon verschlungen hatte, und ich war wahrhaftig kein Fan dessen,
was sie da verbrochen hatten, aber auch mir wurde ganz anders. Ich
hatte mal in einem für mich äußerst seltenen Anfall von Jähzorn
einen Kassettenrekorder an die Wand unseres Proberaums gepfef-
fert, weil Eiermann aus Versehen ein Demo-Stück von mir gelöscht
hatte, an dem ich eine halbe Nacht gebastelt hatte. Wie mußte da
erst den Kollegen hier zumute sein?

Alain kam rüber und baute sich vor Dörmann auf, der inzwischen
ziemlich zusammengesunken in seinem Sessel hing.

»Hast du mich verstanden, Doktorchen?« Dörmann nickte langsam und schwer, als ob ihm eine unsichtbare Hand zweimal gegen
den Hinterkopf drücken würde. Alain drehte sich um, mit dem

Lächeln des unangefochtenen Siegers, und wandte sich zu mir, die Augen rot wie eine Ratte. Die Pistole steckte in seinem Hosenbund. Er bemerkte meinen Blick natürlich sofort und lachte. Er zog sie heraus, hob sie und streichelte mit dem Schalldämpfer seine rechte Wange.

»Du doch nicht«, spottete er, »du wirst jetzt brav zuhören und dann dafür sorgen, daß alles so weitergeht, wie ich's dir sage. Nicht wahr, Freundchen?« fragte er in einem schärferen Tonfall und tupfte mir sanft mit der Mündung auf die gebrochene Nase. Mir stiegen die Tränen in die Augen.

»Sicher, Herr Lehrer.« Aber in meinen Ohren klang meine Stimme lange nicht so gelassen, wie ich es gerne gehabt hätte. Er ging gnädig darüber hinweg.

»Morgen früh um zwölf werde ich dich und den Ami da draußen an der Zugbrücke treffen. Du wirst den Vertrag in der Tasche haben, den der Meyer haben will, und zwar genau so, *wie* der Meyer ihn haben will. Der Ami wird sich ohne einen Mucks ans Steuer setzen, und du wirst dich ohne einen Mucks daneben setzen. Dann werden wir gemütlich nach Köln kutschieren und unsere Post abliefern. Dann wirst du nach Hause zu deiner hübschen kleinen Familie gehn und darauf warten, daß wir dich anrufen. Und wir werden dir erzählen, was du dann zu tun hast, um den Rest des Deals abzuwickeln. Und anschließend wirst du froh sein, daß alles vorbei ist und daß du noch lebst und daß du mich nie mehr wiedersiehst. Hast du das kapiert, Freundchen?« Ich nickte.

»Sicher, Herr Lehrer.« Er lächelte, wieder ganz der geschniegelte Alain.

»Also dann – morgen um zwölf.« In einem kurzen Bogen rammte er mir blitzschnell die Mündung seiner Waffe genau auf den Solar Plexus. Ich hatte gar keine Chance zu reagieren, hätte nicht mal gewußt, wie. Alle Lampen des Regieraums drehten sich plötzlich zu mir, schwangen in roten und weißen Kreisen auf mich zu, taumelten durch meine Stirn hindurch und ließen mich in einem tiefschwarzen Tunnel zurück. Und von weit hinten hörte ich pfeifend einen Zug herandonnern. Das letzte, was ich dachte, war: Aber ich hab nicht in die Hose gemacht, Mutti...!

69

»Aus, Buddy, aus! Runter vom Bett! Ab!« Der blöde Köter dachte nicht
daran. *Er hockte behäbig und schwer auf meiner Brust und leckte mir
mit einer klatschnassen, lauwarmen Zunge das Gesicht ab. Jedesmal,
wenn er an meine Nase kam, fuhr mir der Schmerz bis hoch in den
Hinterkopf. »Hör auf, du blöder Hund! Du kriegst ja gleich dein Fressen
– muß nur noch 'ne halbe Stunde schlafen.« Aber stur, wie er war, ließ
er sich nicht beirren. Ich wollte ihm einen Klaps aufs Maul geben, aber
er hatte plötzlich Hände und hielt mein Handgelenk fest. Er war ja
wirklich ein pfiffiges Tier – er bewachte das Haus, wenn wir auf Tour
waren, holte sich selbst sein Fleisch im Supermarkt zwei Blocks weiter
und war der zuverlässigste Seismograph, den man sich denken konnte,
wenn es darum ging zu beurteilen, wer von den Haschischkäufern oder -
lieferanten, die bei uns in dem von um die acht Leuten bewohnten Vier-
Zimmer-Gartenhäuschen am Niehler Rheinufer ein- und ausgingen,
vertrauenswürdig war und wer irgendwelche Linkereien in petto hatte.
Er hatte sich noch nie getäuscht. Aber neuerdings Hände haben? Und
scht, scht machen? Ich beschloß, wach zu werden.*

Es war gar nicht Buddy. Er verschwand in meinem Ohnmachts-
traum wie ein Flaschengeist und gab den Blick frei auf eine wunderschöne Fee, die mir erstaunlicherweise bekannt vorkam. Sie hatte
mir ein riesiges Pflaster aufs Knie geklebt und war gerade dabei, mir
das Blut von Brust, Bauch und aus dem Gesicht zu waschen. Dabei
gab sie diese beruhigenden sanften Zischlaute von sich.

»Nur gut, daß du keine Eskimofrau bist«, brummte ich versuchs-
weise. Es klang wie »Nuguassuganessimofais« durch eine Gießkanne
gesprochen. Aber Feen sind klug – sie verstand nicht nur, was ich
gesagt, sondern auch, was ich gemeint hatte.

»Ach, es gibt soo viele Arten, sich zu küssen. Ich kenne auch ein
paar von den schonenden.« In ihren Türkisaugen spielten kleine
Teufelchen mit kleinen Engelchen Nachlaufen. Ich hob mühsam
meine Hand und strich so sanft, wie das mit einem kiloschweren
Zeigefinger möglich war, über ihre Lippen. Sie öffnete sie ganz
leicht. Die Teufelchen hüpften zu mir herüber und krabbelten ki-
chernd meine Wirbelsäule hinunter.

»Sind sie weg?« Dubravka nickte. »Und ich – wie lange war ich
weg?«

»Vielleicht eine Viertelstunde. Willst du einen Schluck Cognac?«
Was sollte ich darauf antworten? Sie stand auf und kam mit einem
Schwenker zurück. Wie immer wurde mir von dem Geruch leicht
übel, und der erste Schluck kostete Überwindung. Aber wenn man
es schafft, das Zeug fünf Sekunden unten zu behalten, wirkt es
meistens Wunder. So auch dieses Mal. Ich schaute mich im Raum
um. Dörmann und der Toningenieur waren dabei, die Bänder zu
checken, aber ihren Mienen nach zu urteilen, war das vergebliche
Mühe. Big Mac war nicht mehr da. Wahrscheinlich hing er irgendwo mit seinem Latino-Adlatus in einer Ecke, um herauszufinden,
welche Versicherung wieviel Schotter ausklinken und was es kosten
würde, all die Termine nicht einhalten zu können. Oder wie teuer es
würde, die Produktion im Akkord neu einzuspielen. Oder ob es sich
nicht vielleicht eher lohnen würde, den Vertrag mit Dörmann und
seinen Goldkehlchen platzen zu lassen. Mir war egal, zu welchem
Ergebnis sie kamen. Mir tat mal wieder alles weh, und ich war so
müde, als hätte ich ganz alleine den ganzen Vatikan gebohnert. Und
dabei alle Möbel umgestellt.

Dörmann kam in die Regie zurück und ließ sich in einen der
Sessel fallen. Er schnappte sich die Cognacflasche und nahm einen
guten Zug. An seiner Stelle wäre mir Vitaminsaft jetzt auch kein
Trost gewesen. Andererseits bräuchte ich dafür auch gar nicht an
seiner Stelle zu sein.

»Hundertsechzig Mille«, stöhnte er, »und nicht abzusehen, wieviel hunderttausend, wenn nicht Millionen, uns dadurch noch
durch die Lappen gehn.« Ich hoffte, er würde jetzt nicht sagen »Ich
bin ruiniert!« – ich hatte Angst, das Lachen würde mir zu weh tun.

70

Twiggy sah aus, als müßten die Wiesbadener heute abend ihren
Alkohol aus Frankfurt kommen lassen – zerknautscht und zerknit-
tert, als sei er dem Bildband »Gesichter Asiens« entsprungen. Seine
Fahne hätte die komplette hiesige Ortsgruppe der Anonymen Alko-
holiker sofort wieder rückfällig werden lassen. Auf seiner Stirn
prangte eine leuchtende Beule, die ihm der Gummiknüppel der
amerikanischen Militärpolizei eingebracht hatte. Die MP hatte sich
genötigt gesehen einzugreifen, als eine Bar zu Bruch zu gehen drohte, weil die rein weiße GI-Klientel sich mit Lucy angelegt hatte. Zum

Schluß waren sie dann noch in einer rein schwarzen Disco gelandet, wo nur Lucys Bekanntheitsgrad die umgekehrte Variante verhindert hatte. Geendet hatte ihre Wiedersehensfeier damit, daß sie mit »a bunch of black pussy«, sprich den drei schwarzen Bardamen, und ein paar Eimern Schampus in deren Appartment abgestürzt waren, wo Lucy, in drei Paar schwarze Arme und Beine gewickelt, immer noch im Koma lag.

Jetzt war es elf Uhr, und wir saßen in Dörmanns Kantine und päppelten uns mit einer Riesenpfanne Rühreiern mit Schinken, frischem Orangensaft und starkem Kaffee wieder auf, das heißt hauptsächlich Twiggy, denn ich war zu meinem Erstaunen schon wieder ziemlich fit. Am Abend vorher hatte ich mir noch, mit der Hilfe eines weiteren großzügig eingeschenkten Cognacs, meine zerdepperte Nase so gut wie möglich gerade gerückt und war dann in einem der Gästezimmer sofort in einen traumlos tiefen Neun-Stunden-Schlaf gefallen, aus dem mich ein sanftes Streicheln langsam hervorgeholt hatte.

»Es ist zehn Uhr«, hatte Dubravka, die neben mir lag und sich an mich gekuschelt hatte, gesagt, »und ein harter Tag beginnt. Und in zwei Stunden mußt du fahren.«

»Warst du die ganze Nacht hier?«

»Nein. Aber das tut mir jetzt schon leid. Sehn wir uns wieder?«

»Ich bitte darum!« hatte ich gebrummt und war in ihren Armen nochmal für eine halbe Stunde weggedöst.

Jetzt saß ich hier mit einer dicken Nase, die spätestens morgen blau sein würde, und blutunterlaufenen Augen, die immer wieder auf meiner wunderbaren Fee hängen blieben. Sie trug einen schwarzen Hosenanzug aus Chiffon und um den Hals eine dreireihige Kette aus riesigen, türkisfarben gemaserten Perlen, die aber immer noch lange nicht so schön waren wie ihre Augen. Ihre schwarze Haarpracht hatte sie hochgesteckt wie Audrey Hepburn in *Frühstück bei Tiffany*, und sie war die schönste Frau, die ich je gekannt hatte. Jedesmal, wenn ich sie ansah, hatte ich dieses kleine wehe Ziehen in der Magengrube, das einem verläßlicher als alles andere anzeigt, daß man verliebt ist.

Aber auch heute gab es leider wieder Notwendigeres zu tun. Dörmann hatte alle Mühe, sich zusammenzureißen und seine Ungeduld im Zaum zu halten, denn Twiggy und ich hatten einhellig und unerbittlich darauf bestanden, daß wir vor dem Frühstück nicht im geringsten auf Probleme, Geschäfte und Kreuzzüge ansprechbar seien. Daraufhin war er erstmal wütend wieder in sein Allerheiligstes abgedampft, obwohl er da auch nicht viel tun konnte – unser Besuch hatte nämlich die Telefonleitungen an der Außenseite des Schlößchens gekappt.

In der Zwischenzeit erzählte ich Twiggy dann ausführlich, was sich gestern abend hier abgespielt hatte. Dubravka ergänzte meinen Bericht noch durch ein paar Dinge, die ich gar nicht mehr mitgekriegt hatte.

»Dörmann wollte gestern abend noch in die Stadt, um seinen Hausarzt zu holen. Dem Jo ging es ziemlich mies mit der Kugel in seinem Bein. Aber draußen an der Brückenauffahrt stand ein Wagen mit zwei bewaffneten Gestalten und versperrte den Weg.« Twiggy nickte – die hatte er gesehen, als er zurückgekommen war. »Sie gaben ihm keine Chance durchzukommen. »Nicht vor morgen mittag zwölf Uhr«, sagten sie. Dr. Rodriguez, Big Macs Berater, hat dann seine Dschungelkriegserfahrung genutzt und dem Jo die Kugel rausgeholt. War eine ziemlich häßliche Prozedur. Aber jetzt geht es ihm wohl besser – er schläft wie ein Baby.«

»Wo is der nächste Telefon?« fragte Twiggy sie unternehmungslustig. Sie schüttelte skeptisch den Kopf.

»Aber du kommst doch gar nicht an den Gangstern vorbei.«

»Ick nehm der Ruckseite un' swim ein Runde. Aber ick muß in jede Fall telefonier'.« Dubravka schnippte mit den Fingern.

»Du brauchst gar nicht schwimmen – am Ende des Gartens liegt ein altes Boot! Und dann gehst du vielleicht einen Kilometer über das Feld, da kommst du zum Bauern Klotz. Der läßt dich bestimmt sein Telefon benutzen.« Twiggy rieb sich die Hände.

»Okay, haben wir ein Karte von de Autobahn?«

»Was hast du vor, Lederstrumpf? Willste mich nich' mal einweihen?« Er grinste sein Lausbubengrinsen und zwinkerte vergnügt.

»Jus' trus' in ole Twiggy, Boob – wir werden bauen ein wunderbar trap für de asshole un' dann er mack uns kein trouble mehr.« Aha, dem Arschloch Alain eine Falle stellen. Viel schlauer war ich jetzt auch nicht. Aber Twig war so zuversichtlich und gut gelaunt, daß ich erst mal nicht weiter nachhakte. Dubravka brachte ihm einen Autoatlas, in den er sich kurz vertiefte. »Alles klar, alles wunderbar!« verkündete er. »Mäck du der deal mit de Doktor – ick geh ein bischen telefonier'. Halbe Stunde ode' so ick bin ssuruck.«

Als hätte er mitgehört, tauchte »de Doktor« prompt auf. »Seid ihr jetzt fertig mit Frühstücken? Können wir jetzt mal klären, wie's weitergeht?« Twig klopfte ihm beruhigend auf die Schulter, nickte mir noch einmal aufmunternd zu und verschwand. Dörmann starrte erst entgeistert hinter ihm her, dann mich an. »Was zum Teufel –«

»Setz dich, Doktorchen«, tat ich souverän, »Kaffee?« Ich goß mir selbst noch eine Tasse ein und drehte mir noch eine. Es war schon die fünfte heute morgen. Aber langsam schmeckten sie.

71

Dörmann schmeckte einiges gar nicht heute morgen – wahrscheinlich überhaupt nichts. Was ja eigentlich auch kein Wunder war – das waren ein paar ziemliche Brocken gewesen, die man ihm da gestern verpaßt hatte. Ich war drauf und dran, ihn mit der Nachricht, daß ich überzeugt war zu wissen, wo seine Schwester war, ein wenig zu trösten, aber irgend etwas hielt mich davon ab. Ich traute ihm nicht von hier bis zur Tür, ohne genau zu wissen, wieso nicht. Aber ich hatte das sichere Gefühl, daß der gute alte Buddy ihn nicht aus den klugen Hundeaugen gelassen und ihn bei jeder Gelegenheit angeknurrt hätte. Ich hatte bestimmt nicht umsonst von einem Hund geträumt, der schon vor drei Jahren dem Übereifer eines Königsforst-Jagdhüters zum Opfer gefallen war. Und plötzlich hatte ich nicht mehr die geringste Lust, mit Dörmann auch nur irgendeinen Deal zu machen.

»Also – was gedenkt ihr zu tun?« fragte Dörmann von oben herab, als sei ich ein Untergebener, der irgendeine Panne auszubügeln hatte.

»Pluster dich nich' so auf, Doktor. Wir werden genau das tun, was ich dir gestern angekündigt habe – wir werden Meyers Vertrag, von dir unterschrieben, gegen die Britta austauschen –«

»Ihr seid wohl –« Dörmann war aufgesprungen und sah aus, als wollte er sich über den Tisch hinweg auf mich stürzen.

»Paß op, wat de sähs!« riet ich ihm, »und versuch nicht noch einmal, mich zu hauen! Ich hab langsam die Schnauze voll davon, hier für jeden Arsch den Punching-Ball zu machen. Das Hühnchen, das wir mit Meyer zu rupfen haben, geht nur uns was an – da brauchen wir auch dein Scheißgeld nicht für. Und du hast selbst gesagt, daß du dir für den was eigenes Nettes einfallen läßt, oder?« Er starrte mich mit knallrotem Gesicht und hervortretenden Augen an, als wollte er sich meins gut einprägen für den Fall, daß ich mal vor der Kühlerhaube eines seiner Geschosse auftauchen sollte.

»Du meinst, ihr erwartet jetzt von mir, daß ich diesen verdammten Vertrag unterschreibe? Einen Vertrag mit diesem – diesem Gangster? Hast du überhaupt eine Ahnung, was das für mich bedeutet? Und für mein Unternehmen?« Ich zuckte mit den Schultern.

»Hab ich nicht. Juckt mich auch nicht im geringsten. Ich glaube aber, daß du noch viel besser weißt als ich, daß dieser Vertrag, so wie er zustande gekommen ist, niemals rechtsgültig sein kann. Und ich glaube, daß du nur zu kindsköpfig störrisch und stolz bist, auch nur diesen Millimeter nachzugeben. Obwohl es dich keinen Furz kosten würde.« Wie um mir recht zu geben, griff er nach einem Stück Brot, legte eine Scheibe Käse darauf und schnitt andächtig und penibel die überstehenden Käseränder ab – das kindische Ablenkungsmanöver eines Achtjährigen, den man bei einer Lüge ertappt hatte.

»Und wenn ich nicht unterschreibe? Wenn du Meyer ohne das Ding vor die Augen treten mußt?« Er widerte mich an. Ich warf meine Kippe in meinen Kaffee und stand auf.

»Britta ist *deine* Schwester.« Er hatte gerade in sein Brot beißen wollen, aber jetzt warf er es auf den Tisch. Wieder trat dieser verletzte Ausdruck in seine Augen, wie immer, wenn von seiner Schwester die Rede war. Er öffnete den Mund, als wollte er etwas sagen, aber dann schloß er ihn wieder und preßte trotzig die Lippen zusammen. Aber er wußte, daß er eigentlich keine Wahl hatte. Ich ließ ihn da sitzen, holte meine Jacke und mein Köfferchen aus dem Zimmer, in dem ich geschlafen hatte, und ging runter in die Halle. Ich schnappte mir hinter der Bar einen doppelten Calvados, setzte mich an die Theke, trank ihn in kleinen, bitteren Schlucken und beobachtete Dubravka, die hinter ihrem Schreibtisch saß. *The show must go on.* Dann hatte ich eine Idee.

Ich ging wieder hoch in die Kantine, wo Dörmann immer noch vor sich hin brütete. Am Nebentisch saßen mittlerweile die beiden Musiker und einer der Toningenieure und warteten in gedrückter Stille auf ihr Frühstück. Ich beugte mich über Dörmanns Tisch.

»Ein Trostpflaster kannst du mir bieten für all den Ärger, den ich deinetwegen hatte. Das nehm ich dann auch.« Er blickte überrascht und neugierig zu mir hoch. »Es gibt hier in deinem Laden bestimmt irgendwo ein altes Schlagzeug-Set, auf dem keiner mehr trommelt. Das kannst du mir vermachen.« Er runzelte fragend die Stirn, aber einen Haken konnte er dabei auch nicht entdecken. Er zitierte den Drummer heran und gab ihm die entsprechenden Anweisungen. Fünf Minuten später hatte ich ein mit dunkelrotem Kunstleder bezogenes Schlagzeug mit Hi-Hat, zwei Becken und zwei Toms in Meyers Mercedes verstaut. Als ich wieder in die Halle kam, stand Twiggy an der Bar und genehmigte sich mit einem grimmigen, aber zufriedenen Grinsen einen Jack Daniels. Ich erzählte ihm, was ich verbrochen hatte, und versuchte, ihm zu erklären warum. Er verdrehte die Augen und verzog voller Verzweiflung die Mundwinkel.

»Oh, Boob! Ein Tag die werden hängen dein Bild in de Dom mit tausend candles davor. Shit! – schmeißt die Typ hunderttausend Mark in de Wind! Saint Boob of the Golden Heart!«

»Und was ist mit der Kohle vom Meyer?« Er lachte schallend und schlug mich auf die Schulter.

»Du glaubs wirklick, wir kriegen ein cent von die Meyer, die bastard? Shit!«

»Aber ich kann nicht zum Dörmann gehen und mit dem wieder neu verhandeln. Ich kann überhaupt nicht mit dem verhandeln – der kotzt mich an.«

»Yeah«, nickte er, »ein Grund mehr, soviel wie moglick aus der rauszuholen. Vielleick du wills nock ein bischen umsonst de drums spielen fur de arme Mann? Oh Boob, wann wirst du lerne' zu nehme' von de assholes? Wo is de sucker?« Ich wollte es ihm gerade sagen, aber da kam »de sucker« schon in die Halle, marschierte zu uns herüber und knallte wortlos den grünen Umschlag vor mich auf die Theke. Twiggy nahm ihn am Arm und führte ihn ein Stück weg, wo er leise, aber energisch zwei Minuten auf ihn einredete. Dörmann ging ohne ein Wort zu Dubravka hinüber, die ein Stück Papier ausfüllte, das er unterschrieb. Dann kam er zurück, überreichte es Twiggy und verschwand nach hinten, nachdem er mir noch einmal gnädig zugenickt hatte. Twig hielt mir den Wisch unter die Nase. Es war ein Scheck über einhunderttausend Deutsche Mark, fein säuberlich mit einem doppelten Doktor unterzeichnet.

»Y'see what I mean, Boob?« Ja, ja – natürlich sah ich es ein. Ich war eben ein Idiot. »Oh – good timing!« Ich folgte Twiggys Blickrichtung. Die Eingangstür war offen, und Alain kam mit seinen Spannmännern hereinspaziert, die rechte Hand obligat in der Jackentasche.

»Seid ihr soweit?« Ich wedelte mit dem Umschlag. Er öffnete ihn und prüfte den Inhalt. Dann machte er Anstalten, ihn in seine Innentasche zu stecken, aber ich streckte die Hand aus.

»*Ich* soll das abliefern.« Er zögerte einen Moment, aber dann gab er es mir. Ich verstaute es in meiner Weste. »Okay, einen Augenblick noch, dann können wir. Ihr könnt ja schon mal –«

»Wir warten«, bestimmte Alain. Ich ging hinüber zu Dubravka, die mir aber schon auf halbem Weg entgegen kam. Sie drückte mir einen Zettel in die Hand.

»Die offizielle Studionummer, die der VIP-Leitung und meine Privatnummer und -adresse. Ende Oktober habe ich eine Woche frei – ich würde gerne einmal wieder etwas anderes sehen als Wiesbaden.« Ich küßte ihren Mundwinkel.

»Wie wär's mit Köln, der strahlenden, schunkelnden, kölschseligen rheinischen Metropole? Der Stadt der elftausend Jungfrauen und des Hexenhammers, der Heiligen Drei Könige und der Müllers Aap? Der Stadt, nach der Millionen Liter von Duftwässerchen benannt sind? Der Stadt des Tanzbrunnens und des Neptunbads, der Stadt Ostermanns, Millowitschs und Trude Herrs, Marienburgs und Chorweilers – und mittendrin Nippes, die Heimat der Klütschs?«

»Klingt sehr verheißungsvoll.« Ihr Lächeln floß wärmend durch mein Innerstes wie ein heißer Grog an einem stürmischen Winterabend. Ich drückte noch einmal ihre Hände und riß mich los. Alain stand da und beobachtete uns mit einem anzüglichen Grinsen. Ich machte einen Schritt auf ihn zu, und das Grinsen verschwand mit seiner Rechten in seiner Jackentasche. Ich grinste meinerseits.

»Fahren wir?« Wir gingen im Gänsemarsch zum Wagen. Unterwegs kam Twiggy neben mich, legte mir einen Arm um die Schulter und trommelte mir mit der Hand einen Reggae-Rhythmus ins Kreuz. Als wären wir unterwegs zu einem netten Ausflug ins Grüne, sang er fröhlich ein paar alte Bob-Marley-Zeilen – *Ev'rything's gonna be alright, ev'rything's gonna be alright...* Na hoffentlich.

72

»Was is 'n das für 'n Scheiß?« fragte Alain genervt, als er die hintere Wagentür aufmachte.

»Das is' kein Scheiß – das is' 'n Schlagzeug, und im Kofferraum liegt noch mehr davon. Und es kommt mit nach Köln. Du hast noch reichlich Platz auf der Rückbank.« Er schien kurz zu überlegen, ob er da jetzt wieder ein Machtkämpfchen draus machen sollte, aber dann runzelte er nur die Stirn und stieg ein. Seine Eskorte wartete noch, bis Twiggy und ich unsere Plätze eingenommen hatten, dann kletterte sie in einen silbergrauen TransAm, der hinter uns über die Brücke rumpelte und uns bis zur Autobahnauffahrt an der Stoßstange kleben blieb. Dort hupte er zweimal und ließ uns allein. Wir winkten nicht.

Dunkelgrau, schwarzblau und lehmfarben hingen schwere Wolkenplatten am Himmel wie die Panzer eines Nashorns. Und genau so bedrohlich wirkten sie auch. Das Band der Autobahn zog sich wie stumpfes Metall durch eine Landschaft aus tausend Grautönen – eine Fahrt durch ein Aquarium. Die geniale Anfangsszene aus Fellinis *Roma* fiel einem ein oder die verrückte Straßenfahrt in Godards *Weekend* – man wartete förmlich auf einen immer unwirklicher werdenden Reigen von exotischen Gestalten, Fabelwesen, Freaks und fotogener Gewalt. Aber das exotischste, das mir unter die Augen kam, war ein holländischer Wohnwagen. In dem Volvo davor saß eine mollige Mutti mit hochtoupierten blonden Haaren und zwischen vollen rosa Lippen herausgestreckter Zungenspitze. Aber es war nicht die Konzentration darauf, mit der Linken das Gespann zu lenken – mit der Rechten holte sie ihrem Janwillem, der mit hochrotem Gesicht und geschlossenen Augen auf dem Beifahrersitz herumrutschte, einen runter. Als ich beim Überholen zu ihnen rübersah, warf sie mir mit einem schelmischen Lächeln einen Kuß zu. *Auch nich' schlecht.*

Nach langem Überlegen entschied ich mich für Bruce Springsteens *E-Street-Shuffle*-Album, was mir ein begeistertes »Yeah, baby!« von Twig einbrachte. Ich lehnte mich zurück, schloß die Augen und stellte mir vor, wie die holländische Mutti sich genüßlich ihren Janwillem von den Fingern leckte und dann ihre Hand zwischen ihre Hollandrad-gekräftigten Schenkel schob, dahin, wo ihr Höschen den nassen Fleck hatte, und vergnügt mit sich selber spielte, bis der Wohnwagen gefährlich ins Schlenkern geriet. Dann verwandelte sich dieses Bild in das von Vera und Iris, die mit mir unter der Dusche standen, in das von Kathrinchen, die mich Lucky Luke massieren ließ, in das von Britta in ihrer Lieblingsstellung Soixant- neuf, und Ela und Anne und Brigitte und Tanja und Susanne und Monika und und und. Und immer wieder schob sich Dubravka in ihrem nassen gelben Badeanzug vor den Film. So 'ne Autobahn war schon ein feiner Ort für erotische Fantasien. *So get right, get tight, get down!* sang Springsteen. *Klar, Brucie – kommt alles!*

73

»Ick muß unbedingt pissen«, holte Twiggy mich prosaisch aus mei- nem Film, »ick fahr hier kurz raus. Und tänken müssen wir auck.«

Tankstelle Bad Camberg – 3 Km, sagte das blaue Schild neben der Standspur. Ich reckte mich und drehte mir eine. Es dauerte eine ganze Weile, bis mir auffiel, daß Twiggy einen ganz anderen Text sang als The Boss – »You gotta pee, too, Boobiebaby, you gotta take the first urinal«, brummelte er immer wieder, bis ich endlich ein bestätigendes »Yeah, yeah, I gotcha« von mir gab. In meiner Magen- grube meldete sich plötzlich ein Kribbeln ganz anderer Art, und ich spürte mein Herz im Hals klopfen. Ich sollte auch pinkeln müssen und das erste Pißbecken nehmen – wieso? Was hatte er vor?

Wir rollten an eine Zapfsäule und ließen die Kiste volltanken. Ich zahlte, und Twiggy bugsierte den Mercedes in eine Parklücke vor der Tür zu den Toiletten. Wir stiegen alle drei aus und gingen hinein, ich als erster, Twiggy hinter mir und zum Schluß Alain, der mißtrauisch seine Blicke umherwandern ließ und die Rechte wieder in seiner Jackentasche vergraben hatte. Sein Instinkt schien irgend etwas zu wittern. Wir gelangten in die Herrentoilette. Im ersten Raum hingen sechs Waschbecken. An einem von ihnen kniete ein Typ in einem ölbefleckten blauen Overall neben einem offenen Werkzeugkasten und hantierte mit einer Rohrzange herum, ziem- lich schief Donovans *Mellow Yellow* pfeifend. Hinter einer Schwing- tür gab es rechts eine Reihe mit ungefähr zehn Urinalen und links eine Reihe Klokabinen. Hier war niemand.

Ich stellte mich gleich an das erste Becken und tat, als hätte ich mit meinem Reißverschluß zu kämpfen. Twiggy marschierte weiter bis zum Ende der Reihe, stellte sich vor das letzte Becken, öffnete seine Hose und fing tatsächlich geräuschvoll an zu pinkeln. *Here comes the Hurdy Gurdy Man, an' he's singin' songs of love,* sang er fröhlich vor sich hin. Alain blieb auf halbem Weg zwischen uns stehen und blickte unruhig zwischen Twiggy, mir und der Schwingtür hin und her, hinter der das Pfeifen des Klempners zu hören war.

»Keine Sperenzchen!« warnte er uns. Die Tür der ersten Kabine, die nur angelehnt gewesen war, öffnete sich lautlos, und Lucy trat heraus, hielt Alain den Lauf einer Pistole hinters Ohr und sagte:

»Genau das wollte ich dir auch gerade raten, Weißarsch.« Twiggy schüttelte seinen Piephahn aus, verstaute ihn in seiner Hose und war mit zwei Schritten bei Alain. Er legte ihm den linken Unterarm von hinten um den Hals und steckte seine rechte Hand zu Alains rechter in dessen Jackentasche. Dessen Augen sprühten vor ohnmächtigem Zorn.

»Au weia«, sagte ich, »der wird nicht eher ruhen, bis er uns alle drei umgelegt hat.«

»Oh, ick glaube nickt«, sagte Twiggy mit einer Stimme so flach und rauh wie eine Nagelfeile, »er wird ruhen. Und er wird nie mehr jemand umlegen. Never ever.« Ein Gefühl von Übelkeit stieg in mir hoch.

»Aber wir können den doch hier nicht einfach –« Twiggy nickte grimmig mit dem Kopf.

»Oh yeah – ick kann. Soll ick warten, bis er steckt mir ein Kanone in de Ohr – ode' dir?«

»Aber das ist Mord!« Ich schaute hilfesuchend zu Lucy. Der stand ruhig da, die Hand mit der Pistole locker an der Seite hängend, das Gesicht unbewegt wie eine Ebenholzmaske aus dem Völkerkundemuseum, die Augen ausdruckslos wie die eines Boxers, der sich in seiner Ringecke die Anweisungen seines Trainers anhört.

»Not murder – suicide«, korrigierte Twiggy, zerrte Alain mit einer Drehung in die offene Toilettenkabine und trat mit dem Fuß die Tür zu. Wir beide davor hörten ein kurzes Gerangel und Alains erstickte Stimme.

»Das wirst du nicht wagen, du Scheißer!«

»Shut up, sucker!«

Dann ein Plop!, wie ich es von gestern schon kannte, das ratschende Geräusch von reißendem Stoff. Ein dumpfer, schwerer Fall, das Rauschen der Klospülung. Dann Twiggys wütende Stimme.

»Holy goddamn fuckin' shit!« Er kam aus der Kabine und schlug voller Wut mit der rechten Faust in seine linke Handfläche. Auf der Faust und dem Ärmel seiner grünen Livree waren Blutspritzer. Die rechte Tasche seiner Jacke, die nur auf den Stoff aufgenäht gewesen war, hing an einem letzten Stück Faden abgerissen herunter. Wir schauten ihn fragend an. Er lachte ein grimmiges Lachen, riß die Tasche ganz ab und schüttelte sie vor meiner Nase. »In diese Tasche war die check von die Doktor. Das letzte, was die asshole da drinnen in sein beschissen Leben gemäckt hat – reißt mir de Ding kaputt, die check fallt in de Klo, un' er fallt gegen die Knopf fur de Wasser. A fuckin' hundred thousand Marks down the drain! Dig that!« Lucy prustete ein kurzes Auflachen durch die Nase.

»Sounds like a fuckin' Hollywood plot.« Da mußte ich ihm recht geben – das klang wirklich wie ein Gag aus einer Gaunerkomödie. Wenn ich nicht noch zu verdauen gehabt hätte, daß da gerade ein Mensch erschossen worden war und jetzt tot auf einer Klobrille hing, hätte ich wahrscheinlich auch darüber lachen müssen.

Lucy zog einen Ring mit Vierkantschlüsseln aus der Tasche und gab ihn Twiggy. Der suchte den passenden heraus und schloß Alains Totenkämmerchen ab. Dann ging er in den Waschraum, um sich das Blut abzuwaschen. Lucy und ich folgten ihm. An der Tür zum Waschraum standen zwei ältere Herren in grünen Lodenanzügen. Lucy tippte dem Klempner im Vorbeigehn kurz auf den Arm und ging hinaus. Der packte seinen Werkzeugkasten zusammen und erklärte den Lodenmännern freundlich, daß der Schaden jetzt behoben sei und sie die Toiletten wieder benutzen könnten. Abgang Klempner. Ich stand unschlüssig und ratlos herum und wußte nicht, ob ich schreien, kotzen, heulen oder sonstwas sollte. Ich fühlte mich wie in einem verrückten Traum – die Art, wie man sie auf dem OP-Tisch hat, wenn die Narkose anfängt zu wirken: einerseits so erschreckend real, daß man verzweifelt ums Aufwachen kämpft, andererseits so unglaubwürdig surreal, daß alles, was da geschieht, unmöglich etwas mit einem selbst zu tun haben kann. Twiggy trocknete sich die Hände ab und warf mir einen prüfenden Blick zu. Er legte mir einen Arm um die Schulter und führte mich nach draußen. Wie betäubt oder hypnotisiert folgte ich willenlos jedem sanften Druck seiner Hand.

»I know how you feel, Boob. C'mon, let's have a drink.« Er setzte mich auf den Beifahrersitz, holte seinen Flachmann aus der Tasche im Kofferraum und drückte ihn mir in die Hand. Dann setzte er sich ans Steuer und kutschierte den Wagen ein paar hundert Meter bis zu einem Parkstreifen unter ein paar kümmerliche Birken. Vor uns rannten zwei etwa zehnjährige Jungs um einen Wohnwagen herum und beschossen sich laut »Päng! Päng!« schreiend mit bunten Plastikpistolen. *Früh übt sich.* Twig machte den Motor aus, nahm mir meinen Tabak aus der Tasche und drehte uns zwei Zigaretten. Er zündete sie an und steckte mir eine zwischen die Lippen. Dann nahm er mir den Flachmann aus der Hand und genehmigte sich einen Schluck.

»Trink«, sagte er und reichte mir die offene Flasche. Ich nahm einen langen Zug. Mein Magen rebellierte und wollte ihn sofort wieder zurückschicken, aber ich kippte gleich noch einen drauf und inhalierte eine Ladung Nikotin hinterher. Mein Magen kuschte, wenn auch widerwillig.

»Now listen, Boob – last night by the pool or in the studio, what if you gotten hold of his gun? Y'think you hesitated even one wink?« Ich schüttelte den Kopf. Nein, da hatte er schon recht – wenn ich bei Alains Überfall gestern abend seine Knarre in die Finger gekriegt hätte, hätte ich wahrhaftig keinen Lidschlag lang gezögert auf ihn zu schießen.

»Aber das ist doch was anderes«, gab ich lahm zu bedenken.

»Oh yeah? Wieviel anders ist das? Diese Ratte killed Jackie O., verprugelt dir un' dein darlin', schießt die arme singer in de Bein un mäckt der Arbeit von Monate kaputt – un' er hat ein Menge Spaß dabei, believe me. Un' wenn er hat andere Befehlen, du oder ick hatten schon lange ein Kugel in de Kopf. Das hier is' Krieg, Boob – this is fuckin' war! Du kanns' nickt imme' warten, was die assholes mäcken, un' dann versucken, um fair zu reagieren. Die kennen der Wort fair gar nickt. Un' der Gefühl dahinter schon uberhaupt gar nickt. So kannst du umgehn mit die kleine Cologne street rats, aber nickt mit die große Ratten. Wenn du triffst ein Ratte mit Tollwut, du mäckst der alle – du wartest nickt, bis der mäckt dir alle. Ick bin nur deswegen noch am Leben, weil ick hab das kapiert fruh genug – in L.A. oder in Vietnam oder in Belfast oder in any other fuckin' war. Y'unnerstand?« Ja, klar kapierte ich. Und mir war auch klar, daß Typen wie Alain nicht in meine Welt gehörten. Aber die fragten danach nicht. Für die war jede Welt ihre Welt, weil sie die Stärkeren, die Härteren, die ohne Rücksicht und Gewissen waren.

»Aber es ist ein Unterschied, ob ich vor Wut irgendwelche Charles-Bronson-Fantasien habe oder ob ich kaltblütig jemandem eine Kugel in den Kopf jage. Oder auch nur als Komplize dabei bin.«

»Yeah«, nickte mein Freund grimmig und ließ den Motor an, »Fantasy is lang nikt so effective. Gib mir nock ein Schluck.« Er trank und lenkte den Mercedes energisch auf die Autobahn. »Un' jetzt laß uns der Britta da rausholen un' der Meyer de Ohren abreißen – ick hab langsam genug von de shit.«

»Ja«, sagte ich und atmete zweimal tief durch, »aber irgendwie bin ich froh, daß der Scheißscheck dabei hopsgegangen is'.« Twiggy kicherte glucksend. Ich sah ihn von der Seite an. Er grinste wieder sein anscheinend unverwüstliches Lausbubengrinsen, aber mir schien, als seien ein paar der Fältchen um Mund und Augen ein wenig schärfer geworden.

74

Wir fuhren schweigend fast eine Stunde lang die A3 Richtung Köln, machten den Flachmann leer und rauchten eine Menge Zigaretten dabei. Mittlerweile hatten die Wolkenpanzer begonnen, sich zu entleeren, und schütteten den Regen in dichten Strömen auf uns runter, als hätten sie eine Menge Dreck wegzuspülen. Es war noch keine zwei Uhr mittags, aber so dunkel wie abends um acht. Vor uns wanderte eine lange Reihe parallel reisender, rot leuchtender Insekten das Siebengebirge hoch, und auf der anderen Seite des Mittelstreifens brausten uns lautlos naßglänzende graue Reptilien mit runden und ovalen, weißen und gelblichen Augen entgegen. An jeder Strebe der Leitplanke zwinkerten sie uns kurz zu, aber das Zwinkern hatte nichts Leutseliges, und mit einem boshaften Fauchen zischten sie an uns vorbei, um sich hinter uns ebenfalls in rote Insekten zu verwandeln. Die massiven Mercedes-Scheibenwischer klopften leise einen torkelnden, aber sturen Shuffle-Rhythmus über die Windschutzscheibe, und ich hätte ewig so weiterfahren können – eine nie leer werdende Zauberflasche Schnaps im Schoß, einen Haufen Tabak zur Hand, niemanden, der auf einen wartete und vor mir nur die Sorte Abenteuer, wo man dem kleinen häßlichen Männlein am

Wegrand bloß die richtigen Antworten auf seine drei Fragen geben mußte. Ich beugte mich vor und trommelte mit Handflächen und Knöcheln ein paar Ergänzungen und Gegenrhythmen zu dem Shuffle, und Twig stieg ein, indem er mit dem schweren Silberring an seinem kleinen Finger auf dem Lenkrad den Beat verschärfte. Nach einer Weile gab er mit halb geschlossenen Lippen einen tief aus der Kehle kommenden tubaähnlichen Baß dazu, und ich fing an zu singen – zaghaft erst mit leisen, wehmütigen *woe-hu-woes* und *a-ha-has*, dann mischten sich Wörter dazu, die mir von irgendwoher in den Sinn kamen, *rain* und *pain* und *ride* und *cried* und *man* und *woman* und *back home*, bis ich mich endlich wieder mal bei einem von Brittas Liedern wiederfand – *Passage*. Tränen strömten mir übers Gesicht, die Hände taten mir weh, so hämmerte ich auf das Armaturenbrett ein, mein rechter Absatz versuchte, ein Loch in den Wagenboden zu stampfen, und ich sang, schrie, heulte mir alle Ratlosigkeit, allen Schmerz und alle Wut über alle Ungerechtigkeit dieser Welt von der Seele. *I didn't feel like makin' love / An' you didn't feel at all like a lover / But you couldn't stand to be so alone / An' I couldn't stand to go on hurtin' each other / On the passage to Remedy Island / On the passage to Dropballast Palace...*

75

Wir nahmen die Ausfahrt Königsforst, parkten den Wagen an der Endhaltestelle der Straßenbahn und liefen eine Stunde durch den Wald.

»Let's breathe some air«, hatte Twiggy vorgeschlagen, und das war wirklich 'ne gute Idee gewesen – nach ein paar Kilometern hatte ich Whiskey und Zigaretten so ziemlich ausgeschwitzt, und mein Kopf war wieder halbwegs klar. Es konnte weitergehn.

»Woher willst du wissen, Boob, wo der Britta is?« Wir waren in ein normales Spaziergängertempo zurückgefallen. Unsere vom Laufen erhitzten Körper dampften in dem leichten Nieselregen, den das Gewitter übriggelassen hatte. Der Himmel war ein einziger grauer Plafond, und der Königsforst bestand nur aus schmutzigen Farben – schwarz, grau, schmutzig-braun, schmutzig-rot, schmutzig-grün. Während unserer Runde kreuz und quer durch das Gelände hatten wir weit und breit keine Menschenseele zu Gesicht bekommen bis auf eine einsame Mittfünfzigerin auf einer schlanken braunen Stute, die unter dem breiten Hinterteil ihrer Reiterin zu ächzen schien. Lady Godiva blickte argwöhnisch und unwillig auf uns herab und hielt die Zügel übertrieben kurz. Sie schien mehr Angst vor uns zu haben als ihr Pferd, das neugierig in unsere Richtung zog. Ich hatte mehr Angst vor dem Gaul.

Ich beantwortete Twiggys Frage damit, daß ich ihm die Geschichte von dem nächtlichen Spaziergang erzählte, den ich letzten Sommer mal mit der Blauen Britta gemacht hatte. Wir waren nach einem kleinen Feierabendimbiß in dem Gyros-Stübchen nahe der Universität hängengeblieben, wo uns ein paar griechische Kollegen mit Ouzo traktiert hatten. Das hatte die Flasche Apfelkorn, die wir vorher im *Nachtschalter* schon geleert hatten, nicht so sehr gemocht, und wir waren ein bißchen an die frische Luft gegangen, die Luxemburger stadtauswärts gewandert und hatten uns in unserm vollen Kopp Witze und Geschichten aus dem Leben erzählt, Tourneeanekdoten, besoffene Streiche und komische Erlebnisse mit dem anderen Geschlecht, uns gegenseitig Lieblingslieder vorgesungen, zweistimmig Oldies gefeiert und zwischendurch immer wieder mal ein bißchen geknutscht. Irgendwann waren wir dann so weit gelaufen, daß die Idee nahe lag, jetzt auch noch das Stück bis zum Decksteiner Weiher durchzuhalten, darin zu schwimmen und sich von der Sonne trocknen zu lassen, die bald aufgehen mußte. Auf der Höhe des Klettenberg-Parks erwischte uns dann ein Platzregen, und wir waren unter einer mächtigen Kastanie stehengeblieben, um ihn abzuwarten. Hinter uns kurvte mit metallischem Kreischen eine der ersten Straßenbahnen durch die Wendeschleife um den Park, und schräg gegenüber von einem Eckhaus an der Petersbergstraße drang *Sympathy For The Devil* aus der offenen Tür des obersten Balkons im vierten Stock. Ein offensichtlich gut angeheitertes Mädel trat auf den Balkon, eine Sektflasche schwenkend, und schrie gackernd zu der Bahn hinüber, sie sollten doch alle hoch auf die geile Fete kommen, es sei alles so super. In der Bahn war außer dem Fahrer noch niemand zu sehen, und so folgte auch keiner der Einladung. Aber die Situation rief mir *Who Drove The Red Sports Car* in Erinnerung, in dem Van Morrison erzählt, wie er klatschnaß durch den Regen läuft, sich ein Fenster öffnet und Maggie und Jane ihn einladen, doch rein zu kommen und sich am Kaminfeuer trocknen zu lassen. Britta kannte diesen Song noch nicht. Ich mußte ihn ihr zweimal vorsingen, und er gefiel ihr. Besonders, wie es Morrison gelungen war, seine Bilder absolut erotisch wirken zu lassen, ohne in dieser Richtung ein einziges Mal deutlich zu werden. Auf sie wirkte es auch, und wir liebten uns auf einer Bank am Rande des kleinen Weihers, zwischen schlafenden Enten, während uns von den Bäumen das Regenwasser in den Kragen tropfte.

Und genau daraus hatte sie am Telefon zitiert, während im Hintergrund eine Straßenbahn kreischte. Das konnte meiner Meinung nach nur bedeuten, daß man sie genau dort festhielt. Twiggy gab mir recht.

»Sounds like that's the place to go.«

»Und dann, sergeant?« Er bedachte mich mit einem schiefen Blick.

»Wir gehn da un' warten ein bischen un' gucken ein bischen rum – just watch what happens. Ein hidin'-place fur ein Gefangene du kannst nie so lang geheim halten – jemand kommt imme' wiede' an de Fenster, sehn ob alles okay, jemand kommt holen zu Essen, zu Trinken – dann du mußt da sein un' ready: bang!« Da hatte er mir mit Sicherheit einiges an Erfahrung voraus, also würden wir es so machen, wie er es vorschlug. Wir gingen zurück zum Parkplatz, um in die Stadt zu fahren. Unterwegs kaufte ich mir am Kiosk ein Eis und den *Express.* In Köln war alles Idylle. Sogar der FC hatte gewonnen – 2 : 0 gegen Tichy. Aber in Wuppertal waren fünf Apotheker und Arzneimittelvertreter »als Spitze eines Eisberges« verhaftet worden. Sie hatten für Millionen als Gratismuster gekennzeichnete Medikamente »zweckentfremdet« und zum halben Preis verscherbelt. Hundertfünfunddreißig Angehörige der Opfer eines Flugzeugabsturzes waren kostenlos, ohne Muzak und ohne Alkohol an Bord zur Massenbeerdigung nach Zagreb geflogen worden. Am Neumarkt konnte man neuerdings mit vierundzwanzigkarätigen Goldfäden durchwirkte Anzüge kaufen, das Stück für fünf Mille. Im Fernsehen würde Rudi Dutschke Teilnehmer eines Streitgespräches sein. Jemand hatte seinen Zahnarzt erschossen, weil der ihm schon die zweite Ehefrau ausgespannt hatte. Zweieinhalb Zentner Ertl warnten, daß der Überfluß bei der Ernährung der Bundesbürger den größten Schaden anrichte – in Zahlen siebzehn Milliarden jährlich. Ich fühlte mich nicht angesprochen. Nur Wetter-Otto war glaubwürdig – das Wetter war so trist, wie er es angekündigt hatte. Auf der Fahrt über die Severinsbrücke wehten uns kühle Schauer an die Scheibe. Der Rhein lag so schmutzig-grau und träge unter uns, als hätte jemand eine Million Tonnen Beton in sein Bett gekippt. Das, was vom Panorama der Stadt zu sehen war, hatte ein schlampiger Kopierer in unzähligen Grautönen gegen einen lehmfarbenen Hintergrund geklatscht, sogar der mächtige Dom sah kleiner aus als sonst und kauerte geduckt neben der Kuppel des Hauptbahnhofs, als wollte er hineinkriechen, um es mal wieder warm und trocken zu haben. Aber selbst bei diesem unfreundlichen Anblick freute ich mich, wie jedesmal, wenn ich über eine der Rheinbrücken in meine Stadt fuhr. Auch in den Zeiten, als ich gar keine eigene Bude hatte, war es immer ein Nachhausekommen gewesen. Sogar nach Amsterdam, wo ich mal ein paar Monate gestrandet war, hatte ich mir ein Kölschglas mit eingedruckten Domtürmen mitgenommen, in das sie mir in meiner schnell gefundenen Stammkneipe feixend ihr Amstel-Bier einschenkten.

Die Stadt stöhnte unter dem Dröhnen des beginnenden Feierabendverkehrs, von der Brücke bis zu Twiggys Wohnung brauchten wir noch eine halbe Stunde. Hier wollte er sich erst noch in seinen Kampfanzug schmeißen – die schwarze Jeans mit viel Beinfreiheit, ein dunkelblaues T-Shirt, seine kurze schwarze Lederjacke, die Stiefel mit den flachen Absätzen und der stahlverstärkten Spitze. Ich brauchte mich nicht umzuziehen – ich trug meinen Kampfanzug ja sowieso schon die ganze Zeit, wie ich an all meinen Blessuren leicht spüren konnte. Oben warf ich mal einen Blick in den Spiegel – meine Nase war ein violetter Klumpen mitten in meinem Gesicht, und das Weiße in meinen Augen war wildgemustert mit geplatzten Äderchen. Dafür taten mir meine Rippen, meine Arme und mein Genick kaum noch weh, von dem Schnitt im Knie ganz zu schweigen. Nur wenn ich zu tief einatmete, schmerzte der Bluterguß knapp unterhalb meines Brustbeins, wo sie mich zweimal kurz hintereinander ziemlich hart getroffen hatten. Und Lachen würde weh tun, aber zum Glück hatte ich ja im Moment nichts zu lachen. Eigentlich war es jetzt wirklich an der Zeit, auch mal zurückzuschlagen, aber die Exekution Alains hatte mir doch einiges von meinem Kampfgeist geraubt. Ich wollte die ganze Kacke einfach nur noch hinter mich bringen. In einem Hinterstübchen meines Hirns überlegte eine kleine Verschwörerrunde von grauen Zellen, ob ich nicht danach vielleicht doch mal Urlaub machen sollte, und wie das trotz *Schrebergar-ten* und *Penner's Radio* zu bewerkstelligen sein könnte. *Vielleicht mal 'ne Weile nix saufen?* warf eine von ihnen immer wieder in die Runde. Das Gelächter, mit dem diese Frage die ersten paar Male quittiert worden war, hatte mittlerweile auch schon einem verlegenen Grinsen Platz gemacht. Aber wie ich so einen Urlaub finanzieren sollte, konnte mir von denen auch keiner sagen. Abstinenz würde die Kosten bestimmt spürbar senken, aber das allein würde auch nicht reichen. Vielleicht sollte ich mich endlich krankenhausreif hauen lassen und auf Kosten der Krankenkasse ein paar ruhige Wochen verbringen – aber ich war ja nicht mal krankenversichert. *Life ain't easy – they never said it would be. Danke, Dr. Hook!*

76

Mittlerweile war es sechs Uhr nachmittags durch. Wir waren kurz bei Stevie im *Schrebergarten* vorbeigefahren, dem ich schnell erzählte, was abging, und dann im *Nachtschalter,* wo wir den Mercedes gegen Werners roten VW Kombi tauschten, für den Fall, daß jemand den Mercedes kannte. Bei *McDonald's* hatten wir uns dann mit ein paar Cheeseburgern, Fritten und Cola eingedeckt und waren viermal um den Klettenberg-Park gekurvt, bis wir eine günstige Parklücke ergatterten. Da saßen wir jetzt, hörten leise BFBS, wo eine sanfte Frauenstimme voller Vorfreude so spannende Veranstaltungen wie Wohltätigkeitsbasare mit Handarbeiten der Offiziersfrauen in den britischen Clubs ankündigte, und kauten appetitlos an dem lauwarmen Fraß herum. Aber man konnte ja nie wissen, wann es das nächste Mal etwas für in den Magen gab.

Wir standen vielleicht fünfzig, sechzig Meter von dem Eckhaus entfernt auf der gegenüberliegenden Straßenseite und hatten so das ganze Haus mit beiden Fronten und ein gutes Stück beider Straßen im Auge. Es hatte aufgehört zu regnen, nur ab und zu wehte der Abendwind einen Guß von den Baumkronen über uns herab. Meistens brachte er auch ein paar abgestorbene Blätter mit. Schnell sah das Auto aus, als stünde es schon seit Stunden hier, und man mußte schon genauer hinsehen, um uns beide darin zu bemerken. Um uns herum wieselte und wuselte es von Hausfrauen, die sich beeilten, vor Ladenschluß noch ihre letzten Einkäufe zu schaffen. Manche von ihnen hatten einen fast verzweifelten Ausdruck im erschöpften Gesicht, als hätten sie die Kartoffeln und den Rotkohl schon auf dem Herd und dann erst bemerkt, daß die Bratwurst fehlte. Ihnen entgegen kamen nicht weniger erschöpft wirkende Männer mit Aktentaschen, die aussahen, als überlegten sie, ob es sich überhaupt lohnen würde, zum hundertsiebzigsten Mal zu versuchen, ihrer Göttergattin von dem Ärger im Betrieb zu erzählen, der sie so auffraß, dem sie aber nie entkommen würden. Und mit dem herrlichen Witz, den der Kollege in der Mittagspause losgelassen hatte, brauchten sie zu Hause schon gar nicht zu anzukommen. Ein paar von ihnen schoben das Problem hinaus und verdrückten sich in die Kneipe auf der Ecke hinter uns, wo der Wirt diesen Witz heute wahrscheinlich schon achtmal gehört hatte. Aber jedesmal wieherte er pflichtschuldigst mit, sagte Derwargutprost!, nippte an seinem schalen Stößjen und ermunterte damit die beiden Reihen vor der Theke zu einem langen, zufriedenen Schluck, worauf sich wieder mindestens zwei darum stritten, wer denn die nächste Runde geben dürfe. Frauen können manchmal ganz schön weit weg sein. Twiggy zog zwischendurch mal los, um das Haus von der Rückseite her zu begutachten. Da gab es, im Gegensatz zur Vorderseite, nur drei beleuchtete Fenster, Küchenfenster, den Gardinen, der Beleuchtung und den beschlagenen Scheiben nach zu urteilen. In der Wohnung im vierten Stock brannte nur vorne Licht – hinter zugezogenen blauen Vorhängen an dem Balkonfenster, das ich schon kannte, und ein Fenster weiter, zu unserer Straße hin. Einmal warf jemand dort einen Schatten gegen die Gardine, aber klüger machte uns das auch nicht. Eine Stunde später schlenderte ich mal los, pinkelte an eine Polizeirufsäule und warf einen Blick auf die Klingelleiste. Das oberste Schild war unbeschriftet. Ich wanderte noch bis zur Luxemburger zurück. Der Strom stadtauswärts hatte merklich nachgelassen – die Pendler aus Hürth und Erftstadt waren schon daheim in Legoland, saßen beim Abendessen oder vor dem Fernseher oder hatten sich schon in Vatis Hobbykeller verkrochen, wo hinter den Flaschen mit Abtönfarbe der Asbach stand. *Sail away.* Aus der Kneipe auf der Ecke stolperten schon die ersten ihrer Kollegen und übertönten die deprimierende Unvermeidlichkeit ihres Abschieds mit verzweifelten Zoten.

»Na joot – will isch mingem Fräuche och ens widder jet Joodes dunn.« – »Hück mußte't ävver ens widder brenge – nit dat ding Ahl sich morje widder bei mir beschwert!« – »Jeck, die setz ald me'm

Nahtshemp em Bett un' es me'm Bär am laache!« – »Naach joot un' schlooft zesamme!« *Wat hammer jelaach...*

Auf dem Rückweg kletterte ich noch drei Stufen hoch und landete in einem völlig verrauchten und nach Bier und schwerem Parfum duftenden Kiosk. Hinter einer niedrigen Glastheke stand wippend eine knallige Ex-Schönheit, hautenge weiße Cordhose, schwarzer Pullover mit einem tiefen V-Ausschnitt, der die schwarzen Spitzen eines stabilen Büstenhalters enthüllte, den ihre Massen auch gut gebrauchen konnten, und musterte mich unter ihrem schwarzgefärbten Pony lüstern von oben bis unten. Ihre Augen waren mit Wachsmalstiften geschminkt, die letzten fünfzehn Jahre in ihrem Gesicht mit einer dicken Schicht Rouge zugekleistert, nur ihr Mund wirkte seltsam ungeschminkt und dadurch jünger als der Rest. Ihr Lippenstift hing an mehreren Dutzend Filterkippen in dem riesigen Aschenbecher vor ihr und an dem Likörglas, das sie in der linken Hand hielt. Mit der rechten zupfte sie an einer Haarsträhne über ihrem Ohr wie eine Tanzschuldebütantin. *Trude Herr als Lili Marleen?* Vor der Theke standen zwei vertrocknete Frührentner mit Bierflaschen in der Hand und hatten anscheinend schon länger vergeblich versucht, sich von ihrem Anblick loszureißen. Ein bißchen Spaß mit einem Langhaarigen, ihr damit vielleicht noch imponieren, würde ihnen wohl gerade recht kommen.

»Wat es, Ria, steihste neuerdings op Wiever?« lästerte der eine auch prompt, worauf der andere ein meckerndes Kichern von sich gab. Ich ignorierte die beiden erst mal und wandte mich mit meinem charmantesten Lächeln an die Hausherrin.

»Da bin ich aber froh, daß Sie noch geöffnet haben, gnädige Frau – kann ich bei Ihnen vielleicht noch etwas zu Rauchen und zu Trinken bekommen?« Erstaunt vergaß sie, den Mund zu schließen. Sie stellte ihren Likör ab, leckte das Klebzeug von den Fingern und wischte sich die Hand an ihrer Hose ab. Das tat sie wohl öfter – das Weiß war schon ziemlich fleckig.

»Do kanns ruhisch Ria zo mir sare, dat saren die all für misch – natürlich han isch noch op! Isch han jeden Daag bess zehn Uhr op. Jeden Daag, vun morjens sibbe bess oovends zehn! Sick aach Johr, Jung, wat sähste dozo! Wat rauchste dann, Liebsche?« Ich erklärte ihr höflich, wonach es mich gelüstete – Tabak und Blättchen für mich, Zigaretten für Twiggy, eine Flasche Cola, ein Päckchen Kaugummi, einen Flachmann Jägermeister gegen die Cheeseburger. Sie packte mir den Kram in eine Papiertüte.

»Dat es jo jaa kei' Mädsche – dat es jo en Tunt!« hetzte der Lästerer.

»Sei stell, du Aapeheens, dä Jung es en Ordnung! Dä löößte mir he in mingem Lade en Roh!« wies Ria ihn zurecht. Ich dankte ihr mit einem scheuen Lächeln und zahlte. »Sin Sie neu he en unserm Veedel, junger Mann? Isch han Sie he noch jaa nit jesinn.«

»Wat sommer dann he och met su 'nem schwule Haschjünger? Die Drecksäck sollen noh drövve jonn!« Ich drehte mich zu ihm und sah ihn von oben bis unten kühl an.

»Mein Herr«, sagte ich zu ihm, »schwul ist für mich kein Schimpfwort, und vom Haschischrauchen haben Sie mit Sicherheit überhaupt keine Ahnung, also gehen wir darüber ruhig hinweg. Ävver wenn de misch noch eimol 'ne Drecksack nenns, schlag isch dir ding Zäng en un' schmieße ding Eier en d'r Käujummiautomat, es dat kla'?« Jetzt blieb ihm das Maul offen stehen. Ria klatschte mit einer Hand auf die Theke, daß es scheppurte, und lachte bellend los.

»Ha ha, dä es joot! Do hadder jetz nit met jerechnet, wa'?« Lachtränen standen in ihren Augen. Ich nahm meine Tüte und ging hinaus. »Dat mööt isch sinn, Hein, wie ding Doochter morje ding Eier us mingem Käujummiautomat treck! Haha! Womöschlisch met enem kleine Ring dobei! Isch laach misch kapott!« Ich liebe diese Stadt.

77

Ich saß noch keine drei Minuten im Wagen und kippte gerade zu der Melodie von *Nights In White Satin,* in Zuckerwatte und Schmalz gewickelt vom Königlichen Philharmonieorchester, einen Schluck Cola hinter einem Jägermeister her, den ich hinter den Cheeseburgern hergekippt hatte. Jetzt brauchte ich nur noch was, um die Cola zu neutralisieren. Twiggy gab ein zufriedenes Grunzen von sich. Ich schaute ihn verwundert an – er war zwar 'n Ami, aber so gut konnte ihm das alles auch nicht geschmeckt haben. Aber er meinte gar nicht unsere Verpflegung – er beobachtete mit vergnügtem, lautlosem Pfeifen, wie Nijinsky den Bürgersteig vom Eckhaus zum Kiosk lang humpelte, in dem er verschwand. Hatte wohl kurz vor Feierabend noch Durst gekriegt. Und der Knöchel, den Twig ihm ausgekugelt hatte, machte ihm offensichtlich auch noch zu schaffen.

Ein Taxi, das ihm entgegen gekommen war, hielt an der Ecke. Der Fahrer stieg aus, starrte hinter ihm her und stand unschlüssig an seine geöffnete Wagentür gelehnt. Dann stieg er wieder ein. Nach einer Weile verlosch das Freizeichen auf seinem Dach, und der Wagen rollte langsam rückwärts, bis er kurz vor dem Kiosk stand. Zwei Minuten später bogen zwei weitere Taxis um die Ecke, dann noch zwei. Eins hielt auf dem Gehsteig links vom Kiosk, eins rechts davon. Nijinsky war noch drinnen. Klar – er würde sich einen kleinen Flirt mit Ria bestimmt nicht entgehen lassen. Wir kurbelten unsere Fenster runter, um nichts zu verpassen.

Fünf Taxis standen jetzt mit leise tuckerndem Diesel und ausgeschalteten Lichtern im Halbkreis vor dem Kioskeingang, als die Tür aufging. Die beiden Frührentner stolperten die drei Stufen herunter und wandten sich in Richtung Luxemburger. Der eine schimpfte erbost über den auf ihrem Weg geparkten Wagen, aber ein grollender Baß riet ihnen, ihren Arsch nach Hause zu schaffen. Mit einem Seitenblick auf die Kollegenversammlung trollten sie sich. Ein weiteres Taxi rollte um die Ecke und parkte ein paar Meter hinter uns. Zwei Kleiderschränke in Lederjacken stiegen aus. Die Philharmoniker machten sich über *When I'm Sixty-four* her. Das war zuviel des Guten – ich drehte ihnen den Hals um. Nijinsky kam aus dem Kiosk und kletterte die drei Stufen herunter.

Erst zwei Schritte später stutzte er, aber er begriff schnell. Er drehte sich auf dem Absatz herum und wollte wieder hinein, aber einer der Fahrer auf dem Gehsteig hatte schon die Kupplung springen lassen und versperrte mit seiner Motorhaube den Eingang. Zwei, drei, vier Scheinwerferpaare gingen kurz an und brachten Nijinsky voll ins Rampenlicht. Dann verloschen sie wieder, und vier Wagentüren öffneten sich. Geschickt machten die das – einer blieb fahrbereit im Wagen für den Fall, daß es ihrer Beute doch irgendwie gelingen sollte zu entwischen. Nijinsky ging leicht geduckt in Kampfstellung, in der Linken eine gefüllte Papiertüte. Er trug wieder Mamis Trainingshose und ein schwarzes T-Shirt mit einem Tigerkopf in Leuchtfarben. *Dann mal los, Tiger!* Er gehorchte aufs Wort, trat dem Typen mit dem halb erhobenen Wagenheber unters Kinn, schaffte glatt aus der gleichen Bewegung heraus eine halbe

Drehung und trat dem Gegner hinter ihm in den Magen. Beide gingen ächzend in die Knie. Nijinsky glitt zwei Schritte vor und knallte dem dritten die Papiertüte mitten ins Gesicht. Es klirrte heftig, und laut schreiend und sich beide Hände vor das von Bier und Blut überströmte Gesicht haltend sank der auf die nächste Motorhaube. Und Nijinsky startete durch. Er setzte mit einer Flanke über einen Kofferraum und wetzte diagonal über die Straße, in unsere Richtung und an uns vorbei. Ich wollte gerade die Tür öffnen, aber Twiggy legte mir eine Hand auf den Arm.

»Wait! Däs is nickt unse Runde.« Ich sah, was er meinte. Dank des kaputten Knöchels verwandelte sich Nijinskys Rennen schnell in ein ungelenkes Hüpfen, und ehe er die vorläufige Sicherheit des Parks erreicht hatte, schnitten ihm die zwei Lederjacken, die hinter uns ausgestiegen waren, den Weg ab. Der eine zog ihm einen Totschläger über den Hinterkopf. Nijinsky drehte sich taumelnd und Deckung suchend zwischen zwei parkende Autos. Dann bekam er noch einen Schlag in die Nieren und kippte um. Er lag mit dem Gesicht im Rinnstein und seine Beine zuckten bewußtlos auf dem Kopfsteinpflaster der Straße.

»Su litt 'e jenau rischtisch!« rief einer der Fahrer von hinten, sprang in seinen Wagen und ließ den schweren Benz über Nijinskys beide Beine rollen. Ein schrilles Kreischen ertönte, das abrupt abbrach, als der mit dem Totschläger sich bückte.

»Dä tritt esu schnell keinem mieh en die Fress«, konstatierte der Beinbrecher, der ausgestiegen war, um das Ergebnis zu begutachten. Es war Algerien-Fred.

»Op jeden Fall keinem Taxifahrer«, bestätigte einer seiner Kollegen einschränkend. Algerien-Fred breitete in einer hilflos-entschuldigenden Geste die Arme aus und wandte sich an die ganze Runde.

»Ihr hatt et all jesinn – dä es mir direck vüür dä Ware jelaufe. Su schnell kunnt isch jaanit bremse.« Die Umstehenden brummelten zustimmend.

»Ävver wä soll dann donoh frore?« wandte einer ein, »wenn isch dat rischrisch sinn, hät dat Jaa keiner metjekrääje. Lommer all en Fehlfahrt melde un uns he verpisse.« Alle blickten prüfend die Straße auf und ab. Keine Passanten weit und breit, nirgendwo jemand in einem Fenster – doch, oben auf dem Balkon des Eckhauses stand

Brikett-Fuss. Ich konnte ihn gerade noch erkennen, bevor er sich wegduckte, um den suchenden Blicken der Taxifahrer zu entgehen. »Hast du gesehn?« tippte ich Twiggy an. Er brummte nur. Natürlich hatte auch er als erstes unser Haus gecheckt.

»Dann haut ald ens aff«, entschied Fred, »isch jangk noch koot däm Ria Bescheid sare.« Die Kollegen verzogen sich in ihre Wagen und fuhren so leise wie möglich in verschiedene Richtungen. Zwei der Freizeichen gingen schon vor der nächsten Kurve wieder an. *Time is money.*

Fred stiefelte an uns vorbei in Richtung Kiosk. Als er auf der Höhe unseres Hinterrads war, drehte er sich plötzlich um, bückte sich, griff in das noch halb geöffnete Fahrerfenster und packte Twiggy am Kragen.

»Un' wat maht ihr he? Un' wä sidd ihr?«

Twiggy nahm Freds Oberlippe zwischen Daumen und Zeigefinger seiner rechten Hand und zog seinen Kopf hinter ihr her in das Innere unseres Wagens. Ich beugte mich rüber, damit er mich erkennen konnte.

»Beruhisch disch, Fred, mir sin et nur. Un' mir han och jesinn, wie dir einer vüür die Kess jelaufe es.« Er ließ Twiggys Kragen los und hob ergeben die Hände. Twiggy befreite ihn aus der schmerzhaften Lippenklammer. Fred schaute ihn sich noch einmal genauer an. Dann grinste er.

»Ach, dä Büb – dann es dat he wohl dinge Ami, wa?« Ich nickte.

»Ne joode Jreff hät dä. Un' wat maht ihr he?«

»Mir han die andere Hälfte vun däm Krüppel do vörre jesööck. Un jefunge. Öm dä kümmere mir uns jetz.« Er lachte und rieb sich die Hände.

»Kann isch üch helfe?«

»Nä, danke«, sagte ich, »dat es unser Bier.« Twiggy lachte. Wir sahen ihn fragend an.

»De Boob!« grinste er breit und tätschelte meinen Bauch, »Egal was, egal wie – Hauptsäcke: Bier!« Da hatten wir dann alle was zu lachen. Fred verabschiedete sich mit hochgerecktem Daumen und verschwand im Kiosk. Twiggy und ich sahen uns an. Er griff sich den Flachmann, nahm einen Schluck und reichte mir den Rest. Ich machte ihn alle. »Hey Boob –«

»Hmm?«

»Wir haben de Britta lange nickt gesehn. I wonder wie geht es die.«

»Stimmt – wir könnten sie ja vielleicht mal fragen.«

»Hmm«, brummte er. Wir drehten die Fenster hoch und stiegen aus.

78

Ich klebte mir mit Spucke die Haare hinter die Ohren, so daß es von weitem aussah, als hätte ich eine Kurzhaarfrisur, und drückte mich auf der gegenüberliegenden Straßenseite an den Hauswänden entlang unserm Dornröschenschloß entgegen. Twiggy marschierte im Schutz der Büsche am Parkrand los, halb verdeckt von parkenden Autos. Bei Nijinsky blieb er kurz stehen und beugte sich über ihn. Das war ganz gut so, denn in diesem Moment kam der Fuss aus der Haustür des Eckhauses. Sein Blick streifte mich kurz. Er befand mich für harmlos und huschte über die Straße. Ich huschte hinter ihm her. Meine Stiefel waren allerdings nicht so lautlos wie die Kreppsohlen seiner Slipper. Er drehte sich um und ließ sein Stilett aufblitzen. Dann erkannte er mich und zischte erstaunt durch die Zähne, schließlich machte sich auf seinem Gesicht ein siegessicheres Grinsen breit. Als ihm einfiel, daß, wo ich auftauchte, auch Twiggy womöglich nicht weit war, blickte er sich ein paarmal in der Gegend um. Aber da war niemand – noch nicht.

»Du hättest etwas mehr Geduld haben sollen auf deinem Balkon, dann hättest du mitgekriegt, daß noch nicht alle weg sind, Fuss«, erklärte ich ihm, »ävver du bess evven einfach ze blöd«, resignierte ich. Das Grinsen wurde noch ein paar Grad bösartiger.

»Ach, du häls woll he die Stellung, wa?«

»Jenau.« Er legte den Kopf in den Nacken und lachte ein heiseres Brikettfresserlachen. Twiggy schlug ihm mit flachen Händen fest auf beide Ohren. Fuss riß den Mund weit auf, die Hände an seine Ohren und fiel auf die Knie. Ein Handkantenschlag ins Genick warf ihn hart aufs Gesicht. Er muckste sich nicht mehr.

»Großmaul«, knurrte Twiggy, drehte ihn herum und wühlte in seinen Taschen. Der Schlüssel war in der rechten Hosentasche.

»Na dann los«, sagte ich. Aber Twiggy war noch nicht fertig. Er zog dem Fuss die Schuhe und Strümpfe aus und warf sie im hohen Bogen ins Gebüsch, zog ihm den Gürtel aus den Schlaufen, drehte ihn wieder auf den Bauch und fesselte ihm auf dem Rücken gekonnt die Handgelenke aneinander.

»So is besse'«, sagte er, »jetz' na dann los.« Wir gingen über die Straße, öffneten die Haustür mit dem dritten Schlüssel, den wir ausprobierten, und kletterten in den vierten Stock, wo wir uns für eine von zwei Wohnungstüren entscheiden mußten. Nicht weiter schwer – auf der einen prangte ein verziertes Messingnamensschild, in das *von Minderohl* eingraviert war. Dahinter Stille. Auf der anderen Seite gab es auch ein Klingelschildchen, aber es stand nichts drauf. Aus der Wohnung plärrte laut ein Radio. Jemand hatte sehr schlampig einen Sender mit Kammermusik eingestellt – es rauschte und knisterte wie verrückt. Das würde sich freiwillig niemand länger als zwei Minuten reinziehen. Hier paßte gleich der erste Schlüssel – BKS ist BKS.

Ein kleiner, quadratischer Flur, von einer nackten Glühbirne über einem mannshohen Spiegel erleuchtet. Ein Garderobenständer mit ein paar poppigen Nylonblousons, eine große Aluminiumkiste. Fünf Türen, drei davon geschlossen; zwei offene links – Badezimmer, eine Küche, als würde Oskar aus der Sesamstraße drin wohnen –, eine uns gegenüber, zwei rechts. Die zweite hatte ein Milchglasfenster, durch das gedämpftes Licht und das Dröhnen des Radios drang. Wenn die Wohnung nicht völlig untypisch eingerichtet war, müßte geradeaus das Schlafzimmer liegen. Nach einem kurzen Blickwechsel waren wir uns einig, daß sich dort wohl niemand aufhalten würde. Also gingen wir erst mal da rein, um aus dem Flur wegzukommen.

Ein französisches Bett, ein Plastikkleiderschrank, ein Kofferfernseher, ein paar Poster von halbnackten Mädels in Hippieklamotten, eine Pinnwand, gespickt mit Polaroids von ganz nackten Mädels, alle auf dem Bett aufgenommen. *Komm doch mit zu mir – ich hab zwar keine Briefmarkensammlung, aber ich sammle Trophäen!*

»Wenn de Britta is hier, die is in de Radiozimmer«, flüsterte Twiggy mir ins Ohr, »da's deine. Ick gehe in de andere. Du ganz leise, ick ein Sekunde später bang! Okay?« Ich nickte. *Okay.* Vorsichtig schlichen wir uns wieder in den Flur, wo sich nichts verändert hatte, und bezogen Stellung. *Okay.* Langsam drückte ich die Klinke runter und öffnete in Zeitlupe die Tür. Ein gläserner Couchtisch voller Bierflaschen, Essensresten und Aschenbechern, eine weiße

Schleiflackschrankwand wie aus dem Quelle-Katalog, mit eingebautem Fernseher und ein paar Lesering-Büchern, drei grüne Polstersesselchen, ein Sideboard, auf dem ein Plattenspieler, ein paar Schallplatten und das Radio standen, und vor den geschlossenen blauen Vorhängen eine Sperrmüll-Bettcouch mit Holzlehnen an den Seiten. Das eine Ende von einem Paar Handschellen umschloß die linke Lehne, am anderen Ende hing Brittas Handgelenk.

Halb saß, halb lag sie auf der Couch. Ihre Jeans und ihr Slip hingen ihr über den Knien, die sie zusammengepreßt hielt. Aus ihren zugekniffenen Augen sickerten Tränen. Ihr Gesicht war von Schmerz, Abscheu und hilfloser Wut verzerrt. Auf ihr hing Assmann, hielt mit einer Hand ihren freien Arm fest und versuchte, seine Lederprothese zwischen ihre Schenkel zu wühlen, während sein Gesicht zwischen ihren Brüsten vergraben war, wo er atemlos und wütend Sachen wie »Komm, du Nutte, stell dich nicht so an!« und »Ich krieg dich, ob du willst oder nicht!« ausstieß. Noch schlimmer als Russ Meyer, weil real. Ich ging zu dem Radio, wo ein eifriges Streichquartett gerade Brahms verbissen gegen die Störungen im Äther verteidigte. Ich erlöste sie alle fünf und drückte die Aus-Taste.

»Wat hörst du dir denn neuerdings für'n Scheiß an?« fragte ich Britta. Beide schrien auf. Britta riß die Augen auf und schrie »Büb!«, Assmann schrie »Aargh!« wie in einem alten Tarzan-Comic, fuhr herum und reagierte erstaunlich schnell. Er packte eine der Bierflaschen, schlug ihr an der Tischkante den Hals ab und streckte mir ein paar häßliche Zacken entgegen. In diesem Moment zersplitterte im Nebenzimmer krachend die Tür, durch die mein Freund wahrscheinlich waagerecht geflogen kam. Assmann fuhr zu dem engen, halbrunden Durchbruch herum, der neben der Schrankwand zum Nebenzimmer führte. Da war noch nichts zu sehen, aber es war leicht auszurechnen, was ihm als nächstes in die Birne kommen würde – er würde Britta den abgebrochenen Flaschenhals an die Kehle setzen und uns erst mal ziemlich blöd dastehen lassen. Ich beeilte mich, um die beiden Sessel, die mir im Weg waren, herum zu kommen, und schleuderte einen von ihnen mit dem Fuß gegen das Sideboard. Das setzte den Tonarm des Plattenspielers in Bewegung, der mit einem Quietschen mitten in *In A Gadda Da Vida* landete. *Auch das noch!* Tatsächlich schaltete Assmann schnell und wirbelte zu Britta herum. Aber auch sie hatte damit schon gerechnet. Sie zog ihre Knie bis zur Brust und stieß ihn beidbeinig gegen den Oberschenkel. Er segelte bäuchlings auf den Tisch, landete mit einem Riesengetöse in der Flaschenbatterie und rammte sich seine Behelfswaffe zentimetertief in die rechte Wange. Er schrie gellend auf, aber er war zäher als ich dachte. Er wälzte sich von dem Tisch herunter, kippte ihn mir auf die Füße und wandte sich wieder Britta zu. In diesem Moment tauchte Twiggy in dem Durchgang auf. Assmann zögerte einen Moment zu lange. Ich riß ihn über den Tisch hinweg an einem Arm zu mir herum und knallte ihm einen gelungenen rechten Haken seitlich gegen den Kiefer. Er wurde wieder in die andere Richtung gewirbelt, aber ich ließ seinen Arm nicht los, sondern packte sein Handgelenk mit beiden Händen, tauchte mit einer ganzen Drehung unter seinem Arm hindurch und schlug ihm mit der Handkante auf den Ellbogen. Sein Schultergelenk knackte, und er schrie wieder auf. Dann zog ich noch einmal an dem gelähmten Arm. Assmann fiel widerstandslos über den Tisch auf mich zu, und ich brauchte nur noch das Knie hochzuhalten.

»Very good, Boob!« lobte mich mein Nahkampflehrer und applaudierte. Er suchte an Fuss' Schlüsselbund herum und befreite Britta von den Handschellen. Sie fiel ihm wild schluchzend um den Hals. Er tätschelte ihr beruhigend den Rücken und streichelte ihr den Kopf. Ich drehte mir eine, was gar nicht so einfach war, weil meine Hände zitterten wie blöd. Iron Butterfly den Tonarm wegnehmen und in eine Ecke schmeißen half ein bißchen. Nach einer Weile beruhigte sich Britta ein wenig und sah mich über Twiggys Schulter hinweg an.

»She said Hi! – I said Hi! How're you doin', babe?« zitierte ich den Song, der uns dank ihrer Geistesgegenwart hierhergeführt hatte. Sie lachte unter Tränen und warf sich in meine Arme. Ein schönes Gefühl.

79

»Soll'n wir nicht lieber woanders feiern?« fragte ich Britta und streichelte ihren immer noch nackten Hintern. Unter den Tränen mußte sie grinsen.

»Aber nicht, bevor ich mindestens fünf Stunden gebadet habe. Bei Kerzenlicht, Sekt und in Bergen von gut riechendem Schaum.

Bringst du mich nach Hause?« Ich sah Twiggy an. Er nickte. Ich nickte.

»Ging das die ganze Zeit so?« Sie schüttelte den Kopf.

»Nein. Die Meyers hat wohl strikte Anweisung gegeben, mich nicht anzurühren. Daran haben sie sich auch gehalten – sie haben mir nur die ganze Zeit erzählt, was sie alles mit mir anstellen würden, wenn... Und der Dicke hat sich einmal vor meiner Nase einen runtergeholt. Nur den Assmann hat das alles so aufgegeilt, daß er sich nicht mehr beherrschen konnte, als die beiden weg waren. Aber das macht mir nicht so furchtbar viel – ich bin ja bei meinem Bruder in eine gute Schule gegangen.«

»Was?« Sie grinste schief, als wäre es an ihr, sich dafür zu schämen, und zog sich an.

»Ja. Als ich zwölf war, fing es an. List er, und ein Jahr später seine ganze Klasse. Und er hat kassiert – fünf Mark für jede Nummer.« Sie lachte freudlos auf und sah mich trotzig an. »Ja, Büb, ich war das, was ihr hier in Köln 'ne Heiermanns-Partie nennt. Deswegen bin ich ja von zu Hause abgehauen, sobald es sich machen ließ. Und deswegen will ich mit dem Arsch ja auch nichts mehr zu tun haben.« Ich stöhnte.

»Deswegen guckt der immer so komisch, wenn von dir die Rede ist. Das Schwein!« Sie machte eine wegwerfende Geste und legte einen Arm um mich.

»Ach, laß mal – das ist so lange her. Er versucht ja seit Jahren, das auf seine Art wiedergutzumachen. Er schickt mir dauernd Schecks, die ich immer wieder verbrenne, und bietet mir ständig an, eine Weltkarriere für mich aufzubauen.« Sie seufzte und zuckte mit den Achseln. »Er soll mich einfach nur in Ruhe lassen.« Ich schrie auf. Assmann hatte mir von hinten eine kaputte Bierflasche in die Wade gehauen. Ein Glück, daß ich meine Lederklamotten anhatte. Weh tat's trotzdem. Ich drehte mich um und ließ mich mit beiden Knien auf seinen Brustkasten fallen. Seine Rippen knackten, und er brüllte auf. Ich brüllte mit und hatte plötzlich ein alles übertönendes schrilles Rauschen in meinem Kopf. Vor meinen Augen flatterte ein dunkelroter Schleier, hinter dem flirrende Sternchen tanzten. Ich schlug mit beiden Fäusten in seine brüllende Visage. Ich spürte sein Nasenbein zersplittern, spürte, wie seine Zähne nachgaben, spürte, wie mir sein Blut ins Gesicht spritzte, was mich aber nur noch wütender machte. Twiggy legte mir seinen Unterarm um den Hals und riß mich zurück.

»Cool it, Boob, cool it! You're killin' him!« Ich rammte Twig meinen Ellbogen in den Magen, aber er zog nur seinen Unterarmhebel ein bißchen strammer, und ich mußte mich zwangsläufig beruhigen, weil mir die Luft knapp wurde. Twiggy setzte mich auf die Couch und steckte mir eine brennende Zigarette zwischen die Lippen. Ich zitterte am ganzen Körper, aber das Rauschen entfernte sich in beruhigenden Wellen. Britta kam mit einer Schüssel Wasser und einem Waschlappen und wischte mir Assmanns Blut vom Gesicht.

»Ruhig, Büb, ruhig. Es ist ja vorbei. Mein Gott, du hättest ihn fast umgebracht!«

»Mit Vergnügen«, sagte ich. Ich nahm ihr die Schüssel aus der Hand und schüttete das Wasser auf das blutige Stück Fleisch, das mal Assmanns Gesicht gewesen war. Er stöhnte laut auf. »Aber er lebt ja noch.« Twiggy ergriff mich am Arm und zog mich fort.

»Let's get outa here.« Ich ließ mich ziehen. Britta nahm meine Hand in die ihre. Ich zuckte zusammen und merkte jetzt erst, wie sehr ich mir die Knöchel aufgeschlagen hatte.

»Gut, daß ich morgen keinen Gig hab«, sagte ich, »ich würd mir meine Stöcke wahrscheinlich an den Fingern festbinden müssen.« Wir verließen die Wohnung. Unten auf der Straße standen ein Streifen- und ein Krankenwagen mit flackerndem Blaulicht. Sie luden gerade Nijinsky ein. Wir verdrückten uns in die Seitenstraße, liefen bis zum nächsten Taxistand und brachten Britta nach Hause. Die Nachtluft tat gut.

80

Ich fühlte mich wie nach einer Fahrt mit der Achterbahn. Der Barhocker, auf dem ich saß, schien ein Eigenleben zu führen, aber stehen konnte ich auch nicht, weil meine Beine sich aufführten wie ausgeleierte Sprungfedern. Dauernd fiel mir meine Zigarette aus der Hand, was aber gar nicht so schlecht war, denn ich hatte mir beim Versuch zu rauchen schon zweimal den Schnurrbart angekokelt. Der Kneipenlärm um mich herum wurde durch ein Echogerät vervielfältigt. Es handelte sich um ein billiges, altes Gerät – alle Höhen waren wie abgeschnitten. Vielleicht war daran aber auch die dicke Schicht aus Apfelkorn schuld, die mein Hirn umhüllte wie die Kapuze eines Weihnachtsmannes.

»No' ein'!« *Seit wann arbeitet der Werner denn hinter einer Milchglasscheibe? Schnell wieder runtergucken – das sieht ja furchtbar aus!* Er beugte sich zu mir – *durch die Scheibe durch? Wie macht der dat denn?* – und umfaßte mein Handgelenk.

»Büb, das wär dann schon die vierte.«

»Na un'? Außa'em issass 'ann 'ie sechste – 'ch hatte schon sswei im *Schreber'art'n.*«

»Sechs Flaschen Apfelkorn, Junge – meinste nicht, das reicht dann für heute? Komm, kannst oben pennen, ich bring dich in die Kiste.«

»Nä, mach ers no' eine. 'ch muß noch nach'enk'n.« Was nicht so ganz der Wahrheit entsprach – das Nachdenken bereitete mir nämlich erhebliche Schwierigkeiten. Kein Wunder, wenn man dauernd von eigensinnigen Barhockern abgelenkt wird. Aber irgendwas hing mir irgendwo quer im Hinterkopf und pochte stur an meine Hirnwand. Irgend etwas, das Britta heute abend gesagt hatte. Etwas, das eigentlich das ganze Bild dieser blöden Geschichte veränderte. Aber es wollte mir nicht einfallen. *Also muß ich noch 'n bißchen weitertrinken – logisch.* Außerdem war der Alkohol gut gegen die blutrünstigen Szenen in dem mehrfach belichteten Film hinter meiner Stirn. Für meinen Geschmack war das alles ein bißchen viel an Brutalität gewesen in den letzten Tagen – es reichte mir. Darüber hinaus war ich zutiefst erschrocken über mich selbst, über den Aussetzer, als ich auf Assmann eingeprügelt hatte. Das war mir noch nie passiert und beunruhigte mich sehr – ein tiefschwarzer Abgrund schien sich in meiner Seele aufgetan zu haben, und ich stand davor und wußte nicht, was ich davon zu halten hatte. Immer wieder betrachtete ich verstört meine geschwollenen, aufgeschlagenen Knöchel. *Damit hab ich fast jemanden totgeschlagen? Schnell noch ein Glas von dieser köstlichen Medizin!* Mir war danach zu saufen, bis es keine Erinnerung mehr gab, keine Horrorfilme, kein Blut – saufen bis zu einer Bewußtlosigkeit, die mir alptraumlose Ruhe schenken würde. Und dann in einen komagleichen Schlaf sinken, die Nacht durch, den nächsten Tag durch, noch eine Nacht, noch einen Tag...

Mit Ach und Krach schaffte ich es noch bis zum Herrenklo, wobei ich mehrere kubistisch aussehende Gestalten rammte, die meine Reise dorthin säumten wie Zuschauer eine Zielgerade. Ich konnte bloß nicht unterscheiden, ob sie mich anfeuerten oder auspfiffen – die Stimmen waren so weit weg wie ein Platz in den amerikanischen Top Ten.

»Is' mir au' scheißejal«, erklärte ich ihnen, »hat'm Elvis au' nich viel genützt«, ging ins Klo und übergab mich, als gelte es, meinen Magen einer Komplettrenovierung zu unterziehen. Nur raus mit dem ganzen Gift, raus, raus, raus.

81

Ich hatte keine Ahnung, wie lange ich da gekauert hatte, die Arme um die Kloschüssel gelegt und mein Spiegelbild studierend, das mir zwischen kleinen Bröckchen, die wohl einmal ein argloses Rindvieh auf den grünen Hängen Montanas gewesen waren, zitternd entgegenstarrte.

»Rindvieh, genau!« sagte ich zu meinem Spiegelbild. Es verschwand, weil ich aufstand und die Spülung laufen ließ. Ich ging raus in die Kneipe, die schon fast leer war.

»Na, ausgeschlafen?« begrüßte mich Werner.

»Siehs' aus, als könntste selber mal 'n Stündchen vertragen. Mach mir 'n Bier.« Fünf Bier und zwei Züge an einem herumkreisenden Joint später war ich wieder so weit wie vorher. »Hat a's kein Zweck – 'ch geh na' Hause.« Werner versuchte, mich noch davon abzuhalten, aber im vollen Kopf kann ich schon mal ziemlich stur sein, also ließ er mir resignierend den Rolladen vor der Tür hoch, und ich stellte den Autopiloten auf Richtung Südstadt, zu meinem eigenen Zimmer. Nicht mal Vera wollte ich mich jetzt zumuten. Zum Glück war kein Aas auf der Straße unterwegs, und so konnte ich mich ziemlich ungestört von Häuserwänden rechts zu parkenden Autos und Verkehrsschildern links hangeln. Sie mußten sich ziemlich viel Gemekker von mir anhören, aber es schien sie nicht weiter zu stören. Irgendwann stolperte ich über ein wadenhohes Gitterchen und landete auf dem feuchten Rasen am Eingang zum Volksgarten, einem kleinen Park mit gemütlichen alten Bäumen. Eigentlich ein guter Platz, um von den Strapazen meiner Zick-zack-Wanderung auszuruhen. Ich ging am Mütterfelsen vorbei, an dem es tagsüber von Kindern und jungen Frauen wimmelte, hinunter zu dem fußballplatzgroßen Weiher, in dem sich matt ein bleicher Mond spiegelte, und setzte mich auf eine der Bänke an seinem Rand. *Eine Zigarette, dann geht's weiter.* Erst beim Drehen bemerkte ich, daß es gar nicht mehr regnete. Gut so. Ich rauchte und starrte auf das Wasser und betrachtete staunend das Phänomen, wie manchmal einer, dann wieder zwei Monde darin schwammen, je nachdem, wie weit ich die Augen auf oder zu machte. Ein paar erste Vögel fingen an, sich zu unterhalten, und ich beteiligte mich, indem ich ihnen den guten alten Richard Harris machte – *Mac Arthur's Park is melting in the dark / All the sweet green icing flowing down...*

82

Irgendwann einmal mußte ich die Augen ganz zugemacht haben. Ich wachte auf, weil mir der Rücken schmerzte, die Kehle brannte, und weil ich erbärmlich fror. Ein paar Kinder mit Schulranzen auf dem Rücken rannten johlend den Weg hinter mir entlang, womit dann auch gleich klar war, wie spät es war. Ich stand auf und setzte mich gleich wieder hin, sonst hätte der Schwindelanfall mich in den Weiher geschmissen. Ein Rudel Enten kam herangepaddelt und wartete auf Brotkrumen. Allein der Gedanke an Essen ließ Übelkeit in mir aufsteigen. Eigentlich ließ der Gedanke an das ganze Leben Übelkeit in mir hochsteigen. Sollten sie mir doch alle gestohlen bleiben – die geldgierigen, machtgeilen, gewalttätigen kleinen Arschlöcher, die Meyers, die Nijinskys, die Dörmanns, die Assmanns dieser Welt!

Aber das würde mir das Gesocks auch nicht vom Hals schaffen – da würde man schon ein bißchen nachhelfen müssen. Aber so elend, wie mir heute morgen war, hätte mich wahrscheinlich der halbtote Assmann umpusten können. Am vernünftigsten würde es wirklich sein, erst einmal auszuschlafen, den Apfelkorn auszuschwitzen und ein paar kräftigende Mahlzeiten einzuschieben. Also raffte ich mich auf, packte meine Kreislaufstörungen in die hinterste Ecke meiner Leber und machte mich auf den Weg zu Twiggy. Den hatte ich gestern irgendwann im Laufe der zweiten Flasche im *Schrebergarten* verloren, als er mit einer weißblonden, braungebrannten Strandschönheit abgezogen war, die ihn die ganze Zeit zu überreden versuchte, mit ihr und ihrem Porsche in der selben Nacht noch nach St. Tropez zu fahren. Ich hoffte, daß er sie überzeugt hatte, daß es besser wäre, noch ein paar Tage zu warten.

Aber als ich bei ihm zu Hause ankam, war dort niemand, und es sah auch nicht so aus, als sei in der Nacht jemand dagewesen. Beunruhigt hängte ich ihm einen Zettel an den Türrahmen, daß er mich bei Vera erreichen könne. Unterwegs zu ihr kaufte ich noch einen Haufen Aufbau-Lebensmittel – Steaks, Eier, Tomaten, Kartoffeln, Milch, Mineralwasser, Obst, Vollkornbrot. Ich wünschte, ich hätte Anna gleich das Schlagzeug mitbringen können, aber ich hatte keine Lust, jetzt am frühen Morgen den Werner zu wecken und den Mercedes abzuholen.

Die beiden waren natürlich schon ausgeflogen, was mir aber im Moment sehr recht war. Ich räumte meine Einkäufe weg, zog mich aus und badete erst mal eine Stunde lang so heiß, wie ich es gerade noch aushalten konnte. Danach duschte ich mehrmals kalt/heiß/kalt, haute mir ein paar Eier in die Pfanne, verschlang sie im Stehen aus der Pfanne, hängte das Stopschild an meine Zimmertür, das sagt: *Nicht wecken!*, und wickelte mich in eine warme Decke. Vor dem Einschlafen stellte ich mir vor, wie es am Strand von St. Tropez wohl aussehen mochte und ob ich den wohl jemals in meinem Leben zu sehen kriegen würde. Vielleicht mit Dubravka zusammen? *Where do you go to, my lovely / When you're alone in your bed?*

83

In der ersten, der Koma-Phase, ließen sie mich anscheinend in Ruhe. Irgendwann wachte ich dann mal auf. Draußen war alles still und stockfinster. Ich war zu schlapp, auch nur pinkeln zu gehen, drehte mich um und schlief wieder ein. Aber dann kamen sie. Sie flatterten um mich herum wie besoffene Fledermäuse, trugen Revolver mit Schalldämpfern und warfen Schecks mit Unmengen von Nullen darauf durch die Gegend. Einer saß auf einer goldenen Schallplatte und wickelte das Tonband von einer Zwei-Zoll-Spule. Es wehte davon wie eine Luftschlange über dem Rosenmontagszug. Eine weitere Goldene kam angerauscht wie ein Frisbee und säbelte ihm den Kopf ab. Sein Blut spritzte mir ins Gesicht und schmeckte nach Apfelkorn. Auf einem weißen Konzertflügel lag die nackte Britta, die Beine gespreizt. In einer langen Reihe, zwei und zwei, rückten kleine Jungs mit Schulranzen nach, die sie einer nach dem andern bestiegen. Unter dem Flügel lagen zwei blutüberströmte Dobermänner mit aufgerissenen Leibern und kauten an Dörmanns

Füßen. Einer seiner Unterschenkel war schon bis zum Knie abgefressen, aber er schien es gar nicht zu bemerken – er saß auf dem Schemel, sah verzückt dem Treiben seiner Schwester zu und spielte Keith Jarretts *Köln-Concert*. Rudelweise junge Katzen tauchten auf, sprangen maunzend an mir hoch und kratzten mich im Nacken. Ich drehte mich auf den Rücken, um sie loszuwerden.

»Komm, Büb, wach auf!« sagte Vera und kraulte statt meines Nackens meinen Bart. Ich schlug die Augen auf. Ich war klatschnaß geschwitzt, draußen war es heller Tag, und im Nebenzimmer spielte Keith Jarrett. Vera lag neben mir und hielt mich fest. »Du mußt ja einen schönen Scheiß geträumt haben.«

»Warum hast du soviel an?« Sie lachte.

»Weil ich um zwölf zur Arbeit muß. Jetzt ist es halb elf. Ich kann dir noch Frühstück machen und dir dabei ein bißchen Gesellschaft leisten, mehr is nich' mehr drin.«

»Halb elf sagt mir gar nix – welcher Tag? Welches Jahr? Welcher Planet?«

»Donnerstag. Sechzehnter September 1976. Sie nennen es Mutter Erde. Neuerdings behaupten welche, sie sei keine Scheibe, und fahren mit Segelschiffen los, um es zu beweisen.« Sie stand auf und gab mir einen Kuß. Dabei berührte sie meine Nase und ich stöhnte auf. »Du stinkst nicht nur wie ein Bahnhofspenner, du siehst auch so aus – allerdings wie einer, der unter einem Zug gepennt hat. Ein Steak und ein paar Eier, wie ich dich kenne? Und Tomaten mit jeder Menge Knoblauch? Und eine Kanne Milchkaffee?«

»Die müssen den Planeten nach dir benannt haben. Kein O-Saft?«

»Nur wenn du vorher unter die Dusche gehst«, lachte sie und ging in die Küche. Die weißen Jeans standen ihr gut. Ich pellte mich aus den verschwitzten, muffigen Decken und stand vorsichtig auf. Ein bißchen benommen zwar, aber es ging. Übermütig ließ ich mich auf den Boden hinab, um hundert Liegestütze zu absolvieren. Beim zwölften änderte ich meinen Plan. Ich lieferte pro forma noch drei Kniebeugen nach und ging dann durch die Sternchen vor meinen Augen ins Badezimmer, um mich wach zu duschen. Beim Rasieren erreichte mich der Duft von Gebratenem und ließ mir das Wasser im Mund zusammenlaufen. Ich zog Veras alten Bademantel an und und beeilte mich, in die Küche zu kommen. Im Flur stolperte ich über Annas neues Schlagzeug, das ich vorher gar nicht bemerkt hatte.

Die Küche duftete fantastisch, der Tisch war mit allem gedeckt, was sie angekündigt hatte. Keith Jarrett hatte sich mittlerweile von Köln über Bremen nach Lausanne gespielt. Der erste Schluck von dem heißen, süßen Milchkaffee war traumhaft.

»Uff!« sagte ich, setzte mich hin und schaufelte das gute Zeug in mich hinein, wie es einem heimkehrenden Krieger gebührt. »Wann war der Twiggy denn hier?« fragte ich zwischen zwei Gabelladungen.

»Gestern abend. Aber du hast geschlafen wie ein Stein – keine Chance, dich wach zu kriegen.« Sie sah mich aus ihren sanften grauen Augen eine Weile still an, bis ich merkte, daß sie überlegte, wie sie mir am besten die schlechten Nachrichten beibringen könnte. Ich ließ mein Besteck sinken. »Find ich wunderschön, daß du Anna tatsächlich das Schlagzeug besorgt hast. Da wird die ausflippen vor Freude. Danke dir.«

»Und weiter?« Sie zündete sich eine Zigarette an und blies einen Rauchring steil in die Luft.

»Dein Freund Twiggy war wohl gestern noch sehr rührig, wie er mir hier erzählt hat. Aber ich bin nicht sicher, ob dir alles gefällt, was er mir erzählt hat.« Ich schob den Rest meines Essens zur Seite und drehte mir auch eine. Sie schmeckte abscheulich, aber da mußte ich jetzt durch. Mir schien, als würde es nicht die letzte bleiben heute morgen.

»Komm, erzähl.«

»Also – so wie ich ihn verstanden habe, hat er gestern morgen einen Boten von Djenko getroffen – du wüßtest, wer das ist –« Das wußte ich allerdings. Es hieß, er sei Kölns oberster Heroindealer, ohne den hier kein Gramm zu kriegen, geschweige denn zu verkaufen war. »Der hatte wohl von eurem Zoff mit Meyer noch gar nichts mitgekriegt, weil er wochenlang im Ausland war. Und hat Twiggy treudoof erzählt, daß er unterwegs sei, um dem Meyer eine Ladung Heroin abzuliefern. Zwei Ladungen, genauer gesagt – eine große für den Handel und eine kleinere für seinen Eigenbedarf.« *Also doch! Meyer war selber ein Fixer!* »Twiggy hat ihm erzählt, daß er mit Meyer auch noch eine Verabredung habe, da könnten sie doch gut zusammen hingehen, das sei auch für den Boten sicherer. Das haben sie dann auch gemacht. Unterwegs hat Twiggy dem eine übergebraten und ihn in den Kofferraum gesperrt. Dann hat er mit Meyers Privatlieferung ein bißchen herumgepanscht – »die Jackie O.-Mischung« hat er es genannt – und ist zu dem nach Hause. Hat dem verklickert, er hätte für Djenko gerade diesen kleinen Nebenjob angenommen. Und da die Lieferung wohl okay war, hat ihm Meyer gutgläubig die vereinbarten zweihundertfünfzigtausend Mark übergeben.« Ich lachte schallend auf. *Autsch!* »Und das soll mir nicht gefallen? Das is doch Spitze!«

»Wart's ab. Twiggy ist sicher, daß er jetzt auf Djenkos Abschußliste steht. Er will jetzt erst mal für ein paar Wochen bis Monate von der Bildfläche verschwinden – dessen Armee sei ihm dann doch eine Nummer zu groß. Du wüßtest wohl, wohin.« *Ins sonnige St. Tropez natürlich, der Sausack! Na ja, mit dem Porschemädel und 'ner viertel Million im Handschuhfach wird er ziemlich flott und gründlich von der Bildfläche verschwunden sein. Das Pölsterchen wird auch 'ne Weile halten. Und was macht Ivanhoe jetzt – unser Ritter ohne Fehl und Tadel?* Erst mal machte er ein langes Gesicht.

»Und das war's dann? Ich hab' mir tagelang die Hucke vollhauen lassen für nichts und wieder nichts?«

»Nein, es geht noch weiter. Twiggys Plan sieht so aus: Du gehst mit dem Vertrag aus Wiesbaden zu Meyer und kassierst dein vereinbartes Honorar. Du hast Twiggy seit Tagen nicht gesehen und hast keinen Schimmer von seiner Solonummer.« Ich schnaubte.

»Und Meyer lacht mich aus, weil er schon lange weiß, daß wir in Klettenberg zwei seiner Hansels gemeinsam aus dem Verkehr –«

»Nur einer von denen – Assmann – hat den Twiggy gesehen. Und Assmann hat zwanzigtausend Mark Heftpflaster in der Tasche und Twiggys Versprechen, nicht mehr lange zu leben, wenn er redet. Mein Gott, ich komm mir vor wie in einem Jerry Cotton! Ist das alles wirklich wahr?«

»Ich fürchte ja«, sagte ich, goß mir noch eine Tasse voll und drückte meine dritte Kippe aus. »Ich hoffe nur, daß die ganzen Arschgeigen da draußen sich an Twiggys Plan halten.«

»Er sagt, wir bräuchten keine Angst mehr zu haben. Er hat in der Stadt verbreiten lassen, daß er dich ahnungslosen Dummkopf gelinkt hat, und daß du genau so viel Grund hast, sauer auf ihn zu sein, wie Djenko oder sonst jemand. Für alle Fälle kriegst du in den nächsten Tagen eine Ansichtskarte von ihm – aus Belfast. Die sollst du zur Not dem Djenko zeigen, damit die dich in Ruhe lassen. Der wird zwei seiner Leute dorthin schicken, und Twiggys Freunde werden dafür sorgen, daß die nicht mehr wiederkommen. Und dem Meyer wird es spätestens seit gestern abend ziemlich schlecht gehen, meint er, dank seiner Sondermischung.« Sie seufzte, kam zu mir, setzte sich auf meinen Schoß und legte die Arme um meinen Hals. »Meinst du, daß das alles so funktioniert? Ich wär froh, wenn es vorbei wäre.« Ich streichelte ihren Rücken und war mir nicht sicher, ob ich das guten Gewissens bejahen konnte. »Und jetzt muß ich los. Kann ich denn das Kind heute abend wieder beruhigt mit nach Hause bringen?« Ich gab mir einen Ruck.

»Ich denke schon. Ich werd nachher mal zum Meyer pilgern, dann bin ich heute nachmittag um einiges schlauer. Ich ruf dann bei Brigitte an.« Wir küßten uns noch einmal vorsichtig, dann war ich allein. Erst einmal tauschte ich Herrn Jarrett gegen Stevie Winwood aus. *Somebody help me, yeah!* sangen wir gemeinsam. Niemand antwortete.

84

»Und das hier? Meint ihr, ich sei plem-plem?« Meyer hielt mir den *Express* vor die Nase und klatschte mit der Hand auf die Überschrift »Neuer Zuhälterkrieg?« Darunter gab's ein Foto von Alain, »Hamburger Bordellbesitzer, 26,« und einen Artikel, der ausführlich schilderte, wie eine Putzfrau ihn auf dem Raststättenklo gefunden hatte, Loch im Schädel und alles, und daß die hessische Kripo den offensichtlichen Selbstmord bezweifelte, jedoch noch keine Indizien dagegen hatte, den oder die Täter aber im Milieu vermutete. Ich hatte den Artikel schon in der Straßenbahn auf dem Weg hierher gelesen, mimte aber den Entsetzten.

»Davon weiß ich doch nichts! Der is' in Wiesbaden bei seinen Kollegen geblieben – hat gemeint, jetzt hätt' ich ja, was du wolltest, und bräuchte keinen Babysitter mehr. War mir auch ganz recht so – guck dir meine Nase an.« Aber er war an meiner Nase nicht interessiert. Zum dreißigsten Mal, seit ich hier war, rieb er in seiner linken Armbeuge herum, als hätte er dort, wo die meisten Fixer sich die Nadel setzen, einen brennenden Schmerz. Außerdem fuhr er sich dauernd an die Kehle, als würde ihm sein Hemdkragen zu eng, den er aber schon drei Knöpfe weit geöffnet hatte. Und seine Nase lief, als habe er einen Mordsschnupfen. Ich hätte zu gern gewußt, was Twiggy ihm in seinen Stoff gepanscht hatte – wenn seine Sucht sich in normalen Grenzen hielt, hatte er sich die Mischung bis jetzt wohl zwei- bis dreimal injiziert. Wieder zog er mit einem schluchzenden Laut die Nase hoch und goß sich den vierten Remy hinter die Binde. Ich nippte immer noch an meinem ersten herum, aus einem Cognacschwenker so groß, daß mein Onkel Willi seine Goldfische darin gezüchtet hätte. Und wieder schlug sein Temperament um. Ich hatte in der halben Stunde, die ich jetzt hier war, schon mehrere solcher Umschwünge erlebt – den coolen, abgebrühten Meyer, den ich schon kannte, einen überraschend jähzornigen, einen finster in sein Goldfischglas brütenden. Die »Jackie O.-Mischung« schien auch seine Psyche ziemlich durcheinander zu bringen. Jetzt kam er mir mit einem trotzig-weinerlichen Ton, wie ihn eigentlich Fixer drauf haben, die auf Entzug sind. Ich stand auf und ging rüber zum Fenster. Wir waren im achtzehnten Stock des Colonia-Hochhauses, einem häßlichen weißen Monstrum, das zur Kölner Skyline paßte wie eine Baseball-Kappe zu einem Abendanzug. Aber von hier oben hatte man einen wunderbaren Blick über den Rhein auf die »Schäl Sick« mit dem Rheinpark, in den die bei diesem Wetter leeren Kabinen der Seilbahn über den Fluß herunterwackelten wie Brieftauben in ihren Schlag. Von einem der anderen Zimmer aus hatte man wahrscheinlich einen ebenso reizvollen Ausblick auf den Zoo.

»Ich hätte mich auf die ganze Scheißsache gar nicht einlassen sollen«, greinte es in meinem Rücken, »Tommie tot –«, ich mußte eine Weile überlegen, wen er jetzt damit meinte, ehe mir einfiel, daß das Alains richtiger Name war, »– Djenko reißt mir den Arsch auf, wenn ich ihm nicht bis Samstag zweihundertfünfzigtausend Riesen abdrücke, und eben ruft der Scheiß-Dörmann an und erzählt mir, daß ich mir mit dem Vertrag hier den Arsch abwischen kann, weil er gar nicht rechtsgültig ist. Und eine Schadensersatzklage über ein paar hunderttausend Mark will er mir auch noch an den Hals hängen!« Das wußte ich auch schon. Ich hatte mittags noch mit Dörmann telefoniert und ihm das Versprechen abgenommen, daß in seinem Hause keiner ausplappern würde, daß Twiggy auch mit von der Partie gewesen war. »Das ganze Unternehmen ein einziger Schrotthaufen!« Jetzt brüllte Meyer wieder. »Und mit einem kleinen Arschloch wie dir hätte ich mich erst recht nicht abgeben sollen!« Er sprang auf, warf mir sein Glas an den Kopf und kam mit erhobenen Fäusten auf mich zu. Ich tauchte seitlich darunter weg und verpaßte ihm einen Haken dahin, wo es ihm heute wahrscheinlich besonders weh tun würde – auf die Leber. Er sackte auf die Knie, als hätte jemand den Teppich unter ihm weggezogen. »Aber ich hab das doch alles gar nicht gewollt«, flüsterte er, sich wieder hochrappelnd, »von Anfang an hab ich das alles doch gar nicht gewollt. Das war doch gar nicht meine Idee. Und jetzt – ein einziger Trümmerhaufen. Alles im Arsch. Alles im Arsch.«

Wie er da an der Balkontür lehnte, sich mit zitternden Lippen den schmerzenden Arm reibend, den teuren Schnurrbart voller Rotz, wußte ich, daß er am Ende war – das war nicht gespielt und nicht gelogen. Aber wer, verdammt noch mal, steckte dann hinter dem ganzen Schlamassel?

85

Ich wußte es in dem Moment, als sein Blick sich von meinem abwendete, sich auf jemanden schräg hinter mir richtete, und seine Augen einen solchen Hundeblick bekamen, daß ich beinahe »Sitz!« gerufen hätte. Helma trat auch in mein Blickfeld. Sie trug einen gelben Minirock aus dünner Wolle mit einem breiten Ledergürtel und eine dunkelrote Bluse, die wie für ihre langen, goldblonden Locken geschaffen schien. Ein Prachtweib. Aber ihre Augen waren kalt und gefühllos wie grüne Glasmurmeln, und ihre schönen, so viel versprechenden Lippen waren verächtlich gekräuselt. Und sie hatte offensichtlich schon gut einen im Tee.

»Weil du ein mieser, kleiner Versager bist, seit du dich selber mit dem Zeug abgibst, statt es einfach nur zu verkaufen. Ein erbärmliches kleines Arschloch. Wie konnte ich nur auf dich hereinfallen? Ein Star wäre ich heute«, sie spuckte es förmlich aus. Meyer krümmte sich wie ein getretener Hund. »Die Welt läge mir zu Füßen. Alle haben mir eine große Karriere prophezeit, *alle!*»Der Gesangsstar der achtziger Jahre!« hieß es, »die deutsche Liza Minelli!« Und was war? Schwängern mußtest du mich und mich überreden, den Balg auch noch zu kriegen, dich heiraten mußte ich, deine Firma mit dir aufbauen, Tag und Nacht deinen Arsch hinter dir hertragen, als treusorgende Gattin an deiner Seite glänzen! Und dann seit Jahren nächtelang hier in diesem scheißgoldenen Käfig liegen, während du dir von kleinen Mädchen die Eier peitschen läßt!«

»Aber –«

»Oh nein – kein aber! Ich weiß, daß du geglaubt hast, ich wüßte nichts davon. Alles weiß ich! Und die ganze Zeit wußte ich alles!« Sie ging zu der kleinen Hausbar, schüttete ein hohes Glas halbvoll Wodka, nahm einen kräftigen Schluck und drehte sich wieder zu uns. »Und zu Hause keinen mehr hochkriegen, »der Streß«!, »so viel um die Ohren«! Wo war denn dein Streß, als du diese blauhaarige Schlampe gefickt hast, *ausgerechnet die?*« Ihre Stimme hatte sich zu einem blechernen Kreischen hochgeschraubt, das von Liza Minelli so weit entfernt war wie ich von Tom Jones. Jetzt senkte sie sie wieder zu einem gifttriefenden Gurren.

»Hier!« sagte sie und schob sich den Mini bis zum Gürtel hoch. Sie trug einen dunkelroten Satinslip mit schwarzen Rüschen, der vorne einen offenen Schlitz hatte. Ein herrlicher blonder Haarbüschel quoll daraus hervor. *Dr. Müllers Sex-Shop, hundertachtundneunzig Mark.* Sie griff mit der Hand an ihre Muschi und steckte ihren langen Mittelfinger hinein. »Hier! Trocken! Ausgetrocknet, weil ich mein halbes Leben an einem Waschlappen gehangen habe!« Sie zog ihren Finger wieder heraus, streckte ihn mir entgegen und steckte ihn wieder zurück in die verheißungsvolle, vergeudete Schönheit. Mir hatte die Idee einiger Frauenbewegten immer gefallen, die sagten, daß Gott eine Sie sei – aber dieses Ebenbild hier bestärkte mich eher wieder in meinem Atheismus. »Hier, Büb – willste mal? Komm her! Greif zu! Nicht wahr, mein Schatz«, spuckte sie Meyer wieder an, »du stehst doch aufs Zugucken? Nur mich durfte nie einer anfassen, mich nie! Aber damit ist es jetzt auch vorbei! Was ist, Büb? – ich seh doch, wie dich das anmacht!« Sie riß den Schlitz noch weiter auf und fingerte hektisch an sich herum, wobei sie gekonnt ihr Becken rotieren ließ.

Ich sagte nichts dazu. Ich stand auf, ging zu dem Regal neben der Stereoanlage, suchte eine Weile und legte eine Platte auf. Die ersten Akkorde von *Purple Veil* ließen die kleinen Härchen in meinem Nacken sich aufrichten. Dann füllte Brittas Stimme den Raum, gleichzeitig rauh und weich, sehnsüchtig und wissend...
I've cried in black an' I blossomed in white
An' I tumbled thru' all kinds of blues

I've done the wrongs
An' I wronged the rights
An' I payed – without countin' – my dues
What do I need to let
My spirits quail?
How will I manage to get
Behind the purple veil?

Manche Lieder können die Welt anhalten. Aber nicht für immer. Mit einem grunzenden Aufschrei zerschlug Helma gekonnt ihr Glas an der Tischkante und rammte es mir ins Gesicht. Dabei riß sie mir den halben Unterarm auf. Ich war doch schneller als sie dachte. Als ich selbst dachte übrigens auch. Ich klebte ihr eine. Sie verlor das Gleichgewicht und taumelte gegen den Plattenspieler. Dabei ratschte sie sich mit den Glaszacken den Oberschenkel auf. Noch mehr Blut. Mit einem häßlichen, kreischenden Kratzen endete das Lied.

In die Stille hinein ertönte vom Balkon her ein Schluchzen. Da stand Meyer, ein Bein über dem kunstvoll verzierten Mäuerchen, das den riesigen Balkon umschloß. Er zitterte am ganzen Körper und stierte nach unten, wo sich die Pendler die Auffahrt zur Mülheimer Brücke hinaufdrängelten.

»Nein!« schrie Helma, stürzte auf den Balkon und riß ihren Göttergatten von der Brüstung. Sie landeten beide am Boden, neben einer Liege, die teurer aussah als meine ganze Schlagzeugbatterie. Dort kauerten sie, wiegten sich in den Armen und gaben unverständliche Laute von sich, während sie heulten wie die Schloßhunde. Unter ihnen bildete sich eine Lache, weil Meyer sich in die Hose pißte und Helmas Oberschenkel immer noch blutete wie Sau. Heinrich Böll fiel mir ein, der einmal gesagt haben sollte, Humor sei, wenn man zu seinen Körperflüssigkeiten stehe. Ich holte mir aus dem Badezimmer ein Handtuch, wickelte es um meinen Unterarm und ging. *This is a man's world?*

86

»*Verdammten Hurendress!*« platzte es aus mir heraus. Die Oma an der Haltestelle fuhr erschrocken zu mir herum. »Ich hab vergessen, meinen Lottozettel abzugeben«, lächelte ich sie entschuldigend an.

»Aber et is' doch ers' Donnerstag, junger Mann!« Kopfschüttelnd zog sie ihren altersschwachen Dackel zum nächsten Baum. Ich hatte völlig vergessen, die Meyers nach meinem Scheck zu fragen. Aber keine zehn Pferde würden mich jetzt da wieder hoch kriegen.

87

»Soll ich heut' für dich die Theke machen?« fragte Stevie mich beim Frühstück. Wir saßen in unserer frisch renovierten Küche am reich gedeckten runden Tisch und schmökerten in dem Dutzend neuer Zeitschriften, die diese Woche wieder fällig waren. Die letzten Strahlen der Nachmittagssonne fläzten sich durch die beiden weit offenen Fenster und verkrümelten sich unter dem großen, gelb lackierten Kühlschrank. Auf der Fensterbank dösten die beiden übriggebliebenen Katzen und blinzelten träge zu den Köstlichkeiten auf dem Tisch hin. Die anderen Viecher hatten wir in unserem Bekanntenkreis verteilt.

»Wieso?«

»Naja – wenn ich das richtig mitgekriegt hab, hast du letzte Nacht doch keine Minute gepennt?« Hatte er. Hatte ich nicht. Dafür war es aber auch eine der schönsten Nächte meines an schönen Nächten nicht armen Lebens gewesen – wenn auch der Wermutstropfen dabei ziemlich bitter ausgefallen war: Es war die Nacht des Abschieds von der Blauen Britta gewesen. Vor zwei Stunden hatte ich sie auf Gleis Sieben am Zug nach Ostende zum letzten Mal geküßt – sie wollte ihr Glück in' Swingin' London versuchen. Ich wünschte ihr alles Glück dieser Welt. Aber ein bißchen weh tat's schon.

»Wär' natürlich nich' schlecht«, sagte ich, »obwohl ich heute abend, glaube ich, doch ganz gut 'n Bier vertragen könnte. Schätze, ich guck dann später mal rein. Danke dir.«

»Schon gut«, brummte er, »ich brauch' eh mal wieder 'n bißchen Schotter.« Er stand auf, reckte sich und zog sich ein sauberes Hemd an. »Dann bis später.«

»Stevie?« Er steckte fragend den Kopf noch einmal in die Küche. »Mach keinen neuen Apfelkorn mehr.«

»Nie wieder?« grinste er

»Ich glaub' nich'«, sagte ich und klopfte mir noch ein Ei auf.

4   Los ist, was nicht fest ist.

12.1 Wer dem Hubert etwas antut, der wird in dieser Stadt nicht alt.

12.2 Zieh deine Jacke an, wir wir fahren jetzt ein wenig spazieren.

12.3 Moment mal.

13.1 Paßt mal auf: Erstens ist hier Feierabend, ihr seid also eigentlich gar nicht hier, sondern steht draußen und klopft an die Rolläden. Zweitens ist das Mädchen hier keins von euren Gymnasiums-Pfläumchen, die ihr sonst hier nachmittags abschleppt, um sie anzustechen, und drit—

13.2 Du spielst hier gar nicht mit, kleiner Mann.

13.3 Räum deine Theke auf und stör uns nicht bei der Arbeit. Das nächste Ding kriegst du in dein Antlitz, ist das klar?

13.4 Komm, Rothaariger.

14   Am besten trinkst du dir noch ein Bier und vergißt, daß wir überhaupt hier waren. Sonst komme ich wieder und trete dir den Kopf weg.

24.1 Der blöde amerikanische Hund! Der soll mir bloß nicht mehr unter die Augen kommen! Von wegen: Dienstag, da machen wir uns einen schönen Abend zusammen! Saufen und Kauen und Zocken – das ist es, was der Drecksack schon wieder macht!

24.2 ...dem Mister Der-den-Hals-nicht-voll-kriegt.

24.3 ...damit die Gesäßöffnungen nicht meinen, sie könnten den Josef betrügen.

25   War nicht mehr viel übrig von den Mutterschändern, als ich fertig mit ihnen war, Büb. Hab einen von denen

glatt durch die Wand eines Scheiß-Motelzimmers geblasen.

26   Schlag mich ins Gesicht, so schnell und hart du kannst!

31   Der fing schon an, sauer zu werden, weil wir dich nicht gefunden haben, du mußt auch nicht immer so ungeduldig sein, Röschen!

32   Mein Fehler – kommt, ich gebe eine Runde aus!

37   Wenn sie sie wegputzen wollten, hätten sie's gleich im *Schrebergarten* getan. Mach dir da mal keine Sorgen. *Noch* nicht jedenfalls.

39   Ist das Gary Cooper? – Du Narr, was soll ich denn mit einem Homosexuellen auf der Brust?

48   Du kommst mir nicht mehr in die Quere! Du mischst dich nirgendwo mehr ein! Du hältst deine dreckige Fresse in Zukunft aus allem heraus...

49.1 Geh noch einen Schritt, und du hast einen Freund gehabt, Amerikaner!

49.2 Du bist dran, Fuss.

55.1 Ich habe keinen Beruf – ich bin der *driver* (Fahrer) der Penner! Das war ich von Anfang an, und das bleibe ich bis zum Schluß! Und eines Tages fahre ich die einmal quer und einmal längs durch ganz Amerika!

55.2 Ich kann es nicht mehr hören! Verstehst du?!

55.3 Aber das ist doch eine Riesen-Hammer-Idee! Paß auf! ...Da gehn wir auch hin! Das darf nicht wahr sein!

55.4 Komm, 'Nach, laß stecken! Läuft nichts im Radio, Joe? Leg doch mal eine Kassette auf!

55.5 Der Kanzler ist eine anale Körperöffnung (nicht geschlechtsspezifisch), der Papst, der ist ein weibliches primäres Geschlechtsteil, was wäre die Welt ein Drecksloch, gäbe es hier nicht uns...

56.1 Bin gespannt, was das wieder für ein Loch ist, wahrscheinlich besteht die Künstlerverpflegung wieder aus
einer Schüssel Müsli, zu dem die Milch sauer oder alle
geworden ist, einer Kanne Jasmintee und einem Teller
Schmalzbrot.

56.2 – und wenn du nach Bier fragst, schauen sie erst mal alle
dumm und kramen dann irgendwo einen lauwarmen
Kasten unaussprechliches Bier hervor, manchmal frage
ich mich, wovon all die Autonomen überhaupt existieren ohne uns. Ich glaube, so viele Wohltätigkeits-
konzerte wie wir macht niemand hier.

56.3 Ja klar! Wenn ich eine Gaststätte in der Eifel hätte...!

56.4 Stimmt! Da könnten wir auch mal wieder hinfahren!

56.5 Wieso reparierst du denen denn auch die komplette
Gesangsanlage, du leidenschaftlicher Lötkolbenlieb-
haber! Das bist du doch selber schuld!

61 Sollen wir hier nicht öfter spielen, Kinder? Für solch
eine Nacht gebe ich jede Woche ein Wohltätigkeits-
konzert.

70 Ich habe Durst, Meyer.

71 *Plemm* = Handfeuerwaffe.

73 frisch aus Italien, hier garantiert nicht polizeibekannt

74 *Trööt* = Blasinstrument, hauptsächlich Trompete.

75.1 Warum packst du das Geld nicht ein und zählst es
zuhause? – Bist du verrückt? Wenn meine Gattin soviel
Geld sieht, will die selbst auf den Markt! Ich muß
dreißig Prozent davon mindestens in eine andere
Tasche stecken! Ich brauche doch auch noch etwas – ich
muß doch noch in ein Freudenhaus!

75.2 Ich habe zuerst gedacht, du wärst ein Mädchen, mit
deinen langen Haaren, aber du bist ja ein richtig feiner
Kerl. Ich habe ja gar nichts gegen die jungen Leute!
Können sich von mir aus einen langen Schwanz

wachsen lassen! Aber der Hof! Der Junge kann doch nicht einfach den Hof im Stich lassen! Was soll denn aus dem Acker werden? Autorennen fahren! Autorennen! Verstehst du mich? Mein Sohn!?

78   Oder habt ihr auch Natursekt?

79.1 Da halte ich aber auch mit! Trompete, zeig, was du drauf hast!

79.2 Auf den Amerikaner.

79.3 Rechts oder links?

84   Was sollen wir sprechen?

85   An diesem Tisch kostet das Wort Rollstuhl eine Runde Schnaps, Hubert, weißt du das nicht mehr?

89   Wenn du noch einmal den Hund schlägst, trete ich dir ins Hinterteil, Meister.

90   Was ist, Hubert, pinkelst du dir in die Hose?

144 Paß auf, was du sagst!

156 Klingt, als sollten wir da hingehen.

159 Na gut – will ich meinem Frauchen auch mal wieder was Gutes tun. – Heute mußt du es aber mal wieder bringen – nicht, daß deine Alte sich morgen wieder bei mir beschwert! – Narr, die sitzt schon im Negligé im Bett und lacht mit dem Bär! – Nacht gut und schlaft zusammen! – *Was haben wir gelacht...*

160.1 Was ist, Maria, stehst du neuerdings auf Weiber?

160.2 Du kannst mich ruhig Ria nennen, so nennen mich alle – natürlich habe ich noch geöffnet! Ich habe jeden Tag bis zehn Uhr auf. Jeden Tag, von morgens sieben bis abends zehn! Seit acht Jahren, Junge, was sagst du dazu! Was rauchst du denn, Liebchen?

161.1 Das ist ja gar kein Mädchen – das ist ja eine Tunte! – Sei still, du Affengehirn, der Junge ist in Ordnung! Den läßt du mir in meinem Laden in Ruhe! – Sind Sie neu hier in unserm Viertel, junger Mann? Ich habe Sie hier noch gar nicht gesehen. – Was sollen wir denn hier auch mit solch einem schwulen Haschischjünger? Die Drecksäcke sollen nach drüben gehen!

161.2 Aber wenn du mich noch einmal einen Drecksack nennst, schlage ich dir deine Zähne ein und werfe deine Hoden in den Kaugummiautomaten, ist das klar?

161.3 Ha ha, der ist gut! Damit habt ihr jetzt nicht gerechnet, nicht wahr? – Das möchte ich sehen, Heinrich, wie deine Tochter deine Hoden aus meinem Kaugummiautomaten zieht! Womöglich mit einem kleinen Ring dabei! Ich lache mich tot!

163.1 So liegt er genau richtig!

163.2 Der tritt so schnell keinen mehr in die Fresse.

163.3 Ihr habt es alle gesehen – der ist mir direkt vor den Wagen gelaufen. So schnell konnte ich gar nicht bremsen. – Aber wer soll denn danach fragen? – wenn ich das richtig sehe, hat das niemand mitgekriegt. Laßt uns alle eine Fehlfahrt melden und uns hier verpissen.

164.1 Dann haut schon mal ab, ich gehe noch kurz der Maria Bescheid sagen.

164.2 Und was macht ihr hier? Und wer seid ihr? – Beruhige dich, Alfred, wir sind's nur. Und wir haben auch gesehen, wie dir jemand vor die Kiste gelaufen ist. – Ach, der Hubert – dann ist das hier wohl dein Ami, nicht wahr? Einen guten Griff hat der. Und was macht ihr hier? – Wir haben die andere Hälfte von dem Krüppel da drüben gesucht. Und gefunden. Um den kümmern wir uns jetzt. – Kann ich euch helfen?

165 ...aber du bist eben einfach zu blöde.

179 *Schäl Sick* = die östliche, rechte, dem alten Stadtkern gegenüberliegende Rheinseite. *(Der Begriff leitet sich*

übrigens von den Treidelpferden ab, die die Schiffe den Strom hinauf nach Süden zogen, dabei gegen die Sonne mit Augen- oder Scheuklappen geschützt wurden und oft zu »schielen« begannen. Vgl. Martin Stankowski, Der andere Stadtführer, Bd. 2, Köln 1989 (Volksblatt Verlag)

DER AUTOR

Rich Schwab lebt nach jahrzehntelangen Rock and Roll-Touren und unzähligen Nebenjobs zwischen Baustellen, Studios und Kneipen als Komponist und Autor in Köln, wo er 1949 geboren wurde. Er ist auf zahlreichen Platten und in etlichen Kabarettprogrammen als Musiker und Schreiber vertreten.

Nie wieder Apfelkorn erschien erstmals 1992 im Volksblatt Verlag, Köln. Im Herbst 2001 veröffentlichte Schwab seinen zweiten Roman *Eine Alte Dame Ging Hering* (Kiwi Köln).

Rich Schwab
Eine Alte Dame Ging Hering
Der zweite Büb-Klütsch-Roman

In diesem Abenteuer zieht es Büb Klütsch an die Côte d'Azur, wo er als Straßenmusiker einen tollen Sommer zu erleben hofft. Das tut er dann auch – er wird Liebhaber eines Millionenerben, schlägt sich mit Straßenmusikerkonkurrenz und der Unterwelt von St. Tropez herum, wird in Messerstechereien verwickelt und durch die Französischen Alpen gehetzt …

Schließlich schafft er es dennoch, wenn auch mit einem Loch in der Hüfte, nach Köln zurück. Dort muss er feststellen, dass Verbrechen sich anscheinend manchmal doch auszahlt …